ABITUR-TRAINING

Biologie 2

Angewandte Genetik · Evolution

Werner Bils · Rolf Brixius

Autoren

Dr. Werner Bils hat seine didaktische Erfahrung vor allem durch die Tätigkeit als Lehrer an Gymnasien, als Fachberater für das Fach Biologie und als Fachleiter in der Ausbildung von Referendaren erworben. Zurzeit ist er als Lehrbeauftragter für die Didaktik der Biologie an der Universität Tübingen sowie als Schulbuchautor tätig. Schwerpunkte seiner Arbeit sind die erklärende Darstellung biologischer Sachverhalte sowie die Erstellung von Aufgaben für die Kontrolle des Lernerfolgs.

Rolf Brixius ist seit 1989 als Lehrer am Gymnasium der Benediktiner im sauerländischen Meschede tätig. Seine Freude an der Wissensvermittlung und seine fachliche Kompetenz bringt Herr Brixius seit 1991 auch in seine Arbeit für den Stark Verlag ein. Als Autor und Co-Autor hat er an diversen gymnasialen Biologie- und Geschichts-Unterrichtswerken mitgewirkt. Darüber hinaus ist er Mitherausgeber mehrerer Lehrerhandbücher.

Umschlag: © koya979 – Fotolia.com

ISBN 978-3-89449-161-1

© 2014 by Stark Verlagsgesellschaft mbH & Co. KG
1. Auflage 2008
www.stark-verlag.de

Das Werk und alle seine Bestandteile sind urheberrechtlich geschützt. Jede vollständige oder teilweise Vervielfältigung, Verbreitung und Veröffentlichung bedarf der ausdrücklichen Genehmigung des Verlages.

Inhalt

Vorwort

Angewandte Genetik ... 1

1 Gentechnik ... 2
1.1 Gewinnung eines Gens und sein Transfer in Bakterienzellen ... 2
1.2 Suche nach spezifischen Bakterienzellen mittels Stempeltechnik ... 6
1.3 Kultivierung von Bakterienzellen mittels Verdünnungsreihen ... 9
1.4 Polymerase-Kettenreaktion (PCR) ... 10
Exkurs: Elektrophorese – ein Verfahren zur Molekültrennung ... 13

2 Chancen und Risiken der Gentechnik und -diagnostik ... 18
2.1 Gentherapie beim Menschen ... 19
2.2 Gendiagnostik – der genetische Fingerabdruck ... 20
2.3 Biologisch-medizinische Reproduktionsverfahren – ethische und juristische Fragen und Probleme ... 23

3 Aspekte der Zytogenetik in der Humanbiologie ... 29
3.1 Meiose ... 29
Exkurs: Methoden der klassischen Genetik ... 34
3.2 Stammbaumanalyse und Erbgänge in der humangenetischen Beratung ... 38

Evolution ... 45

1 Vielfalt und systematische Ordnung der Organismen ... 46
1.1 Die Art als Grundeinheit des natürlichen Systems ... 46
1.2 Hierarchische Gliederung der Organismen ... 47
1.3 Progressionsreihen ... 51

2 Artentstehung nach den Theorien von Lamarck und Darwin – ein Vergleich ... 55
2.1 Lamarcks Theorie der Evolution ... 55
2.2 Darwins Theorie der Evolution ... 56
2.3 Vergleich der Evolutionstheorien von Lamarck und Darwin ... 58

3 Belege für die Evolution ... 63
3.1 Belege aus der Paläontologie ... 63
3.2 Belege aus der vergleichenden Anatomie ... 67
3.3 Belege aus der vergleichenden Zytologie ... 74
3.4 Belege aus der vergleichenden Molekularbiologie ... 76

4	Synthetische Theorie der Evolution	92
4.1	Populationsgenetische Grundlagen	92
4.2	Mutation als Evolutionsfaktor	93
4.3	Rekombination als Evolutionsfaktor	95
4.4	Selektion als Evolutionsfaktor	96
4.5	Flaschenhalseffekt und Gendrift	106

5	Artentstehung durch Zusammenwirken von Evolutionsfaktoren	118
5.1	Artentstehung durch geografische Isolation	118
5.2	Artentstehung ohne geografische Trennung	123
5.3	Artumwandlung	124
5.4	Einnischung	125
5.5	Adaptive Radiation	125

6	Verhalten, Fitness und Anpassung	133
6.1	Kosten-Nutzen-Prinzip bei Konkurrenz um Ressourcen	133
6.2	Fortpflanzungsstrategien	134
6.3	Verhaltensbeobachtungen	140

7	Stammesgeschichte des Menschen	144
7.1	Stellung des Menschen im natürlichen System	144
7.2	Vergleich der Anatomie von Menschenaffen und Mensch	146
7.3	Zytologische und molekularbiologische Merkmale	152
7.4	Fossilgeschichte des Menschen	153
7.5	Kulturelle Evolution	165

Lösungen 175

Stichwortverzeichnis 223

Bildnachweis

Autoren: Dr. Werner Bils, Rolf Brixius

Hinweis: Die in diesem Buch angegebenen Verweise auf weitere relevante Textstellen sowie das Stichwortverzeichnis beziehen sich gleichzeitig auf den Band Biologie 1, Verlags-Nr. 54701.
Befinden sich die Fundstellen im anderen Band, werden sie durch die vor der Seitenzahl in Klammern aufgeführte Ziffer 1 (für Biologie 1) gekennzeichnet.

Vorwort

Liebe Schülerin, lieber Schüler,

die Einführung des **Zentralabiturs** in Nordrhein-Westfalen bringt es mit sich, dass Sie sich – auch im Unterrichtsfach Biologie – in der Qualifikationsphase der gymnasialen Oberstufe einen **verbindlichen Kanon von Unterrichtsinhalten** aneignen müssen. Hierbei wird von Ihnen insgesamt mehr **Eigenverantwortung** erwartet. Sie sind daher verstärkt angehalten, sich auf den Unterricht und die Abiturprüfungen selbstständig vorzubereiten. Die beiden Abitur-Trainingsbände Biologie 1 und Biologie 2 (Verlags-Nr. 54701 bzw. 54702) helfen Ihnen dabei.

Der vorliegende Band „Biologie 2" sowie der Band „Biologie 1" folgen vom Aufbau her den obligatorischen Inhalten der zentralen Themenbereiche der Abiturprüfung. Sie stellen das in der Abiturprüfung verlangte Grundwissen sowohl für den Grund- als auch für den Leistungskurs **vollständig, anschaulich und leicht verständlich** dar. Die über die Anforderungen des Grundkurses hinausgehenden Inhalte sind in den erläuternden Textpassagen und den Übungsaufgaben am Seitenrand durch **blaue Balken** gekennzeichnet.
Prägnante Zusammenfassungen stellen die zentralen Punkte übersichtlich dar, die **Übungsaufgaben** decken alle Inhalte des erklärenden Teils ab. Mithilfe der Aufgaben können Sie nicht nur überprüfen, ob Sie in der Lage sind, die erforderlichen Kenntnisse darzustellen, sondern auch, ob Sie Ihr Wissen anwenden, also einen **Transfer** leisten können. Häufig werden Sie in den **Aufgaben** und den **ausführlichen Lösungen** daher auch eine andere Betrachtungsweise, andere Beispiele und andere Formulierungen finden als im erklärenden Text.

Zur Vorbereitung auf die schriftliche Abiturprüfung oder auf Klausuren empfehlen wir Ihnen, mithilfe des erklärenden Textes Ihre Kenntnisse aufzufrischen und sie dann anhand der Aufgaben zu prüfen. Alternativ können Sie aber auch zunächst versuchen, die Aufgaben zu lösen, und dabei auftauchende Lücken gezielt durch Nachschlagen im erklärenden Text schließen.

Für Ihre Prüfungen wünschen wir Ihnen viel Erfolg. Mit den beiden Trainings-Bänden für das Fach Biologie sind Sie hierfür gut gerüstet.

Dr. Werner Bils   Rolf Brixius

Angewandte Genetik

Aha! Hab ich's mir doch gedacht! Der DNA-Test beweist, dass er tatsächlich ein Kuckuckskind ist ...

1 Gentechnik

Unter dem Begriff „Gentechnik" fasst man Verfahren zusammen, durch die fremde Gene in eine Zelle übertragen werden. In den Bereich der Gentechnik gehören auch die Analyse, Veränderung und Vervielfältigung der DNA oder RNA, nicht jedoch die Methoden der Fortpflanzungsbiologie, z. B. die Klonierung von Embryonen und die Züchtung von Lebewesen. Folgende Arbeitsschritte sind erforderlich, um **transgene Zellen** herzustellen, d. h. Zellen, die ein **fremdes Gen** in ihr Genom (Gesamtheit der Gene) aufgenommen haben:

1 **Gewinnung** des Gens: Der betreffende DNA-Abschnitt muss isoliert oder synthetisiert werden.
2 **Transfer** des Gens: Der DNA-Abschnitt muss durch die Zellbegrenzung (Zellwand und Biomembran bei Pflanzen- und Bakterienzellen, Biomembran bei Tierzellen) in die Zelle eingeschleust werden.
3 **Vervielfältigung** der transgenen Zelle: Die transgene Zelle mit dem darin enthaltenen Fremdgen muss vermehrt werden.
4 **Selektion** transgener Zellen: Zellen, bei denen der Gentransfer gelungen ist, die also das Fremdgen aufgenommen haben, müssen erkannt und herausgesucht werden.

1.1 Gewinnung eines Gens und sein Transfer in Bakterienzellen

Isolierung eines Gens aus der DNA eines Spenderorganismus

Die wichtigsten Instrumente bei der Isolierung von Genen aus einem DNA-Strang sind die **Restriktionsenzyme**. Als eine Art „genetische Schere" zerlegen sie ein DNA-Molekül in kleine Abschnitte. In der Gentechnik benutzt man v. a. solche Restriktionsenzyme, die den DNA-Doppelstrang versetzt zerschneiden, sodass an den Schnittstellen je ein kurzes Stück **Einzelstrang-DNA** aus 4 bis 6 Nukleotiden herausragt. Ein bestimmtes Restriktionsenzym spaltet die DNA immer an Stellen mit der gleichen, jeweiligen Basenfolge, z. B. nach der Basensequenz AATT. Man spricht von der **Erkennungssequenz** des Restriktionsenzyms (siehe Abb. 1, S. 3). Dadurch entstehen DNA-Stücke, deren überstehende Einzelstränge die Abfolge AATT bzw. im komplementären Strang TTAA tragen. Die Einzelstrangenden neigen aufgrund der Paarung komplementärer Basen dazu, sich wieder zusammenzulagern. Sie werden deshalb als *„sticky ends"* („klebrige Enden") bezeichnet.

In der Natur findet man Restriktionsenzyme in Bakterien, wo sie eingedrungene DNA von Bakteriophagen, das sind bakterienspezifische Viren, zerschneiden und damit unschädlich machen.

Diese Methode der Gewinnung von Genen ist zwar technisch relativ einfach durchführbar, aber nur wenig zielgenau und wird deshalb als „Schrotschuss-Methode" bezeichnet. Die Restriktionsenzyme liefern nämlich eine Vielzahl **verschiedener DNA-Stücke**. Darunter sind auch solche, die das gewünschte Gen enthalten. Das richtige DNA-Stück muss in einem gesonderten Vorgang „herausgesucht" werden.

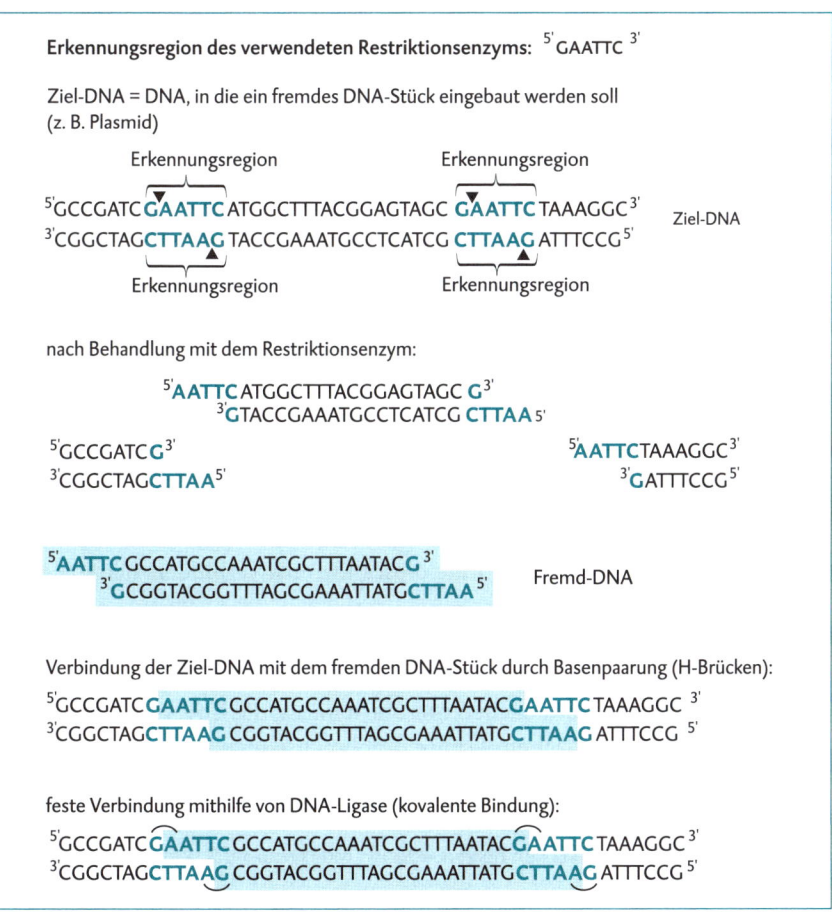

Abb. 1: Einbau eines fremden DNA-Stücks (Herstellung von rekombinanter DNA). Die Ziel-DNA ist die DNA, in die ein fremdes Stück Erbmaterial eingebaut werden soll. Die Fremd-DNA wurde aus der Gesamt-DNA des Spenderorganismus mit demselben Restriktionsenzym herausgeschnitten, hat also die gleichen *sticky ends* wie die Ziel-DNA.

> Gene lassen sich durch **Restriktionsenzyme** aus dem DNA-Molekül herausschneiden.

Transfer eines Gens in Bakterienzellen

Um ein isoliertes Gen in eine fremde Zelle einschleusen zu können, muss es in der Regel an solche DNA-Stücke gekoppelt werden, die von den Zellen leicht aufgenommen werden. Man bezeichnet sie als **Vektoren** oder „Genfähren".

Zielzellen des Gentransfers sind häufig **Bakterien**. Die DNA von Bakterien liegt als geschlossener Ring („Bakterienchromosom") frei im Zytoplasma. Ein Zellkern fehlt. Daneben können zusätzlich noch kleine ringförmige DNA-Stücke vorhanden sein, die **Plasmide**. Sie lassen sich aus den Bakterien isolieren und als Vektoren benutzen.

Im Folgenden sind die Arbeitsschritte eines **Gentransfers** für die Übertragung eines Gens auf Bakterienzellen mithilfe von Plasmiden dargestellt:

1 Öffnung von Plasmidringen im Reagenzglas mit den gleichen Restriktionsenzymen, die auch zur Isolierung des Gens dienten, das übertragen werden soll. Dadurch haben die Enden der geöffneten Plasmide die gleichen *„sticky ends"* wie die isolierten Gene.

2 Mischung der isolierten Gene mit den geöffneten Plasmidringen: Wenn sich komplementäre *sticky ends* finden, bilden sich zwei Arten von Plasmidringen, die sich wieder geschlossen haben. Eine Art enthält nur Bakterien-DNA, wenn sich die Plasmidringe an der Öffnungsstelle wieder schließen, die andere Bakterien-DNA und zusätzlich ein fremdes DNA-Stück.
Auf diese Weise entstehen demnach auch **Hybridplasmide**, das sind Mischplasmide, in denen Bakterien-DNA mit fremder DNA kombiniert ist. Man spricht von **rekombinanter** DNA.

3 Zugabe von DNA-Ligase. Mithilfe dieses Enzyms verbinden sich die DNA-Stücke fest miteinander.

4 Mischung der Plasmide mit und ohne Fremdgen mit Bakterienzellen, die kein Plasmid enthalten.

5 Behandlung der Bakterienzellen mit Substanzen, die ihre Wand für Plasmide leicht passierbar machen. Dadurch nehmen einige wenige Bakterienzellen Plasmide in ihr Zytoplasma auf.

> Plasmide lassen sich als **Vektoren** nutzen, wenn fremde Gene auf **Bakterien** übertragen werden sollen.

Nach Abschluss des Verfahrens enthält eine so behandelte Bakterienkultur
- viele Bakterienzellen ohne ein Plasmid,
- sehr wenige Bakterienzellen mit einem Plasmid, das aus reiner Bakterien-DNA besteht,
- sehr wenige Bakterienzellen mit einem Hybridplasmid, das vor dem Transfer bereits in der Bakterienzelle war, und dessen fremdes DNA-Stück deshalb nicht das zu übertragende Gen darstellt und
- sehr wenige Bakterienzellen mit einem Hybridplasmid, dessen fremdes DNA-Stück aus dem zu übertragenden Gen besteht.

Die nachfolgende Abbildung verdeutlicht den Prozess des Einbaus fremder DNA in Bakterienzellen:

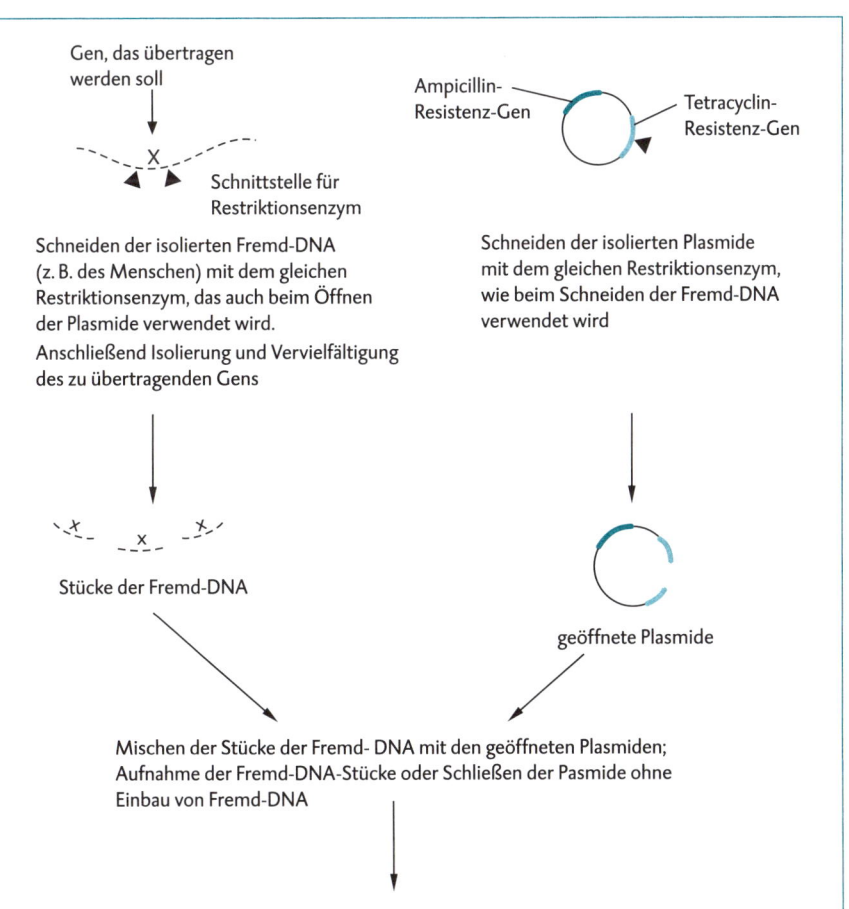

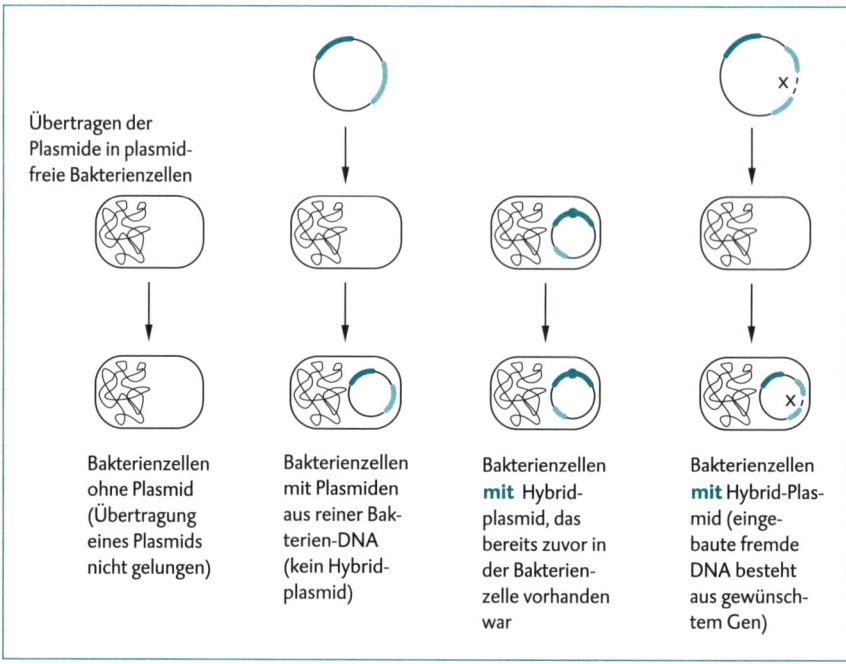

Abb. 2: Einbau fremder DNA-Stücke in Plasmide und Einschleusung von Plasmiden in Bakterienzellen

1.2 Suche nach spezifischen Bakterienzellen mittels Stempeltechnik

Für die Übertragung der fremden DNA-Stücke benutzt man keine normalen Plasmide, sondern solche, die zwei **Resistenzgene** gegen **Antibiotika** enthalten, z. B. gegen Tetracyclin und Ampicillin. Die Erkennungsregion des verwendeten Restriktionsenzyms muss innerhalb des Tetracyclin-Resistenz-Gens liegen. In Plasmiden, die durch das Restriktionsenzym gespalten und danach wieder geschlossen wurden, bleibt das Resistenzgen erhalten. Solche Zellen lassen sich weder mit Tetracyclin noch mit Ampicillin abtöten. Wenn das Plasmid aber fremde DNA aufnimmt, bleiben die beiden Bereiche des Tetracyclin-Resistenz-Gens getrennt. Das Gen wird dadurch unwirksam, die Zelle verliert ihre Resistenz gegen Tetracyclin. Solche Zellen sind weiterhin unempfindlich gegen Ampicillin, sterben aber bei Zugabe von Tetracyclin ab. In einem ersten Schritt werden zunächst alle Bakterienzellen aussortiert, die kein Plasmid aufgenommen haben oder ein Hybridplasmid besitzen, das bereits vor Versuchsbeginn vorhanden war. Um dies zu erreichen gibt man alle aus dem vorherigen Versuch resultierenden Bakterienzellen (siehe Abb. 2) in eine Nährlösung mit

Ampicillin. Dort können sich diejenigen Bakterienzellen vermehren, die das Hybridplasmid mit der übertragenen Fremd-DNA besitzen. Aber auch solche Bakterien gedeihen in der Nährlösung, die im vorhergegangenen Versuch nur das Hybridplasmid mit den beiden Resistenzgenen aufgenommen haben. Bakterien, welche dieses Plasmid nicht aufgenommen haben oder andersartige Plasmide besitzen, können in der Nährlösung mit Ampicillin nicht wachsen.

Resistenzgene innerhalb eines Plasmids ermöglichen eine Identifikation derjenigen Bakterienzellen, die das Plasmid aufgenommen haben.

Um diejenigen Bakterienzellen zu identifizieren, welche das Hybridplasmid mit der zu übertragenden Fremd-DNA enthalten, kann die 1952 von Joshua LEDERBERG entwickelte Technik der **Replika-Plattierung**, eine spezifische **Stempeltechnik**, angewendet werden.

Hierzu plattiert man Bakterienzellen aus der ampicillinhaltigen Nährlösung auf einer Petrischale aus, deren Nährboden das Antibiotikum ebenfalls enthält. Anschließend wird die Platte in einem Wärmeschrank bebrütet. Nach kurzer Zeit haben sich auf dem Nährboden Kolonien gebildet. Aus den gebildeten Kolonien werden nun Bakterienzellen mithilfe der Stempeltechnik auf einen weiteren Nährboden übertragen. Dazu drückt man einen mit Samt bespannten Stempel vorsichtig auf die Petrischale mit den Bakterienkolonien. Beim Abheben des Stempels bleiben an den feinen Haaren des Samtstoffes einzelne Bakterienzellen der unterschiedlichen Kolonien hängen. Wird der Samtstempel nun auf einen frischen Nährboden gedrückt, werden die anheftenden Bakterienzellen auf diesen übertragen. Der entscheidende Vorteil der Replika-Plattierung besteht darin, dass durch diese einfache Technik ein genaues Abbild der Kolonien einer (Ausgangs-)Platte hergestellt werden kann.

Im vorliegenden Fall ist eine Identifizierung derjenigen Bakterienkolonie, deren Zellen Plasmide mit Fremd-DNA enthalten, einfach zu bewerkstelligen. Da der Nährboden, auf den die Bakterienzellen überstempelt werden, Tetracyclin enthält, können dort keine Bakterienzellen wachsen, welche Plasmide mit der Fremd-DNA aufgenommen haben. Die aufgenommene DNA wurde im Plasmid innerhalb des Resistenzgens für Tetracyclin integriert (s. o.), wodurch das Gen in zwei Teile gespalten und damit unwirksam geworden ist. Dies trifft im vorliegenden Beispiel (Abb. 3, S. 8) auf die Kolonie 8 zu, da aus dieser Bakterienkolonie überstempelte Zellen auf dem tetracyclinhaltigen Nährboden nicht wachsen können. Die **Lücke im Koloniemuster** der Tetracyclin-Schale gibt damit den Hinweis, auf welcher Position der Ausgangsplatte die gesuchte Kolonie mit der entsprechenden Fremd-DNA zu finden ist. Von dort können nun Bakterienzellen dieser Kolonie entnommen und für weitere Versuche in flüssigen Kulturmedien vermehrt werden.

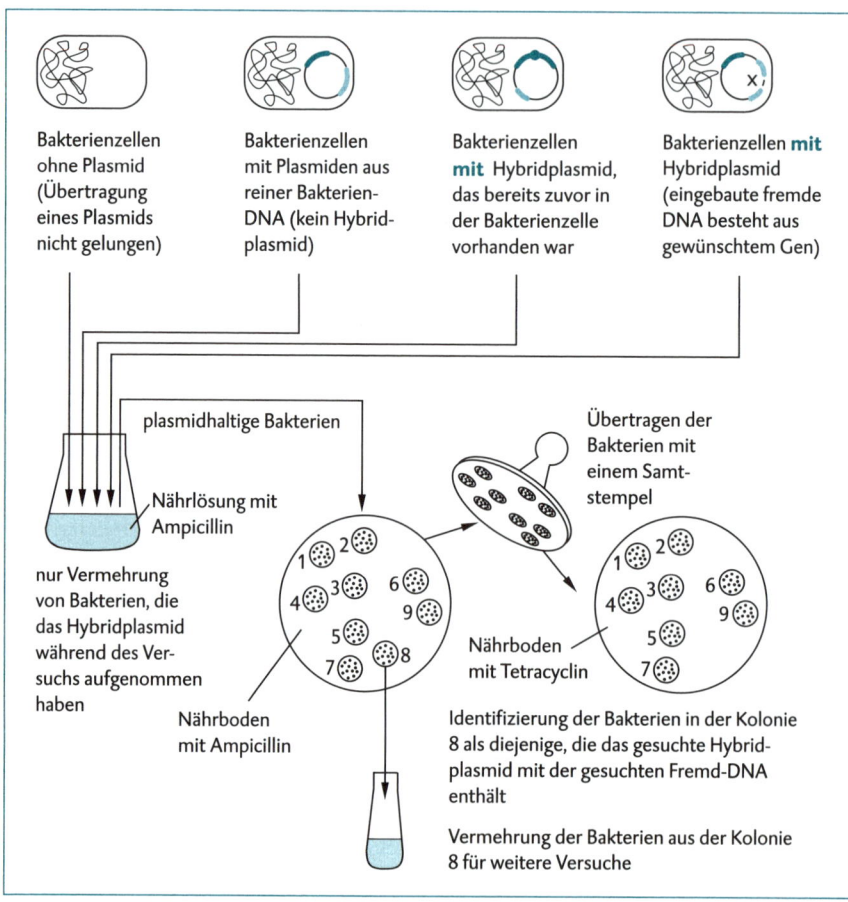

Abb. 3: Isolieren von Bakterienzellen mithilfe der Stempeltechnik

Die **Stempeltechnik (Replika-Plattierung)** ermöglicht es, das vorhandene Koloniemuster von einer Ausgangsplatte identisch auf weitere Platten zu übertragen.

1.3 Kultivierung von Bakterienzellen mittels Verdünnungsreihen

Bei der Arbeit mit Bakterienkulturen ist es oftmals notwendig, die genaue **Anzahl der Bakterien in einem Milliliter (Titer)** bestimmen zu können, die sich in einer Kultur gebildet haben. Das gängige Verfahren hierfür ist die Herstellung einer Verdünnungsreihe. Sie beruht darauf, dass man die Flüssigkeit mit den darin befindlichen Bakterien verdünnt. Die Anzahl der Bakterien verringert sich dadurch in Bezug auf die sie umgebende Lösung. Die Verringerung der Bakterienkonzentration erfolgt bei einer **Verdünnungsreihe** in mehreren Schritten, wobei die Verdünnung von einer Nährlösung zur anderen jeweils in Dezimalschritten erfolgt. Verbunden ist das schrittweise Verdünnen mit dem Ausplattieren eines Teils der Bakteriensuspension auf einem Nährboden. Die Zahl der auf dem Nährboden entstandenen Kolonien – pro Kolonie geht man von einer ursprünglichen Bakterienzelle aus – kann dann auf die Anzahl der Bakterienzellen in der Ausgangslösung hochgerechnet werden. Der schrittweise Prozess ist in der folgenden Darstellung wiedergegeben:

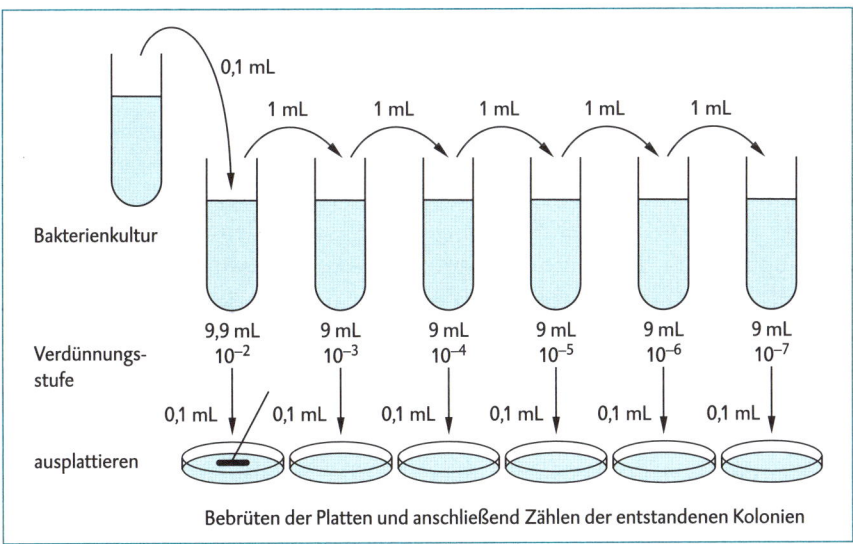

Abb. 4: Aufbau einer Verdünnungsreihe

Von einer Ausgangskultur füllt man eine Probe von 0,1 mL Bakteriensuspension in ein Reagenzglas mit 9,9 mL Nährlösung. Aus diesem Reagenzglas wird 1 mL des Inhalts in ein weiteres Reagenzglas mit 9 mL Nährlösung gegeben, woraus sich eine Verdünnung um den Faktor 10 ergibt. Bei allen weiteren Schritten der Verdünnungsreihe wird genauso verfahren, sodass jeweils eine Verdünnung um den Faktor 10 erfolgt. Des Weiteren werden aus jedem Reagenzglas der Verdünnungsreihe 0,1 mL Flüssigkeit auf jeweils eine Petrischale mit Nährboden ausplattiert. Anschließend können die nach der Bebrütung entstandenen Kolonien gezählt werden.

Beispiel

Nach sechs Schritten in der Verdünnungsreihe (Verdünnung 10^{-7}) sind auf der Platte des Nährmediums insgesamt drei Kolonien vorhanden. Dies bedeutet, dass das Reagenzglas mit der Verdünnung 10^{-7} insgesamt 30 Bakterien in einem Milliliter Lösung enthält. Dies ergibt sich aus der Tatsache, dass 0,1 mL Lösung ausplattiert wurde, sich der Titer-Wert aber auf 1 mL – also die zehnfache Menge – bezieht. Für die Ausgangslösung ergibt sich damit ein Wert von $30 \cdot 10^7$ oder $3 \cdot 10^8$ Bakterien in einem Milliliter dieser Lösung.

> Mithilfe einer **Verdünnungsreihe** kann die in einem Milliliter vorhandene Anzahl von Bakterien in einer Ausgangskultur bestimmt werden.

1.4 Polymerase-Kettenreaktion (PCR)

Immer dann, wenn bei der Arbeit mit genetischem Material, das untersucht werden soll, nur eine geringe Menge DNA vorhanden ist – beispielsweise DNA-Spuren am Tatort eines Verbrechens – kommt seit Mitte der 1980er Jahre die **Polymerase-Kettenreaktion** (PCR, *polymerase chain reaction*) zur Anwendung. Die PCR ist eine molekularbiologische Arbeitsmethode zur exakten Analyse von DNA. Mit diesem Verfahren können gezielt spezifische Abschnitte einer DNA in einem Reaktionsgefäß identisch vermehrt werden. Diesen Vorgang bezeichnet man auch als **In-vitro-Amplifikation** (gezielte Vermehrung von DNA-Sequenzen im Glas). Grundlage der PCR sind die hitzestabilen Polymerasen aus dem Bakterium *Thermophilus aquaticus*, das in heißen Quellen – so z. B. im Yellowstone Nationalpark – lebt.

Die Polymerase-Kettenreaktion läuft in drei, jeweils nur einige Sekunden bis Minuten dauernden und aufeinander aufbauenden Teilschritten ab, die als **PCR-Zyklus** bezeichnet werden:

1. Denaturierung
Der erste Arbeitsgang der PCR besteht darin, dass die zu untersuchende **DNA** bei 92 °C **denaturiert** und in ihre **Einzelstränge** zerlegt wird.

2. Hybridisierung
Im nächsten Schritt werden die **Startstellen** der **Replikation** auf dem zu kopierenden DNA-Abschnitt **festgelegt**. Dies ist der entscheidende Arbeitsschritt in der PCR. Er kann nur dann gelingen, wenn diejenigen Nukleotidsequenzen bekannt sind, die an den Enden des DNA-Abschnitts liegen, der vervielfältigt werden soll. Zur Begrenzung und Markierung dieses DNA-Abschnitts werden jeweils zwei spezifische gegenläufige PCR-Primer (für die zwei Enden des DNA-Abschnitts) verwendet. Damit die Primer, die aus kurzen Nukleotidfolgen (Oligonukleotide) bestehenden Startpunkte für die DNA-Polymerase (siehe S. (1) 15), reagieren können, wird die **Temperatur** auf 50–60 °C **gesenkt**. Wenn sich die beiden im Überschuss zugegebenen Primer-Moleküle nach der Komplementaritätsregel an die denaturierte DNA anlagern, kommt es zu einer **Hybridisierung** zwischen Primern und DNA.

3. Polymerisierung
Als Nächstes findet die **Polymerisierung** statt. Hierzu wird die Temperatur im Reaktionsgefäß auf ca. 70 °C erhöht. Mit den im Ansatz vorhandenen vier DNA-Nukleotiden (A, T, G, C) und der hitzebeständigen DNA-(Taq-)Polymerase werden nun – mit den Primern als Ausgangspunkt – neue komplementäre Einzelstränge synthetisiert. Am Ende der Polymerisierung liegen dann wieder DNA-Doppelstränge vor.

Die Abfolge von DNA-Denaturierung, Hybridisierung und Polymerisierung wird im Reaktionsgefäß als **Kreislauf** mehrfach durchlaufen, wodurch bei jedem Durchlauf doppelt so viele neue, identische DNA-Moleküle erzeugt werden; d. h. ihre Zahl steigt exponentiell an (n Zyklen = 2^n DNA-Abschnitte). Nach 30–40 PCR-Zyklen ist dann – selbst bei einer geringen Ausgangsmenge einer DNA-Probe – ausreichend DNA synthetisiert worden, um damit weitere Untersuchungen durchführen zu können. So liegen beispielsweise nach 40 PCR-Zyklen insgesamt 2^{40} DNA-Moleküle vor, d. h. $1{,}09 \cdot 10^{12}$ identische Kopien des Ausgangsmaterials – das sind mehr als eine Milliarde identische Moleküle.

Mithilfe der **PCR** lassen sich selbst kleinste Mengen an DNA in kurzer Zeit vermehren. Das gelingt durch den Wechsel zwischen bestimmten Temperaturbereichen, der viele nacheinander ablaufende **Replikationen** ermöglicht.

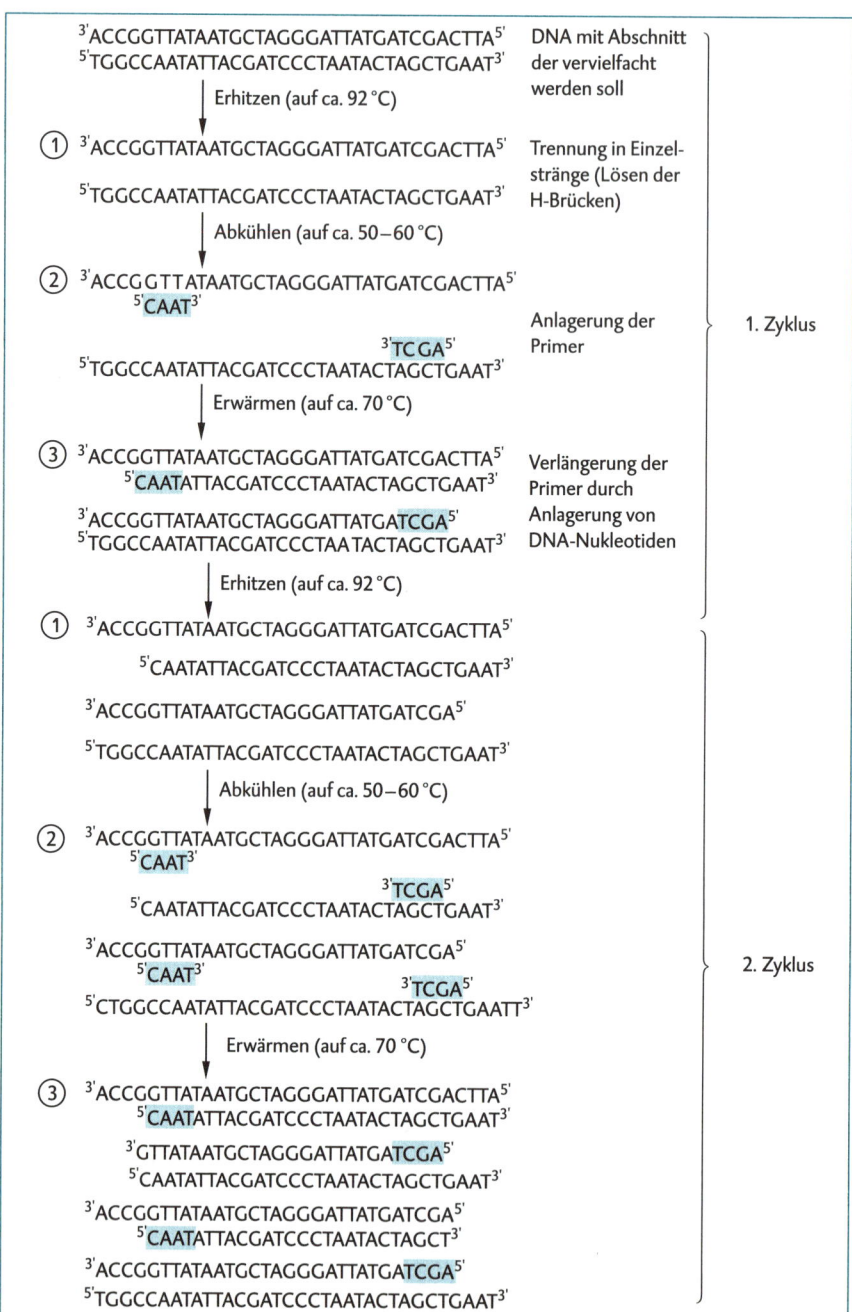

Abb. 5: Ablauf des ersten und zweiten Zyklus der Polymerase-Kettenreaktion. Erforderlich sind u. a. DNA-Nukleotide, hitzebeständige Polymerase und Primer, in der Abbildung ⁵'CAAT³' und ³'TCGA⁵'.

Exkurs
Elektrophorese – ein Verfahren zur Molekültrennung

Die **Elektrophorese** ist ein Verfahren, das in der Gentechnik immer dann angewendet wird, wenn es gilt, Stoffgemische zu trennen. Hierbei macht man sich die Eigenschaft elektrisch geladener Körper zu Nutze, die in einem elektrischen Feld eine unterschiedliche Wanderungsgeschwindigkeit aufweisen. Ähnlich wie bei der Chromatografie laufen dabei die Moleküle unterschiedlich schnell durch eine Trägersubstanz. Als Träger dient eine dünne Gelplatte (Gel-Elektrophorese). Für die Bewegung der Moleküle sorgen Elektroden (Anode und Kathode) an den Enden der Gelplatte, die ein Gleichspannungsfeld aufbauen. Je nach Gesamtladung, Größe und Gestalt wandern die Moleküle verschieden schnell und damit verschieden weit zu einem Pol des elektrischen Feldes. Molekülgröße und Ladung wirken dabei zusammen. So wandern beispielsweise bei negativ geladenen Molekülen, die gleich groß sind aber eine unterschiedlich hohe Ladung tragen, diejenigen mit der höheren Ladung schneller zum Pluspol. Bei gleicher Ladung aber unterschiedlicher Größe entscheidet die Molekülgröße: Kleinere Teilchen bewegen sich während der Elektrophorese schneller als größere. Es ist aber auch möglich, dass unterschiedliche Moleküle sich gleich schnell in der Trägersubstanz bewegen. Trägt das größere Molekül eine höhere negative Ladung als das kleinere, so können beide gleich schnell in Richtung Anode wandern.

DNA-Stücke laufen im elektrischen Feld der Gelplatte von der Kathode (Minuspol) zur Anode (Pluspol). Dabei behindert das Gel **kurze** DNA-Stücke nur wenig. Sie laufen schnell und legen daher in einer bestimmten Zeit eine größere Strecke im Gel zurück als lange DNA-Stücke. Um die dadurch entstehenden Bereiche, in denen sich gleich oder ähnlich lange DNA-Stücke gesammelt haben, **sichtbar** zu machen, werden die DNA-Abschnitte mit **fluoreszierenden** Farbstoffen markiert. Nach der Elektrophorese ist auf der Gelplatte ein leuchtendes Bandenmuster erkennbar. Möglich ist aber auch eine **radioaktive** Markierung der DNA-Stücke. Bei diesem Verfahren wird nach der Elektrophorese zunächst ein strahlungsempfindlicher Film auf die Gelplatte gelegt. Die radioaktive Strahlung der DNA in den Banden schwärzt dann den Film und erzeugt so ebenfalls ein Bandenmuster (Autoradiografie).

Die so voneinander in Banden getrennten, nach ihrer Länge geordneten DNA-Stücke lassen sich durch mitgelaufene **Kontroll-DNA-Stücke** bekannter Länge identifizieren. Die DNA einer Bande kann aber auch aus der Gelplatte gelöst und für weitere Arbeitsschritte verwendet werden. Entsprechendes gilt für die Elektrophorese anderer Substanzen, z. B. für Proteine.

> Bei der **Elektrophorese** trennen sich die unterschiedlichen Moleküle einer Lösung durch verschieden weite **Wanderungen in einem elektrischen Feld**.

Zusammenfassung

- Gene lassen sich durch Restriktionsenzyme aus der DNA eines Spenderorganismus herausschneiden.
- Plasmide können zur Übertragung eines Gens auf ein Bakterium dienen.
- Wenn gleichzeitig mit einem Fremdgen auch Gene übertragen werden, die die Resistenz gegen bestimmte Antibiotika zur Folge haben, lassen sich die Zellen finden, in denen der Gentransfer gelungen ist.
- Durch das Herstellen einer Verdünnungsreihe kann der Titer in einer Bakterienkultur bestimmt werden.
- In der PCR laufen in kurzen Abständen nacheinander Replikationen ab, sodass aus einer geringen Menge an DNA eine sehr große Zahl identischer DNA-Moleküle entsteht.
- Ein Gemisch aus verschiedenen DNA-Stücken lässt sich in der Elektrophorese auftrennen.

Aufgaben

1. Restriktionsenzyme sind wichtige Werkzeuge der Gentechnik.
   a Beschreiben Sie die Funktion der Restriktionsenzyme.
   b Welche Aufgaben erfüllen Restriktionsenzyme unter natürlichen Bedingungen?

2. Warum verwendet man beim Gentransfer mithilfe von Plasmiden das gleiche Restriktionsenzym sowohl um das zu übertragende Gen aus der DNA des Spenderorganismus herauszuschneiden als auch um die Plasmide, die zur Einschleusung dienen sollen, aufzutrennen?

3   Hefezellen sind Eukaryoten, d. h. sie haben einen Zellkern und mehrere Chromosomen. Zusätzlich aber können sie auch Plasmide enthalten. Das ist untypisch für eukaryotische Zellen.
Erläutern Sie, warum Hefen durch diese Besonderheit für bestimmte gentechnische Verfahren besonders geeignet sind. Berücksichtigen Sie dabei auch, dass Prokaryoten nicht in allen Fällen die gleiche Art der Transkription und Translation haben wie Eukaryoten.

4   Die direkte Übertragung von Genen, ohne die Verwendung von Vektoren wie Viren oder Bakterien ist bei Pflanzen schwieriger als bei Tieren.
   a Wie ist das zu erklären?
   b Durch welche Vorbehandlung von Pflanzenzellen lässt sich ein direkter Gentransfer erleichtern?

5   Welche der folgenden Substanzen, Zellen oder Zellbestandteile sind mit der falschen gentechnischen Funktion oder Anwendung verknüpft?
   ☐ DNA-Polymerase – Zerschneiden der DNA
   ☐ Vektor – Transport von mRNA aus dem Zellkern in das Zytoplasma
   ☐ Restriktionsenzym – komplementäre Anlagerung von RNA-Nukleotiden an einen DNA-Einzelstrang
   ☐ Hybridplasmid – Übertragung fremder DNA-Stücke auf eine Bakterienelle
   ☐ Virus – Übertragung von Fremdgenen auf Zellen von Eukaryoten

6   In der Gentechnik verwendet man in der Regel Plasmide, um Gene auf Bakterienzellen zu übertragen. Beschreiben Sie in Stichworten ein übliches Suchverfahren, mit dem diejenigen Bakterienzellen, die ein Plasmid aufgenommen haben, von solchen unterschieden werden können, die kein Plasmid enthalten.

7   Angenommen, eine Kultur von Bakterien (Kulturschale A) bestehe aus zwei Zelltypen.
   • Typ I enthalte ein Plasmid, das aus reiner Bakterien-DNA besteht (ohne fremde DNA).
   • Typ II bestehe aus Zellen, die ein Hybridplasmid aufgenommen haben. Das Plasmid enthält ein Resistenzgen gegen das Antibiotikum Tetracyclin. Das fremde DNA-Stück liegt innerhalb dieses Resistenzgens.
   Beschreiben Sie ein Suchverfahren, mit dem man die beiden Bakterientypen voneinander unterscheiden und weiter verwenden kann.

8 Wenn man Plasmide für den Gentransfer benutzt, entstehen während des Verfahrens der Genübertragung verschiedene Bakterientypen, die sich in ihren genetischen Informationen unterscheiden lassen.
   a Beschreiben Sie in Stichworten solche Bakterientypen.
   b Welche der genannten Bakterientypen entstehen am seltensten? Begründen Sie Ihre Antwort.

9 Erläutern Sie, warum man beim Anlegen einer Verdünnungsreihe davon ausgehen kann, dass eine Bakterienkolonie auf den Nährböden der Petrischalen als eine Bakterienzelle gezählt werden kann.

10 Erläutern Sie, warum bei einer Verdünnungsreihe die Anzahl der Bakterienkolonien, die auf den bebrüteten Petrischalen entstanden sind, nicht dem Titer-Wert entsprechen.

11 Kreuzen Sie an, welche der unten genannten Substanzen und Organellen u. a. in einem Ansatz vorhanden sind, in dem die PCR abläuft?
   ☐ Restriktionsenzyme
   ☐ Primer
   ☐ vier Arten von DNA-Nukleotiden
   ☐ vier Arten von RNA-Nukleotiden
   ☐ DNA-Polymerase
   ☐ der zu vermehrende DNA-Bereich
   ☐ Zellkerne
   ☐ Ribosomen

12 Im Folgenden ist die Basensequenz eines Stücks von einem DNA-Doppelstrang angegeben. Darin sind Beginn und Ende des Abschnitts markiert, der durch eine PCR vermehrt werden soll. Die DNA-Polymerase kann vom Primer ausgehend einen komplementären Strang nur in Richtung vom 5'-Ende zum 3'-Ende der DNA aufbauen.
   a Welche Primer sind erforderlich? Zur Vereinfachung sollen Primer angegeben werden, die aus nur vier Basen bestehen.
   b Zeichnen Sie das DNA-Molekül in der Phase der PCR, in der sich die Primer bereits angelagert haben.
   c Stellen Sie die DNA-Moleküle dar, die nach dem ersten und nach dem zweiten PCR-Zyklus entstanden sind.

Die Basenfolge des DNA-Doppelstrangs mit Beginn und Ende des Abschnitts, der mithilfe der PCR vermehrt werden soll, ist:

3'G G T A T C A G G C C A T A G T C C C A G C G G T T A 5'
5'C C A T A G T C C G G T A T C A G G G T C G C C A A T 3'

13 Die in der PCR verwendete DNA-Polymerase stammt aus einem ungewöhnlich hohe Temperaturen ertragenden Bakterium *(Thermus aquaticus)*. Die *Taq*-Polymerase arbeitet erst bei 72 °C. Bei einer Temperatur von 90 °C ist sie nicht aktiv; ihre chemische Struktur bleibt aber auch bei einer so hohen Temperatur stabil. Erläutern Sie, warum die *Taq*-Polymerase für die PCR geeigneter ist als eine „normale" Polymerase.

14 Wenn man DNA, die gentechnisch übertragen werden soll, vor dem Beginn des Gentransfers mithilfe der PCR vermehrt, erhöht sich die Wahrscheinlichkeit, dass eine Empfängerzelle das gewünschte Gen aufnimmt und nicht einen anderen Abschnitt der Spender-DNA. Erklären Sie dieses Phänomen.

15 In welchem Merkmal ähneln sich die DNA-Stücke jeder der Banden, die bei der Elektrophorese von DNA entstehen, wenn die DNA mit einem bestimmten Restriktionsenzym behandelt wurde?

2 Chancen und Risiken der Gentechnik und -diagnostik

In der Medizin, wie auch bei industriellen Produktionsverfahren und im Umweltschutz kommen heute diverse gentechnische Verfahrensweisen zum Einsatz. Dabei werden Mikroorganismen – hauptsächlich Bakterien- und Hefezellen aber auch Viren – gentechnisch verändert. Ihre genetische Information wird, beispielsweise durch das Einschleusen artfremder Erbinformation, so verändert, dass **transgene Organismen** entstehen. In der **Medizin** kommen schon seit längerer Zeit transgene Bakterienzellen zum Einsatz, die das menschliche Gen für die Produktion von Insulin oder den Blutgerinnungsfaktor VIII enthalten, um die gewünschten Substanzen für eine therapeutische Behandlung zuckerkranker bzw. hämophiler Patienten zu produzieren.

Ein Beispiel für den Einsatz der Gentechnik in der **Lebensmittelherstellung** ist die Steigerung der Effektivität der Mikroorganismen bei der Herstellung von Backwaren, Bier, Milch- und Käseprodukten, Vitaminen, Aromastoffen, Enzymen und anderen Proteinen. Im Bereich der **Rohstoffgewinnung** vermag die Gentechnik den Entzug von Mineralien aus Erzen durch gentechnisch veränderte Bakterien zu verbessern oder auch die Herstellung von Alkohol durch veränderte Hefe-Stämme zu optimieren. Im **Umweltschutz** schließlich kann durch gentechnische Veränderungen eine Leistungssteigerung von Mikroorganismen erreicht werden, etwa bei der Reinigung von Abwässern, der Kompostierung, der Gewinnung von Biogas oder beim Abbau von Schadstoffen (z. B. Ölrückständen) im Boden oder im Wasser.

Risiken der Gentechnik mit Mikroorganismen und Viren

Die Manipulation des Erbgutes von Mikroorganismen und Viren birgt folgende, bisher schwer überschaubare Risiken:

- Durch Veränderung der genetischen Information könnten neue Krankheitserreger entstehen, die nur schwer zu bekämpfen sind.
- Gentechnisch veränderte DNA eines Bakterien- oder Viren-Stammes könnte unbeabsichtigt auf andere Stämme übergehen (horizontaler Gentransfer), sodass neue Genkombinationen entstehen, deren Wirkungen nicht vorauszusehen sind. Bei Bakterien ist der horizontale Gentransfer auch zwischen Zellen möglich, die zu verschiedenen Arten gehören; sogar eine Übertragung auf Pflanzen ist denkbar.
- Gentechnisch veränderte Bakterien lassen sich als biologische Kampfmittel mit ungeahnter Wirkung militärisch nutzen, auch von Terroristen.

- Transgene Mikroorganismen und Viren könnten aus den Labors „entkommen" und im Freiland in Wechselwirkung mit anderen Umweltbedingungen und anderen Organismen unvorhersehbare Wirkungen haben.

2.1 Gentherapie beim Menschen

Theoretisch lassen sich mit gentechnischen Methoden krankheitsbedingende Gene des Menschen „korrigieren". Bisher ist das allerdings nur in sehr wenigen Fällen gelungen.

Somatische Gentherapie

Bei diesem gentechnischen Verfahren wird das veränderte Gen des Menschen, das in allen Körperzellen vorhanden ist, nur in den Körperbereichen korrigiert, in denen es aktiv ist, in denen es also zu Schädigungen führt. Durch Einschleusung von intakten Genen hofft man, viele schwere Erbkrankheiten heilen zu können. Gelungen ist es bisher allerdings nur in einem Fall. Eine sehr seltene Immunschwäche lässt sich heute durch somatische Gentherapie heilen. Die Bemühungen um die gentechnische Therapie weiterer Erbkrankheiten, z. B. der Mukoviszidose, haben schon gewisse Fortschritte gebracht.

Gentherapie an Keimzellen

Die Veränderung der Gene kann schon an befruchteten Eizellen oder sehr frühen Embryonalstadien geschehen. Die Gentechnik ermöglicht die gezielte Manipulation der genetischen Information, sodass in der Zukunft Menschen mit exakt geplanten Eigenschaften entstehen könnten, **„Menschen nach Maß"**. Genetische Eingriffe in die **Keimbahn** des Menschen sind in Deutschland aus ethischen und gesellschaftlichen Gründen verboten (siehe S. 23 f.).

> Bei der **somatischen Gentherapie** werden veränderte Gene in betroffenen Geweben und Organen beseitigt. Die **Gentherapie an Keimzellen** führt zur gezielten Änderung der genetischen Informationen aller Zellen eines Menschen.

Wenn es um **ethische Fragen der Gentechnik** geht, wollen wir als Autoren nur die biologischen Sachverhalte, die Chancen und die Risiken darstellen. Die Regeln und Normen des ethischen Handelns, des Umgangs mit den Möglichkeiten, die die Gentechnik anbietet, fallen in das Fachgebiet der Ethik und weiterer gesellschaftswissenschaftlicher Fächer, der Gesetzgebung und der Rechtsprechung. Die Biologie sollte hierzu allein aus ihrem Fachgebiet heraus keine Aussagen machen, die Anspruch auf Verbindlichkeit erheben.

2.2 Gendiagnostik – der genetische Fingerabdruck

Analyse der Basensequenz

Inzwischen ist die vollständige Basensequenz des Genoms der DNA des Menschen durch das Humangenom-Projekt aufgeklärt worden. Damit sind allerdings die informationstragenden Abschnitte der DNA, die Gene, noch nicht identifiziert. Ebenfalls ist für die bereits bekannten Gene in den meisten Fällen noch unklar, welche Wirkung die von ihnen codierten Proteine im Stoffwechsel der Zelle haben. Die Gentechnik erlaubt es auch, die genetische Information von Menschen und Tieren gezielt zu analysieren. Die Möglichkeit festzustellen, ob ein Organismus bestimmte Gene in sich trägt, eröffnet **neue Chancen**, birgt aber auch **viele Risiken** (siehe S. 22 f.).

Der genetische Fingerabdruck

Die DNA des Menschen ist bei allen Individuen ähnlich, aber mit Ausnahme von eineiigen Zwillingen nie vollständig identisch. Im Verfahren des „genetischen Fingerabdrucks" *(genetic fingerprinting)* benutzt man den Vergleich von besonders unterschiedlichen DNA-Bereichen, um einen Menschen zuverlässig zu identifizieren. Auffällige und für jeden Menschen typische Unterschiede weisen vor allem solche DNA-Bereiche auf, die **keine genetische Information** enthalten. Mutationen in diesen Bereichen bleiben über sehr lange Zeit erhalten, da sie keine Merkmalsänderung zur Folge haben und daher nicht der Selektion unterliegen (siehe Evolution, S. 96 ff.). Diese DNA-Bereiche sind von Mensch zu Mensch verschieden. Sie werden als **polymorphe Bereiche** bezeichnet. Jede Mutation bringt auch die Chance, dass eine Schnittstelle, eine bestimmte kurze Basenfolge, für ein bestimmtes Restriktionsenzym entsteht oder wieder verschwindet. Daher ist damit zu rechnen, dass in den polymorphen Bereichen unterschiedlich viele Schnittstellen für ein bestimmtes Restriktionsenzym vorhanden sind. Wenn man die DNA verschiedener Menschen mit einem bestimmten Restriktionsenzym behandelt, entsteht daher ein für jeden Menschen **typisches Gemisch aus DNA-Fragmenten** unterschiedlicher Länge. Wenn viele Schnittstellen für das Restriktionsenzym vorhanden sind, enthält das Gemisch mehr und kürzere DNA-Stücke, als wenn es nur wenige Schnittstellen gibt. Zur Identifizierung der DNA-Fragmente werden markierte Gensonden eingesetzt. Dabei handelt es sich um einsträngige DNA-Stücke, deren Basensequenz komplementär zu Nukleotid-Bereichen in der zu untersuchenden Erbsubstanz ist.

Der Vorgang des genetischen Fingerabdrucks kann in sechs aufeinander aufbauende gentechnische Verfahrensschritte unterteilt werden:

1. DNA-Isolierung
Aus Zellen der Mundschleimhaut, Zellen aus einem Blutfleck, aus Speichelrückständen auf Zigaretten oder aus Spermaresten wird DNA extrahiert.

2. DNA-Vervielfältigung
Spezifische, polymorphe Bereiche der DNA werden mithilfe der PCR (siehe S. 10) vervielfältigt.

3. Bildung von DNA-Restriktionsfragmenten
Zu den vervielfältigten polymorphen Bereichen der DNA werden bestimmte Restriktionsenzyme gegeben. Dadurch wird die DNA in unterschiedlich lange Stücke zerlegt, wodurch Restriktionsfragmente der DNA entstehen.

4. Auftrennung der Restriktionsfragmente
Das Gemisch der unterschiedlich langen DNA-Stücke wird mithilfe der Gel-Elektrophorese (siehe S. 13) aufgetrennt, wodurch die Restriktionsfragmente sich ihrer Länge entsprechend anordnen.

5. Untersuchung des Elektrophorese-Bandenmusters mit Gensonden
Von der Gelplatte werden die Restriktionsfragmente auf eine Nylon- oder Nitrocellulosemembran übertragen und anschließend chemisch denaturiert, wodurch sie sich in Einzelstränge auftrennen. Radioaktiv markierte Gensonden werden zugegeben, die an komplementären DNA-Abschnitten binden (Hybridisierung).

6. Identifikation der Hybridisierungsstellen
Die Trägermembran wird auf einen für radioaktive Strahlung empfindlichen Film gelegt. Die Schwärzung des Films identifiziert die Stellen, an denen eine Hybridisierung zwischen der zu untersuchenden DNA und den Gensonden stattgefunden hat (Autoradiographie). Es entsteht ein Bandenmuster.

Jeder Mensch hat eine für ihn charakteristische Zusammensetzung aus Restriktionsfragmenten. In der Kriminalistik kann man daher durch den **Vergleich der Bandenmuster**, die die Elektrophorese liefert, exakt feststellen, ob z. B. ein Blutfleck oder Spermarest von einem Verdächtigen stammt oder nicht. Zur Absicherung werden beim genetischen Fingerabdruck **drei verschiedene DNA-Bereiche** untersucht.

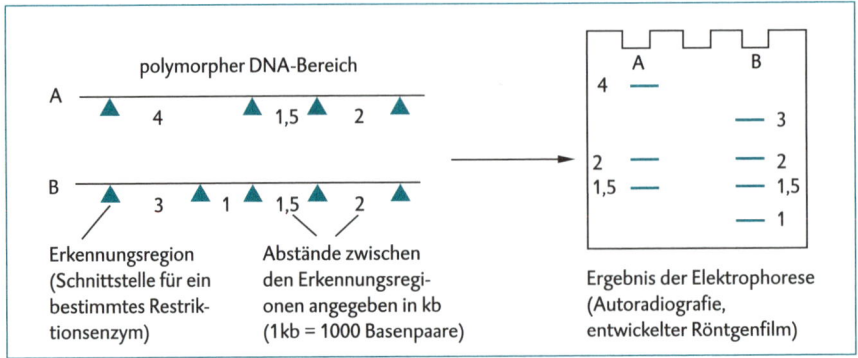

Abb. 6: Das Prinzip des genetischen Fingerabdrucks

Chancen der Gendiagnostik

Gendiagnostische Verfahren bieten eine Vielzahl von Chancen:
- **Erbkrankheiten** können frühzeitig festgestellt werden. So lassen sich noch vor ihrem Ausbruch prophylaktische medizinische Maßnahmen treffen.
- Gezielte **genetische Beratung** von Paaren, in deren Familien Erbkrankheiten vorkommen, ist möglich.
- Genetische Untersuchung während der Schwangerschaft auf jene Gene, die Krankheiten verursachen, können durchgeführt werden. Bei Befruchtung im Reagenzglas, der *In-vitro*-Fertilisation, lassen sich durch die **Gendiagnose** Embryonen mit verändertem Genotyp frühzeitig erkennen.
- In der **Kriminalistik** lassen sich Täter mit sehr hoher Wahrscheinlichkeit überführen, auch wenn nur geringe DNA-Spuren am Tatort gefunden wurden.

Risiken der Gendiagnostik

Zu wissen, welche Gene ein Organismus in sich trägt, bringt zunächst viele Vorteile mit sich, wie zuvor gezeigt wurde. Im Umgang mit der Möglichkeit der genetischen Analyse des Menschen treten aber ernstzunehmende **ethische** und **soziale Fragen** auf. Solche z. T. heftig diskutierten Fragen sind z. B.:
- **Wer** soll **berechtigt** sein, das **Genom** eines Menschen **untersuchen zu lassen**, um z. B. festzustellen, ob bestimmte Gene verändert sind?
- Darf die Kenntnis der Gene eines Menschen benutzt werden, um die **Eignung für** einen bestimmten **Beruf oder Arbeitsplatz** zu **prüfen**?

- Darf die Kenntnis des Genoms eines Menschen von **Versicherungsunternehmen** genutzt werden, um die Höhe der Beiträge in Abhängigkeit von **zu erwartenden Krankheiten** oder von der **mutmaßlichen Lebensdauer** der Person festzusetzen?

Die technisch bereits vorhandene Möglichkeit, Embryonen mit besonders vielen „gewünschten" bzw. besonders wenigen „nachteilig veränderten" Genen für eine Schwangerschaft auszuwählen, eröffnet die Möglichkeiten der **„Menschenzucht"**. In Deutschland sind solche Verfahren der **Eugenik** gesetzlich verboten.

2.3 Biologisch-medizinische Reproduktionsverfahren – ethische und juristische Fragen und Probleme

Die Möglichkeiten der modernen Reproduktionsbiologie bzw. -medizin eröffnen ein weites Feld an Möglichkeiten nicht nur ungewollt kinderlosen Ehepaaren zu helfen, sondern auch landwirtschaftliche Leistungssteigerungen in der Tierzucht zu ermöglichen. Ein kurzer Überblick soll hier einige Möglichkeiten aufzeigen:

- Mithilfe der **In-vitro-Fertilisation**, der künstlichen Befruchtung im Reagenzglas, kann unfruchtbaren Paaren doch noch der Kinderwunsch erfüllt werden.
- Genotypanalysen können mithilfe der **Präimplantations-Diagnostik** (PID) vorgenommen werden. So ist es z. B. möglich, nur ausgewählte Embryonen mit spezifischen Merkmalen in die Gebärmutter einzupflanzen – andere dagegen nicht.
- Das **reproduktive Klonen** von Rindern ermöglicht es, viele Individuen eines leistungsstarken Genotyps dadurch zu erhalten, dass Embryonen im frühen Embryonalstadium experimentell geteilt werden.
- Beim **therapeutischen Klonen** sollen Embryonen zur Gewinnung embryonaler Stammzellen erzeugt werden. Ziel ist es hierbei, aus den unspezialisierten Stammzellen Gewebezellen zu züchten und daraus z. B. menschliche Ersatzorgane zu generieren.

Aus diesen Möglichkeiten, die prinzipiell alle beim Menschen Anwendung finden können, ergeben sich erhebliche Probleme ethischer und juristischer Natur:

- Welche gesellschaftlichen Folgen hat es, wenn in zunehmendem Maße Männer als Spermaspender nur nach bestimmten, evtl. gerade modischen oder nur individuell bevorzugten Merkmalen ausgewählt werden?

- Welche Folgen kann die Anonymisierung und Entpersonalisierung der Fortpflanzung und die damit evtl. verbundene strenge Trennung von Sexualität und Fortpflanzung haben?
- Ist ein Samenspender oder eine Eispenderin in jedem Fall auch im juristischen Sinn der Vater bzw. die Mutter des entstehenden Kindes?
- Was soll mit Embryonen geschehen, die bei *In-vitro*-Fertilisationen entstanden sind, aber nicht in den Uterus eingepflanzt werden? Dürfen sie getötet werden, dürfen sie zu Forschungszwecken verwendet werden, dürfen sie zum therapeutischen Klonen eingesetzt werden?
- Darf man aus den Embryonen, die durch *In-vitro*-Fertilisation entstanden sind, ungeeignete oder unerwünschte durch PID aussortieren, z. B. um zu gewährleisten, dass kein Embryo mit veränderten, evtl. krankheitsverursachenden Genzuständen (Allelen) zur Entwicklung kommt, oder um sicher einen Jungen oder ein Mädchen zu bekommen? Sollte das generell verboten sein, oder sollte die Auswahl auf Gendefekte hin erlaubt werden?
- Darf man unter bestimmten Voraussetzungen die Veränderung der genetischen Ausstattung eines menschlichen Embryos durch einen gezielten Gentransfer zulassen?
- Darf einer Frau der Embryo eines fremden Paares übertragen werden? Darf sie als Leihmutter dienen, wenn sie nicht die genetische Mutter ist und auch nach der Geburt nicht die soziale Mutter sein wird?
- Werden sich alle Fachleute an das Verbot der Klonierung von Menschen halten?
- Dürfen beim therapeutischen Klonen zur Gewinnung von Stammzellen menschliche Embryonen erzeugt werden, ohne dass sie je Gelegenheit erhalten heranzuwachsen?
- Sollte es erlaubt sein, für das therapeutische Klonen oder zu Forschungszwecken Hybridwesen zwischen Mensch und Tier zu erzeugen, z. B. durch Zellverschmelzungen oder Übertragungen von menschlichen Zellkernen auf tierische Zellen?

Chancen und Risiken der Gentechnik und -diagnostik | 25

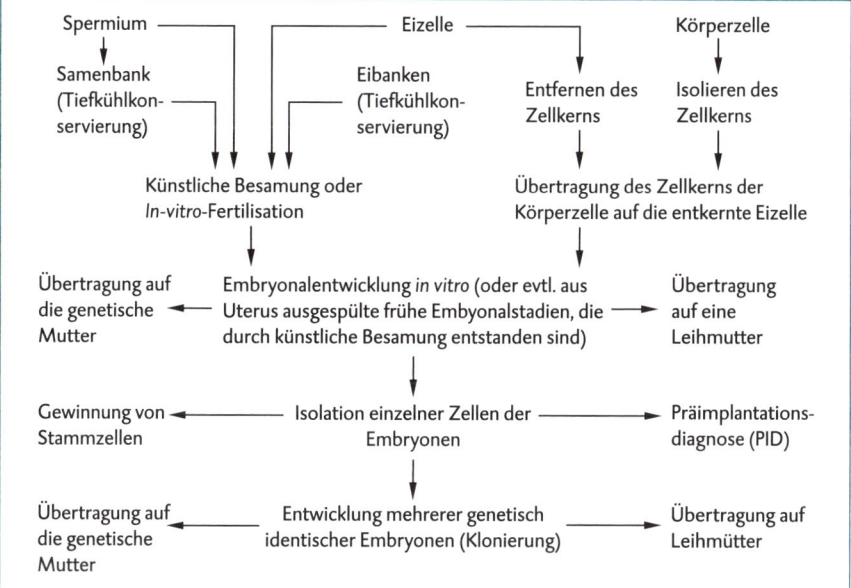

Abb. 7: Übersicht über Möglichkeiten der modernen Reproduktionsbiologie und -medizin

Zusammenfassung

- Durch die Gentechnik lassen sich Organismen, v. a. Bakterien so verändern, dass sie Medikamente produzieren.
- Die Gentechnik eröffnet die Möglichkeit, Gendefekte durch somatische Gentherapie zu beheben.
- Gentechnische Eingriffe in die Keimbahn des Menschen sind aus ethischen Gründen sehr bedenklich. In Deutschland sind sie gesetzlich verboten.
- Die Basenfolge des menschlichen Genoms ist seit Beendigung des *Human Genome Projects* bekannt. Allerdings ist damit noch nicht der Informationsgehalt der Gene geklärt.
- Durch das Verfahren des genetischen Fingerabdrucks lässt sich die DNA aus Zellen, z. B. des Spermas oder der Mundschleimhaut, eindeutig einer bestimmten Person zuordnen.
- Die Methoden der modernen Reproduktionsbiologie und -medizin führen bei ihrer Anwendung beim Menschen zu vielfältigen ethischen, gesellschaftlichen und juristischen Problemstellungen.

26 Angewandte Genetik

Aufgaben

16 Nennen Sie Beispiele für Substanzen, die heute bereits industriell mit gentechnischen Methoden hergestellt werden und jeweils die Einsatzmöglichkeiten des gentechnischen Produkts.

17 Nennen Sie mit jeweils nur wenigen Stichworten drei Beispiele für Bereiche, in denen die Herstellung und Nutzung transgener Mikroorganismen und Viren
   a Chancen eröffnet.
   b Risiken mit sich bringt.

18 Beim genetischen Fingerabdruck werden Banden, die sich während der Elektrophorese aus den verschieden langen DNA-Stücken (Restriktionsfragmente) bilden, sichtbar gemacht, indem man radioaktiv oder mit fluoreszierenden Farbstoffen markierte Gensonden zugibt.
Warum ist dieses Verfahren einfacher, wenn man für den genetischen Fingerabdruck polymorphe Bereiche verwendet, die aus repetitiven Sequenzen bestehen (Abschnitte, in denen sich bestimmte, kurze Basenfolgen unterschiedlich häufig wiederholen)?

19 Warum ist die Analyse einzelner Gene nicht geeignet, um die Identität einer Person festzustellen, z. B. bei der Aufklärung von Gewaltverbrechen?

20 In der Vergangenheit wurde die Bevölkerung in einigen spektakulären Kriminalfällen dazu aufgefordert, sich für Tests mit der Methode des genetischen Fingerabdrucks zur Verfügung zu stellen.
Ist es sinnvoll, die Bestimmung des genetischen Fingerabdrucks mit dem Argument abzulehnen, man wolle niemandem die Kenntnisse seiner Gene gestatten? Begründen Sie Ihre Antwort.

21 In einem Fall von Familienzusammenführung werden die leiblichen Kinder eines Elternpaares gesucht. In der Abbildung ist das Ergebnis der Elektrophorese schematisch dargestellt, durch die der genetische Fingerabdruck des Elternpaares und dreier Kinder angegeben wird.
   a Wie bilden sich die Banden in der folgenden Abbildung?

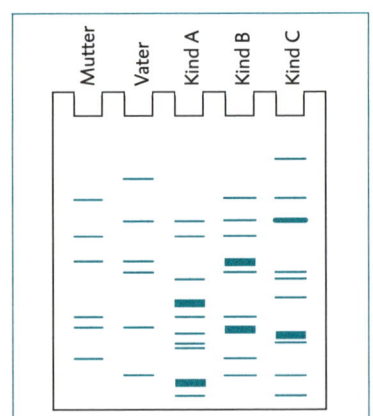

Abb. 8: Ergebnis einer Elektrophorese

b Welche Kinder können nicht die leiblichen Kinder der angegeben Eltern sein? Begründen Sie Ihre Antwort kurz.

22 Kreuzen Sie die richtigen Aussagen an?
Seit dem Abschluss des Humangenom-Projekts sind bekannt
☐ die Aminosäuresequenz aller Proteine der menschlichen Zelle.
☐ die Basensequenz der DNA des Menschen.
☐ der Beginn und das Ende aller Abschnitte der DNA des Menschen, die Gene darstellen.
☐ alle Enzyme der menschlichen Zelle.
☐ die Basensequenz vieler Gene, aber häufig nicht die Funktion der mit ihrer Hilfe entstehenden Genprodukte.
☐ für alle Gene des Menschen die Mechanismen, durch die Gene aktiviert werden können (Mechanismen die erforderlich sind, um die Information der Gene zu realisieren).

23 Die Möglichkeit, die genetischen Informationen eines Menschen in ausgewählten Bereichen gezielt festzustellen, wirft gesellschaftliche Fragen auf. Nennen Sie mit kurzen Formulierungen drei solche, bisher noch nicht endgültig geklärte Fragen.

24 Beschreiben Sie den grundsätzlichen Unterschied zwischen der Gentherapie an Keimzellen und der somatischen Gentherapie beim Menschen.

25 Die neuen Methoden der Reproduktionsbiologie lassen sich auch beim Menschen anwenden. Aus Sicht der Ethik ist dabei besonders der Umgang mit Embryonen problematisch.
Nennen Sie in Stichworten drei solche Probleme.

26 Welche der im Folgenden angegebenen Verfahren sind aus ethischen und/oder juristischen Gründen in unserer Gesellschaft umstritten?
Kreuzen Sie an.
☐ therapeutisches Klonen mithilfe embryonaler Zellen
☐ Gentransfer menschlicher Gene auf Bakterienzellen
☐ Übertragung von Zellkernen aus Körperzellen des Menschen auf entkernte Eizellen von Tieren
☐ therapeutisches Klonen mithilfe von Stammzellen aus dem Körper erwachsener Menschen
☐ künstliche Befruchtung beim Menschen
☐ Präimplantations-Diagnostik (PID)
☐ Übertragung von Genen auf embryonale Zellen

27 Folgendes Verfahren ist technisch machbar, wird aber aufgrund ethischer Vorbehalte in unserer Gesellschaft nicht durchgeführt: Der Zellkern einer Stammzelle eines menschlichen Embryos, der nach einer *In-vitro*-Fertilisation nicht in den Uterus einer Frau eingepflanzt wurde und übrig blieb, wird entfernt. Anschließend erhält diese Stammzelle den Zellkern einer Körperzelle des späteren Empfängers eines Transplantats.

Formulieren Sie so knapp wie möglich die Gründe für die offenen Fragen oder ethischen Bedenken gegen dieses Verfahren.

3 Aspekte der Zytogenetik in der Humanbiologie

Streng genommen beschäftigt sich die **Zytogenetik** als Teilgebiet der Klassischen Genetik auf der **zellulären Ebene** mit den **Chromosomen**, ihrem Aufbau, ihrer Weitergabe und ihrem Verhalten im Zellgeschehen. Dabei haben die Forscher aber auch einzelne Anlagen (Gene), die auf den Chromosomen lokalisiert sind (siehe S. (1) 17 ff.), im Blick. In der Humanbiologie ist nun von besonderem Interesse, zu beobachten, welche Auswirkungen zytologische Veränderungen an den Chromosomen auf den Menschen haben – seien es Veränderungen im Erscheinungsbild, in der Physiologie oder im Verhalten. Beobachtet man das Auftreten und die Weitergabe derartiger Veränderungen innerhalb von Familiengemeinschaften, so können daraus Rückschlüsse auf die Vererbung dieses Merkmals gezogen werden **(Stammbaumanalyse)**. Zwei **Prozesse im Zellgeschehen** rücken bei der Analyse des Verhaltens der Chromosomen besonders in den Vordergrund der Betrachtung. Neben der Mitose ist dies vor allem die Meiose.

3.1 Meiose

Die Zygote, das erste Stadium der Entwicklung des diploiden Organismus Mensch, entsteht während der Befruchtung durch die **Verschmelzung zweier** Keimzellen, der **Gameten**. Die Gameten ihrerseits werden aus speziellen Körperzellen, den Ei- bzw. Spermienmutterzellen (Urkeimzellen), gebildet. Menschliche Körperzellen haben einen diploiden Chromosomensatz – Keimzellen sind dagegen haploid. Hieraus ergibt sich die Notwendigkeit, den doppelten Chromosomensatz der Urkeimzellen auf einen haploiden zu reduzieren. Diese Aufgabe übernimmt die Meiose, indem sie für eine Reduktion der Chromosomenzahl sorgt.

Ausgangspunkt der Meiose sind Metaphase-Chromosomen (siehe S. (1) 18), die sich aus zwei Chromatiden zusammensetzen. In einer **1. Reifeteilung** wird eine Reduktionsteilung der Chromosomenanzahl durchgeführt. Nach Abschluss der 1. Reifeteilung enthalten die neu gebildeten, zukünftigen Gameten an Stelle von 46 nur noch 23 Chromosomen, jeweils 22 Autosomen und ein Heterosom. Wie auch bei der Mitose läuft dieser Prozess in mehreren Teilschritten ab. Während der **Prophase** lagern sich die **homologen Chromosomen** der Ei- bzw. Spermienmutterzellen **nebeneinander** an. Man spricht vom Vier-Strang-Stadium, der Chromatiden-Tetrade. In der sich anschließenden **Metaphase** werden die **Vier-Strang Stadien** unter Vermittlung des Spindelapparates in der **Zell-Äquatorialebene** angeordnet. Die **Trennung der homologen Chromosomen** erfolgt in der **Anaphase**. Je ein homologes Chromosom wandert aus der Äquatorialebene zu einem Pol der Urkeimzelle. Im Laufe der **Telophase** wird die **Zelle** unter Aufteilung des Zytoplasmas **geteilt**. Damit ist die Reduktion der Chromosomenzahl erfolgt. Es sind zwei neue Zellen mit jeweils der Hälfte des ursprünglichen Erbgutes entstanden.

An diesen Vorgang schließt sich eine **2. Reifeteilung** an. Sie läuft wie eine Mitose ab, mit dem einzigen Unterschied, dass es sich bei den zu teilenden Zellen um haploide Keimzellen handelt. Jede der beiden während der 1. Reifeteilung entstandenen Zellen wird so geteilt, dass die nun entstehenden **Gameten eine Chromatide** des ursprünglichen Metaphase-Chromosoms **enthalten**. Auf diese Weise erhält jeder Gamet von jedem zu vererbenden Merkmal nur ein Gen. Nachdem schließlich das Zytoplasma aufgeteilt worden ist, werden in den Zellen neue Zellkerne gebildet.

Oogenese (Eizellenbildung) und **Spermatogenese** (Spermienbildung) laufen prinzipiell gleich ab. Am Ende der Meiose liegen immer vier Zellen vor. Bei der **Eizellenbildung** sind diese Zellen aber unterschiedlich groß. Bereits am Ende der 1. Reifeteilung erfolgt eine inäquale, d. h. eine ungleiche Aufteilung des Zytoplasmas. Eine der beiden Zellen enthält am Ende des Vorgangs beinahe den gesamten Zytoplasma-Vorrat, wohingegen die zweite fast plasmafrei ist. Beide Zellen durchlaufen die 2. ebenfalls inäquale Reifeteilung, sodass am Ende der Meiose eine sehr **plasmareiche Eizelle und drei** sogenannte **Polkörperchen** vorliegen, die noch an der Eizelle haften und später absterben (siehe Abb. 9).

Aus der Befruchtung der plasmareichen Eizelle mit dem genetischen Material eines Spermiums entsteht dann die **Zygote**, die befruchtete Eizelle, die sich zu einem neuen Lebewesen entwickelt.

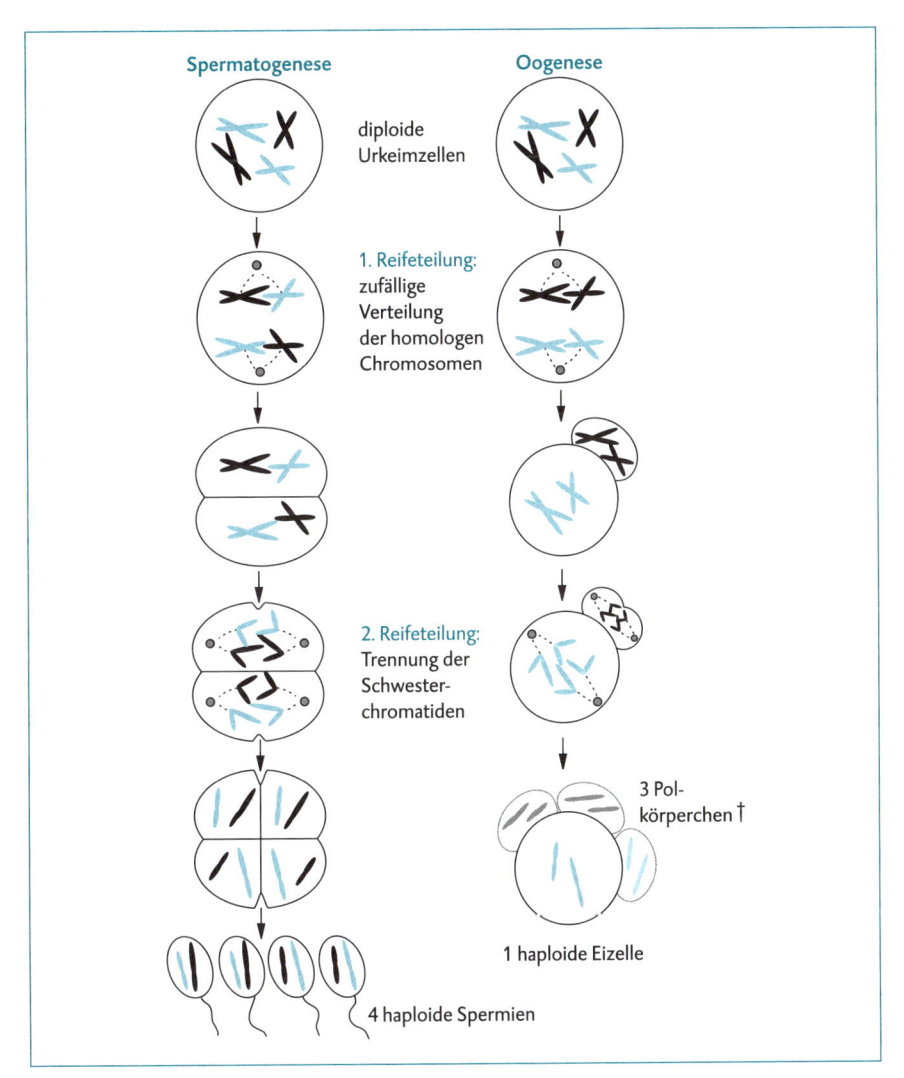

Abb. 9: Ablauf der Meiose

Bei der **Spermatogenese** entstehen **vier gleich große Spermien**. Die **Oogenese** führt zu **einer Eizelle** und **drei Polkörperchen**. Jeder dieser Gameten enthält von jedem vererbten Gen nur eine Anlage.

Rekombination

Im diploiden Chromosomensatz der menschlichen Urkeimzellen liegen 46 Chromosomen vor. 23 Chromosomen stammen dabei von der Mutter, die restlichen 23 vom Vater. Während der Meiose werden die 44 homologen Autosomen und die beiden Heterosomen voneinander getrennt. Dabei ist es vom Zufall abhängig, welche der neuen Zellen im Laufe der 1. Reifeteilung ursprünglich mütterliche bzw. väterliche Chromosomen erhalten. Ein Beispiel für die Verteilung von drei homologen Chromosomenpaaren zeigt die folgende Abbildung.

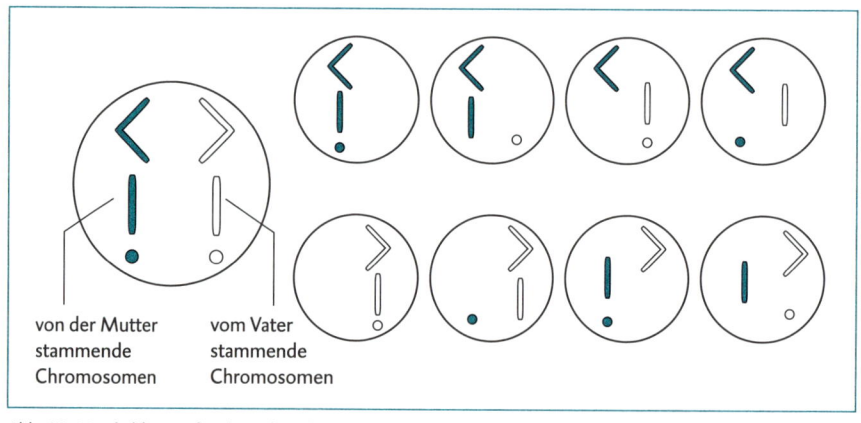

Abb. 10: Möglichkeiten für die Rekombination bei drei homologen Chromosomenpaaren (zur Vereinfachung wurden die beiden Chromatiden der Chromosomen zusammen gezeichnet)

Bei den hier angenommenen drei Chromosomenpaaren ergeben sich bereits acht verschiedene Kombinations-Möglichkeiten (2^n mit n als der Anzahl der homologen Chromosomenpaare). Je mehr homologe Chromosomenpaare vorliegen, desto größer ist die Anzahl der möglichen Chromosomen-Kombinationen. Für den Menschen ergibt sich eine statistische Kombination von 2^{23}, also 8 388 608 Möglichkeiten. So wird es auch verständlich, dass sich Geschwisterkinder des gleichen Ehepaares (mit Ausnahme eineiiger Zwillinge) zwar ähneln, aber nie ganz gleichen.

Durch **zufällige Verteilung der homologen Chromosomen** in der 1. Reifeteilung erfolgt eine **Durchmischung des Erbgutes** während der Meiose.

Crossing-over

Der Ablauf der Meiose kann – über die zufällige Verteilung der homologen Chromosomen hinaus – noch weitere zytogenetische Auswirkungen haben. Im ersten Stadium der Meiose ist es möglich, dass die im Vier-Strang-Stadium angeordneten homologen Chromosomen untereinander Chromosomenteilstücke austauschen. Diesen Vorgang bezeichnet man als **Crossing-over**. Der **Austausch von Chromosomenteilstücken** findet dabei **zwischen** den sogenannten **Nicht-Schwester-Chromatiden** statt, d. h. je eine Chromatide der beiden homologen Chromosomen ist am Crossing-over beteiligt.

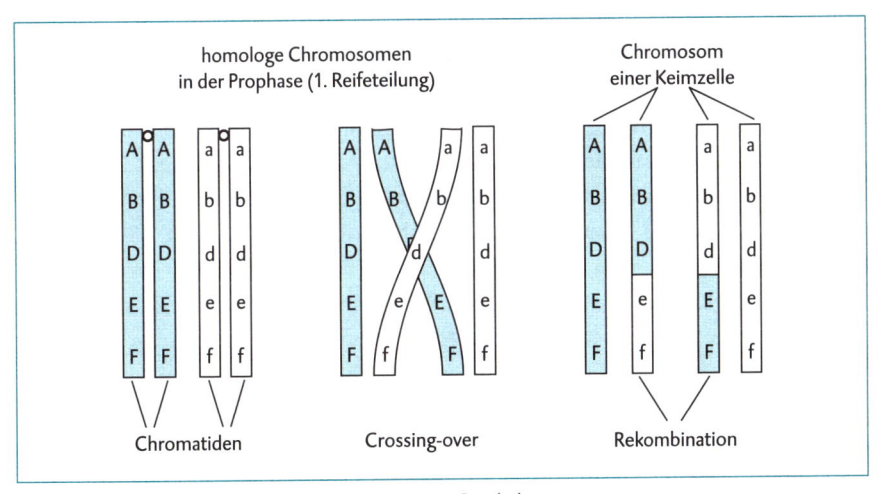

Abb. 11: Vereinfachte Darstellung eines Crossing-over-Geschehens

Der zytogenetische Vorgang des Crossing-overs ist für die Evolution von entscheidender Bedeutung, da er eine **Rekombination**, d. h. eine **Neukombination des genetischen Materials**, bewirkt (siehe S. 95 f.). Neben der Durchmischung der einzelnen homologen Chromosomen findet im Laufe der Meiose damit ein zweiter Prozess statt, der die Vielfalt der Kombinationsmöglichkeiten des genetischen Materials enorm erhöht.

> Das **Crossing-over** führt zu einer **Neukombination des genetischen Materials**, indem homologe Chromosomenteilstücke ausgetauscht werden.

Exkurs
Methoden der klassischen Genetik

Die sog. **Klassische Genetik** ist der älteste Zweig der Vererbungsforschung. Er befasst sich zum einen mit den **Chromosomen als den Trägern der Erbinformation** und ihrem Verhalten **im Zellgeschehen** (Mitose und Meiose). Gemeint sind damit die Verteilung aber auch die Veränderung sowie Anomalien der Chromosomen. Zum anderen versucht die Klassische Genetik, **Gesetzmäßigkeiten im Vererbungsgeschehen** aufzuzeigen und diese mithilfe von **allgemeingültigen Regeln** zu erklären. Ein Ziel ist es dabei, die Erbgänge für bestimmte vererbbare Eigenschaften und Merkmale herauszuarbeiten. Wird der Mensch zum genetischen Untersuchungs„objekt", so stehen die **Aufstellung und Analyse von Stammbäumen** einzelner Familien und die **Betrachtung** der innerhalb dieser Stammbäume von Generation zu Generation **vererbten Merkmale** im Vordergrund. Neben derartigen **Familienanalysen** wird auch durch die Untersuchung von Zwillingen die Vererbung konkreter Merkmale oder Merkmalskombinationen beleuchtet **(Zwillingsforschung)**.

Gesetzmäßigkeiten in Bezug auf die Vererbung konkreter Merkmale untersuchte wissenschaftlich erstmals der Augustinerpater Johann Gregor MENDEL in der Mitte des 19. Jahrhunderts mit statistischen Erhebungen. Die nach ihm benannten „MENDEL'schen Regeln" sind auch heute noch Grundlage bei der Analyse von humangenetischen Stammbäumen. Dabei wird versucht, Aussagen über das Vorkommen, die Häufigkeit und das wahrscheinliche Auftreten eines Merkmals oder einer Merkmalskombination in der folgenden Generation zu machen.

Bei seinen Untersuchungen an der Saaterbse *Pisum sativum* konnte Mendel feststellen, dass es Merkmale gibt, die in zwei Erscheinungsformen vorkommen. Neben einem **dominant** („vorherrschend") auftretenden Typen gab es auch solche, die sich **rezessiv** („zurückweichend") verhielten. Ausgehend von dieser Erkenntnis kreuzte Mendel zunächst Erbsensorten miteinander, die über viele Generationen das betrachtete Merkmal (z. B. die Blütenfarbe) nur in einer Ausprägung (entweder rot oder weiß) gezeigt hatten. Diese erste Generation nannte er P-Generation (Elterngeneration). Alle Nachkommen dieser **Kreuzung** zeigten nur eines der beiden Merkmale, in diesem Fall die rote Blütenfarbe. Auch bei anderen Merkmalen wie der Samenfarbe (gelb/grün) oder der Stiellänge (lang/kurz) erhielt Mendel das gleiche einheitliche Erscheinungsbild (gelbe Samenfarbe bzw. lange Stiele) in der nachfolgenden Generation, der F_1-Generation (1. Tochtergeneration). Mendel bezog sich bei seinen Aussagen nur auf den **Phänotyp**, das Erscheinungsbild der Pflanzen. Die zytogenetischen Grundlagen seiner Erbgänge, den **Genotyp**, kannte er nicht. So war ihm nicht bekannt, dass die diploiden Pflanzenzellen der Erbse für jedes von ihm untersuchte Merkmal zwei Anlagen (zwei Gene) besitzen. Bei der Meiose (siehe S. 29) werden diese dann getrennt und gelangen einzeln in die Keimzellen. Eine über viele Generationen hinweg einheitlich rot oder weiß blühende Pflanzensorte ist **homozygot** (reinerbig), da beide Anlagen in der diploiden Pflanzenzelle in ihrer Ausprägung gleich sind. Auf diesen Grundlagen kann eine erste Regel formuliert werden. Sie wird heute **1. MENDEL'sche Regel** oder **Uniformitätsregel** genannt.

> **1. MENDEL'sche Regel:** Kreuzt man zwei Individuen einer Art, die sich in einem oder mehreren Merkmalen unterscheiden für das sie homozygot (reinerbig) sind, so sind die Mitglieder der F_1-Generation untereinander gleich. Beim dominant-rezessiven Erbgang trägt sie F_1-Generation das Merkmal des dominanten Elternteils.

Die Nachkommen der reinerbigen Pflanzensorten waren immer **heterozygot** (mischerbig). Als **Bastarde**, auch **Hybride** genannt, beinhalteten sie sowohl die Anlage für die dominante als auch die Anlage für die rezessive Ausprägung des Merkmals (siehe Abb. 12a, S. 36).

Danach kreuzte Mendel die Mitglieder der F_1-Generation untereinander. Als Ergebnis erhielt er eine gemischte Nachkommenschaft, die sowohl das dominante als auch das rezessive Merkmal zeigte, wobei letzteres – statistisch gesehen – seltener auftrat und zwar nur zu einem Viertel in der Gesamtnachkommenschaft. Aus diesem Sachverhalt kann die **2. MENDEL'sche Regel** oder **Spaltungsregel** abgeleitet werden.

> **2. MENDEL'sche Regel:** Kreuzt man die heterozygoten Bastarde der F_1-Generation untereinander, so spaltet die F_2-Generation in einem bestimmten Zahlenverhältnis auf. Beim dominant-rezessiven Erbgang beträgt das statistische Zahlenverhältnis von dominantem zu rezessivem Phänotyp 3:1.

Ein solches Zahlenverhältnis tritt aber nur bei einer großen Nachkommenschaft zu Tage, wenn die **statistische Wahrscheinlichkeit** der **Kombination aller möglichen männlichen und weiblichen Keimzellen untereinander** gewährleistet ist. In der F_2-Generation kommt das rezessive Merkmal phänotypisch wieder zum Vorschein und zwar dann, wenn die rezessiven Anlagen der Elternpflanzen in einem Nachkommen zusammentreffen. 3/4 der Nachkommenschaft zeigen das dominante Erscheinungsbild. 1/3 von ihnen ist homozygot dominant in ihren Anlagen, die übrigen 2/3 sind mischerbig (Abb. 12a).

Die beiden hier dargestellten **Kreuzungsversuche** werden normalerweise **formalisiert wiedergegeben**. Dabei stehen Quadrate immer für Körperzellen und Kreise für Keimzellen. Weibliche Individuen werden immer zuerst angegeben. Von einer P-Generation spricht man nur dann, wenn es sich bei deren Mitgliedern um Individuen handelt, die in Bezug auf das betrachtete Merkmal homozygot sind. Bei der Bildung der F_1-Generation aus den Keimzellen der P-Generation und der F_2-Generation aus denen der F_1-Generation wird immer jede mögliche Kombination der Keimzellen angegeben.

Im hier dargelegten Beispiel ist ein Gen für die Ausprägung der Blütenfarbe verantwortlich. Von diesem **Gen** besitzen die Körperzellen immer zwei Kopien. In Keimzellen ist das Gen nur einmal vertreten. Das Gen für die Blütenfarbe kann in zwei unterschiedlichen Zuständen (Allelen) vorkommen, die für rote oder für weiße Blütenfarben codieren. Die **Allele** eines Gens erhalten immer den gleichen Buchstaben: Dominante Allele werden groß (hier „A" für das dominante Allel der roten Blütenfarbe), rezessive Allele klein geschrieben (in diesem Fall „a" für das rezessive Blütenfarballel).

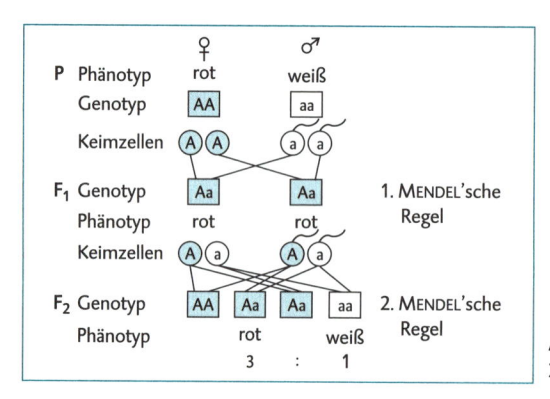

Abb. 12a: Kreuzungsschema zur 1. und 2. MENDEL'schen Regel

Neben der ersten und der zweiten gibt es noch eine weitere Vererbungsregel, die auf Gregor MENDEL zurückgeht. Diese **3. MENDEL'sche Regel** wird als **Regel der Neukombination** bezeichnet.

> **3. MENDEL'sche Regel:** Kreuzt man zwei Individuen einer Art, die sich in mehreren Merkmalen unterscheiden für die sie homozygot sind, so gelten für jedes dieser Merkmale sowohl die Uniformitäts- als auch die Spaltungsregel.
> Bei der Bildung der Gameten der F_1-Generation und der anschließenden Befruchtung werden diese Merkmale unabhängig voneinander vererbt. Dies führt zu neuen Merkmalskombinationen in der F_2-Generation.

Im einfachsten Fall kann die Regel der Neukombination auf zwei Gene **(dihybrider Erbgang)** angewendet werden. MENDEL untersuchte dies an äußeren Merkmalen der Saaterbse, der Samenfarbe und der Samenform. Er kreuzte reinerbige Elternpflanzen mit den Merkmalspaaren gelb und rund sowie grün und runzelig. In der F_1-Generation zeigten alle Nachkommen dieser Kreuzung die Merkmale der dominanten Elternpflanze: Ihre Samen waren gelb und rund (Abb. 12b). Die dominanten Merkmale sind demnach gelb (Allel G) und rund (Allel R), die rezessiven grün (Allel g) und runzelig (Allel r). Der Genotyp der Individuen der F_1-Generation ist für beide Merkmale mischerbig (GgRr), da die eine Elternpflanze ausschließlich Gameten des Typs „GR" und die andere nur solche des Typs „gr" für die erste Tochtergeneration beigesteuert hat. Bei der Bildung der Keimzellen in der F_1-Generation ergeben sich nun insgesamt vier Möglichkeiten. Um alle möglichen Gameten-Kombinationen der mütterlichen und väterlichen Pflanze nach ihrer statistischen Wahrscheinlichkeit aufzeigen zu können, wird ein **Kombinationsquadrat** (PUNNET-Schema) gewählt. In der F_2-Generation sind insgesamt vier unterschiedliche Phänotypen zu beobachten. Darunter sind auch solche, die in diesem Erbgang bisher noch nicht in Erscheinung getreten sind: gelbe/runzlige und grüne/runde Erbsensamen. Sie stellen **Neukombinationen** des genetischen Materials dar, die nur dadurch entstehen können, dass die Merkmale Samenfarbe und Samenform **unabhängig** voneinander vererbt werden. Bei einem derartigen dihybriden Erbgang entsteht in der F_2-Geneartion immer ein charakteristisches Zahlenverhältnis von 9 : 3 : 3 : 1 (siehe Abb. 12b). Auch hier wird das statistische Verhältnis nur bei einer großen Zahl von Nachkommen annähernd erreicht.

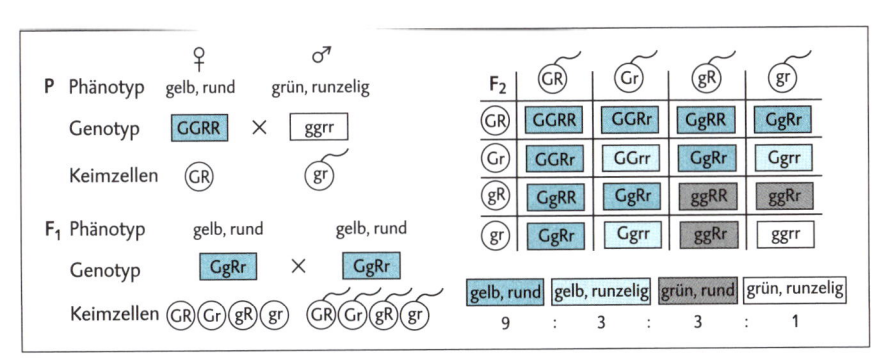

Abb. 12b: Kreuzungsschema zur 3. MENDEL'schen Regel

3.2 Stammbaumanalyse und Erbgänge in der humangenetischen Beratung

Ein Familienstammbaum wird in der Genetik immer dann aufgestellt, wenn die Vererbung einzelner Merkmale innerhalb einer Familie über mehrere Generationen hinweg verfolgt und begutachtet werden soll. Vor allem in der genetischen Beratung angehender Elternpaare, die sich mit einem Kinderwunsch tragen, aber von genetisch bedingten Erkrankungen in ihren Familien wissen, ist eine Stammbaumanalyse ein unerlässliches Mittel zur Abschätzung und Risikoabwägung für eine mögliche Schwangerschaft.

Bei der Beschreibung einzelner Vererbungsgänge beim Menschen sind bestimmte **Darstellungsformen** verbindlich festgelegt worden. So werden **weibliche Individuen** immer mit einem **Kreis** symbolisiert, **männliche** mit einem **Viereck**. Bei **Merkmalsträgern**, d. h. solchen Individuen, die das betrachtete Merkmal aufweisen, ist das entsprechende **Symbol** farbig **ausgefüllt**. Individuen, die das Merkmal nicht zeigen, kennzeichnet ein nicht ausgefülltes Symbol. Bei Elternpaaren sind die Symbole durch eine horizontale Linie miteinander verbunden. Kinder, die aus dieser Verbindung hervorgegangen sind, werden unter den Elternsymbolen horizontal dargestellt und durch eine vertikale Linie mit ihnen verbunden. Normalerweise kann man bei Stammbäumen, die im Unterricht oder in Klausuren verwendet werden, davon ausgehen, dass nur legitime Nachkommen dargestellt sind.

Genetisch bedingte Merkmale können prinzipiell auf zwei verschiedene Weisen vererbt werden: in dominanter Form oder als rezessiv auftretendes Merkmal (siehe S. 34 ff.). Die Fähigkeit, Phenylthioharnstoff (PTH, auch Phenylthiocarbamid genannt) zu schmecken, liegt auf dem Chromosom 10. Rund 70 % der europäischen Bevölkerung können PTH schmecken. Während sie diese Substanz als ausgesprochen bitter wahrnehmen, ist PTH für die übrigen 30 % der Europäer vollkommen geschmacklos. Das Zahlenverhältnis lässt darauf schließen, dass die PTH-Schmeckfähigkeit dominant gegenüber der Nicht-Schmeckfähigkeit vererbt wird. Ein Blick auf den Stammbaum einer Familie, die in Bezug auf dieses Merkmal untersucht wurde (siehe Abb. 13, S. 38), kann diese Hypothese bestätigen.

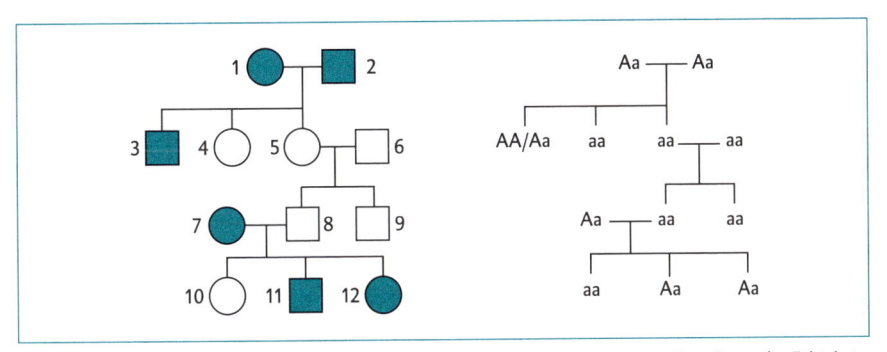

Abb. 13: Phänotyp (links) und Genotyp (rechts) eines Familienstammbaumes zur Vererbung der Fähigkeit, Phenylthioharnstoff schmecken zu können

Alle ausgefüllten Symbole repräsentieren in diesem Stammbaum Schmecker. Es handelt sich demnach um ein Merkmal mit großer Häufigkeit; es tritt prozentual vermehrt auf.

> **Dominant** vererbte Merkmale treten in fast jeder Generation auf, wohingegen **rezessive** Merkmale eine oder mehrer Generationen überspringen können.

Das in einem Stammbaum zu Tage tretende Erscheinungsbild, der **Phänotyp**, kann Rückschlüsse auf das ihm zugrunde liegende Erbbild, den **Genotyp**, erlauben. Die Eltern 1 und 2 haben einen Sohn, der Schmecker ist – im Gegensatz zu ihren zwei Töchtern. Daraus lässt sich schließen, dass die Anlage für die Fähigkeit, PTH nicht zu schmecken, bei beiden Elternteilen vorhanden sein muss, obwohl beide die Schmeckfähigkeit besitzen. Individuen, welche für das betrachtete Merkmal sowohl die dominante als auch die rezessive Anlage in sich tragen, werden **Überträger** oder **Konduktor** genannt. Auch der Begriff Bastard ist üblich und wird in der Biologie wertfrei verwendet. Im Genotyp wird bei einem autosomalen Erbgang wie diesem das für ein betrachtetes Merkmal dominante Allel mit einem Großbuchstaben benannt (A für das Allel der PTH-Schmeckfähigkeit). Die rezessive Ausprägung des Allels erhält den entsprechenden Kleinbuchstaben (a für das Allel der Nicht-Schmeckfähigkeit). Die Individuen 1 und 2 haben damit jeder sowohl das Allel für die Schmeckfähigkeit als auch dasjenige für die Nicht-Schmeckfähigkeit. Dies bedeutet für die Schreibweise des Genotyps, dass beide die genetische Ausstattung Aa besitzen. Individuum Nr. 3 ist wie seine Eltern (1 und 2) ein Schmecker. Bei diesem Jungen ist aber keine gesicherte Aussage über seine genetische Ausstattung in Bezug auf die Schmeckfähigkeit möglich. Er kann ein reinerbiger Schmecker sein (AA), wenn er das jeweilige Allel sowohl vom Vater als auch von der Mutter geerbt hat. Ebenso besteht die Möglichkeit, dass ihm sein Vater das dominante Allel A und seine Mutter das rezessive Allel a weitergegeben hat. Auch der umgekehrte – in den Auswirkungen identische – Fall (dominantes Allel A von der Mutter und rezessives Allel a vom Vater) ist möglich. Klarheit könnte hier u. U. die Schmeckfähigkeit der Nachkommenschaft des Sohnes bringen. Da er aber keine Nachkommen hat bzw. diese in der Abbildung nicht dargestellt sind, kann der Genotyp von Individuum 3 nicht eindeutig angegeben werden. Allen übrigen Familienmitgliedern dieses Stammbaumes – auch den angeheirateten (6 und 8) – kann die genetische Ausstattung für die PTH-Schmeckfähigkeit eindeutig zugeordnet werden. Nicht-Merkmalsträger besitzen zwei rezessive Allele und sind in ihrer genetischen Ausstattung in Bezug auf die Schmeckfähigkeit reinerbig.

> Liegt eine **autosomale, dominant-rezessive Vererbung** eines Merkmals vor, so ist der Genotyp der rezessiven Individuen immer eindeutig. Sie sind immer reinerbig und tragen stets zwei der rezessiven Allele.

Das Gen für die Fähigkeit, Phenylthioharnstoff schmecken zu können, liegt auf dem Chromosom 10 der 22 Autosomen. Selbst wenn dies nicht bekannt wäre, würde die Ahnentafel dennoch Hinweise auf die Lokalisation des betreffenden Gens liefern. In diesem, sich über vier Generationen erstreckenden Stammbaum besitzen sowohl drei männliche als auch drei weibliche Individuen die Schmeckfähigkeit.

> Sind in einem Stammbaum gleich viele männliche wie weibliche Merkmalsträger vorhanden, so handelt es sich wahrscheinlich um ein autosomal vererbtes Merkmal.

Sind in einem Stammbaum überdurchschnittlich viele bzw. alle Merkmalsträger männlichen Geschlechts, so kann mit sehr hoher Wahrscheinlichkeit davon ausgegangen werden, dass dieses Merkmal heterosomal vererbt wird. Das bedeutet, dass das Gen, welches für die Ausprägung des betrachteten Merkmals codiert, auf dem X-Chromosom zu finden ist und rezessiv vererbt wird.

> Bei einem **heterosomalen (X-chromosomal-gebundenen) Erbgang** sind im Normalfall deutlich mehr männliche Individuen Merkmalsträger als weibliche. Das betrachtete Merkmal wird dann rezessiv vererbt.

Im Folgenden ist der Stammbaum einer Familie wiedergegeben, deren männlichen Mitglieder überdurchschnittlich häufig an der Bluterkrankheit leiden.

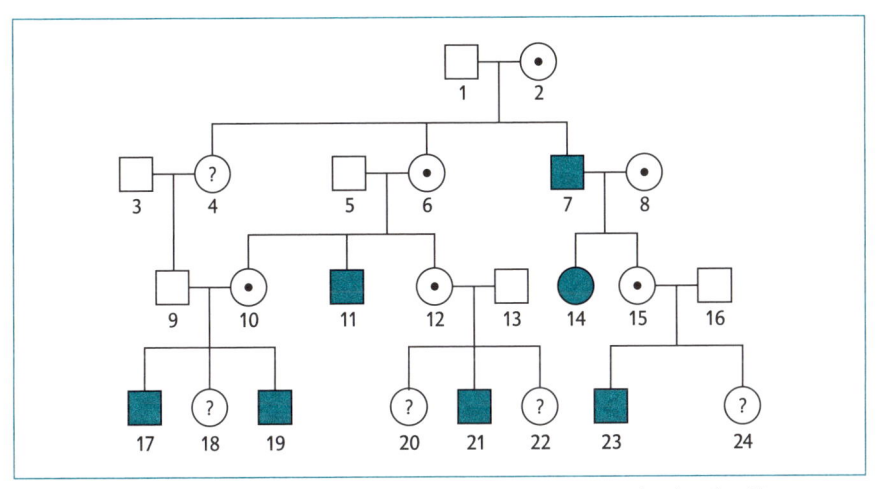

Abb. 14: Phänotyp und Genotyp eines Familienstammbaumes zur Vererbung der Bluterkrankheit

Von der Bluter-Krankheit sind sechs männliche Individuen betroffen, aber nur eine Frau. Weibliche Individuen haben als Gonosomen zwei X-Chromosomen, Männer besitzen ein X- und ein Y-Chromosom. Das Y-Chromosom ist fast genleer und spielt daher bei Stammbaumanalysen kaum eine Rolle. Die männlichen Gonosomen sind zueinander nicht homolog, sodass eine Homozygotie (Reinerbigkeit) oder Heterozygotie (Mischerbigkeit) ausgeschlossen ist. Diesen Sonderfall, bei dem ein Chromosom nicht in doppelter Anzahl sondern einzeln vorkommt, bezeichnet man als **Hemizygotie** (siehe S. (1) 19). Defekte Gene, die auf dem X-Chromosom eines männlichen Individuums lokalisiert sind, werden nicht durch entsprechende homologe Gene auf einem zweiten X-Chromosom ausgeglichen, wie dies bei weiblichen Individuen der Fall ist. Frauen können phänotypisch gesund sein, obwohl eines ihrer X-Chromosomen ein defektes rezessives Gen trägt. Im Stammbaum wird dies durch einen schwarzen Punkt innerhalb des Kreissymbols angedeutet (z. B. 2). Der genetische Defekt kann auch bei einem weiblichen Individuum phänotypisch zu Tage treten, aber nur dann, wenn er reinerbig vorliegt (14). Da Männer aufgrund ihrer Hemizygotie kein zweites X-Chromosom besitzen, tritt bei ihnen ein Defekt auf dem X-Chromosom phänotypisch immer in Erscheinung (z. B. 7)

> Wird ein Merkmal **rezessiv, heterosomal (X-chromosomal-gebunden)** vererbt, so sind alle männlichen Individuen phänotypisch wie genotypisch immer eindeutig zu bestimmen: Sie können auf Grund ihrer **Hemizygotie** niemals Überträger des Merkmals sein, sondern sind entweder Merkmalsträger oder nicht.

Auch beim gonosomalen Erbgang kann nicht allen weiblichen Individuen ein korrekter Genotyp zugewiesen werden. Fehlen Nachkommen wie bei 18, 20, 22 und 24, so ist darüber, ob das Individuum ggf. Überträger des Merkmals ist, keine Aussage möglich. Aber auch wenn Nachkommen vorhanden sind, ist eine Zuordnung nicht immer zweifelsfrei möglich, wie beim weiblichen Individuum 4.

Prinzipiell ist auch eine dominante Vererbung eines X-chromosomalen Gens denkbar. Eine Unterscheidung zu einem autosomal-dominanten Erbgang ist jedoch sehr schwierig.

Bei der autosomalen Vererbung eines Merkmals kann es auch vorkommen, dass die eine Ausprägung des Merkmals nicht dominant und die andere nicht rezessiv weitergegeben wird, sondern, dass beide Ausprägungen zusammen das Erscheinungsbild eines Individuums bestimmen, welches beide unterschiedlichen Allele besitzt. In diesem Falle entsteht eine Mischform. Man spricht dann von **intermediärer** (semidominanter) **Vererbung**. Sie ist bei der Stammbaumanalyse ebenfalls nicht einfach in der Beurteilung und soll deshalb hier nicht behandelt werden.

Zusammenfassung

- Die Aufgaben der Meiose sind die Reduktion der Chromosomenzahl sowie die Durchmischung und Rekombination (Neukombination) des genetischen Materials. Ihr Ergebnis sind haploide Geschlechtszellen.
- Die Spermatogenese liefert vier haploide Geschlechtszellen (Spermien), die Oogenese eine Eizelle (und drei Polkörperchen).
- Während der 1. Reifeteilung kann es zu Crossing-over-Geschehen, Chromosomen-Teilstückaustausch verbunden mit genetischer Neukombination, kommen.
- Die Klassische Genetik untersucht die Gesetzmäßigkeiten der Vererbung und versucht, allgemein gültige Regeln aufzustellen.
- Die Mendel'schen Regeln erklären mit der Uniformitätsregel, der Spaltungsregel und der Regel der Neukombination von Genen die phänotypische Vererbung einzelner Merkmale dreier aufeinander folgender Generationen.

Aspekte der Zytogenetik in der Humanbiologie 43

- Familienstammbäume ermöglichen durch die Angabe des Phänotyps der Familienmitglieder die Analyse vererbbarer Merkmale über mehrere Generationen hinweg.
- Der Vererbungsmodus eines Merkmals kann zum einen dominant oder zum anderen rezessiv sein. Auch eine intermediäre Vererbung, bei der Mischformen entstehen, ist möglich.
- Genetisch bedingte Merkmale können sowohl autosomal als auch heterosomal vererbt werden.
- Bei der rezessiven Vererbung X-chromosomaler Merkmale zeigen fast ausschließlich männliche Individuen dieses Merkmal.

Aufgaben

28 Erläutern Sie, warum die 2. Reifeteilung auch als haploide Mitose bezeichnet wird.

29 Begründen Sie, warum eine 2. Reifeteilung überhaupt notwendig ist.

30 Erläutern Sie, warum das unterschiedliche Meiose-Ergebnis in der Oogenese und in der Spermatogenese biologisch sinnvoll ist.

31 Warum sehen sich die Kinder eines Elternpaares zwar oft sehr ähnlich, gleichen sich aber nie ganz?

32 Erstellen Sie eine Tabelle, in der Sie die Weitergabe eines dominant vererbten und eines rezessiv vererbten Merkmals vergleichen und zwar in den Punkten: Auftreten in den Generationen, Häufigkeit im Stammbaum und Ausprägung der Überträger.

33 In der folgenden Abbildung ist der Stammbaum zur Vererbung des Albinismus wiedergegeben.
   a Nennen Sie den Modus, nach dem die Erkrankung des Albinismus vererbt wird.
   b Wählen Sie eine vernünftige Nomenklatur und ordnen Sie den Phänotypen die zugehörigen Genotypen zu. Nennen Sie dabei alle Möglichkeiten.
   c Nennen Sie Phäno- und Genotypen der Kinder aus der Ehe der Individuen 15 und 16.

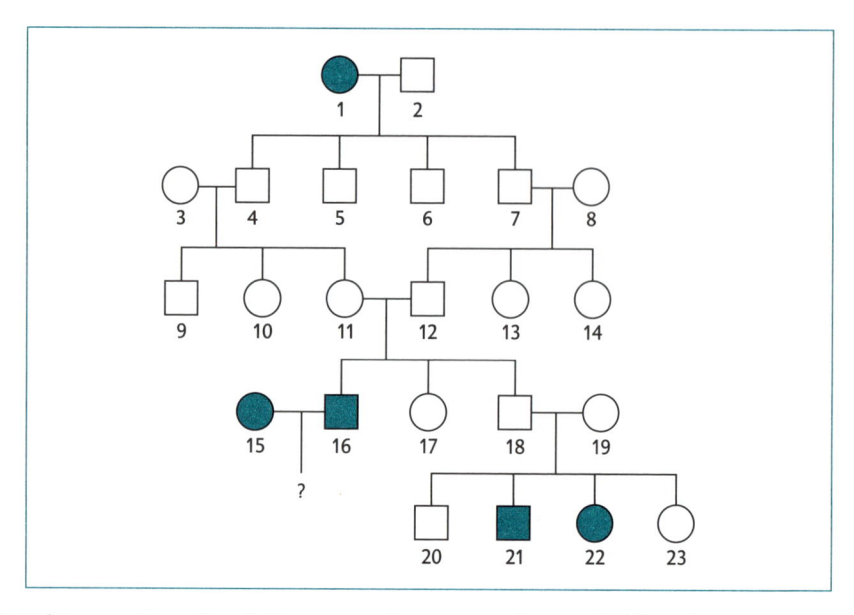

34 Erläutern Sie anhand des Stammbaumes auf S. 40 (Abb. 14), wie es zu einem weiblichen Bluter (Individuum 14) kommen kann.

35 Erläutern Sie, warum bei Individuum 4 im auf S. 40 abgebildeten Stammbaum (Abb. 14) der Genotyp nicht eindeutig angegeben werden kann.

Evolution

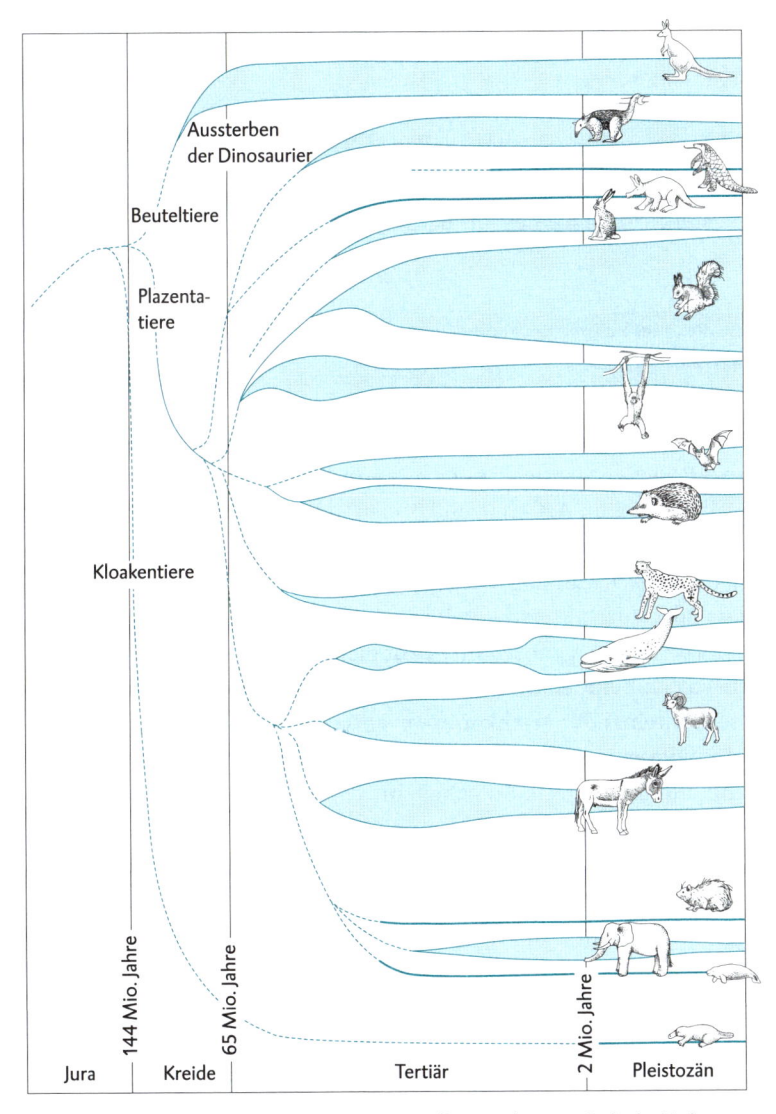

Die Radiation der Säugetiere begann vor ca. 144 Millionen Jahren mit Ende der Vorherrschaft der Reptilien. Nach dem Massenaussterben vor ca. 65 Millionen Jahren besetzten die Säugetiere eine Vielzahl von Lebensräumen an Land, im Wasser und in der Luft.

1 Vielfalt und systematische Ordnung der Organismen

Schon seit der Antike versucht der Mensch Ordnung in die enorme Vielfalt der Organismen zu bringen. Zunächst entstanden dabei künstliche, katalogartige Ordnungssysteme. Heute bemüht man sich um ein **natürliches System**. Grundlage der Ordnung sind darin die **Verwandtschaftsbeziehungen** zwischen den Organismen.

1.1 Die Art als Grundeinheit des natürlichen Systems

Die kleinste systematische Einheit im natürlichen System der Organismen ist die **Art**.

> Alle Individuen, die unter natürlichen Bedingungen **fruchtbare Nachkommen** erzeugen können, gehören einer **Art** an.

Der **biologische Artbegriff** geht von der Art als einer Fortpflanzungsgemeinschaft aus. Er besagt damit, dass sich die Individuen einer Art nicht mit Angehörigen einer anderen Art kreuzen können, dass die verschiedenen Arten also fortpflanzungsmäßig (reproduktiv) voneinander isoliert sind. Er berücksichtigt ausschließlich natürliche Bedingungen. Individuen, die sich nur in Gefangenschaft oder durch künstliche Befruchtung oder Bestäubung, Zellvermehrung o. ä. fortpflanzen, gehören nicht zur gleichen Art.
Nachkommen von Individuen derselben Art müssen ihrerseits fruchtbar sein, d. h. sie müssen miteinander Nachkommen hervorbringen können. Zuweilen können sich Individuen zwar paaren und auch Nachkommen hervorbringen, diese sind dann allerdings steril. So gehen aus einer Kreuzung zwischen Pferdehengst und Eselstute der Maulesel und bei umgekehrter Paarung das Maultier (Muli) hervor. Diese **Artbastarde** können sich aber nicht fortpflanzen, da im Lauf der Meiose (siehe S. 29) keine normalen Gameten gebildet werden können. Pferd und Esel gehören demnach unterschiedlichen Arten an.

Binäre Nomenklatur
Die heute international gültige Form der Benennung von Arten geht auf den schwedischen Botaniker Carl von LINNÉ zurück. Er hat Mitte des 18. Jh. als Erster jeder ihm bekannten Tier- und Pflanzenart einen „Doppelnamen" gegeben und damit die **binäre Nomenklatur** eingeführt. Der erste Teil des Namens gibt die **Gattung** an, der zweite die **Art**. Gattungsnamen beginnen im-

mer mit Großbuchstaben, Artnamen werden klein geschrieben. Großbuchstaben hinter den Doppelnamen verweisen auf den Autor, der die Art benannt und beschrieben hat. „L." steht z. B. für Carl von LINNÉ.

Beispiele
Corvus corax L. = Kolkrabe
Corvus corone L. = Aaskrähe
Pyrrhocorax pyrrhocorax L. = Alpenkrähe
Pyrrhocorax graculus L. = Alpendohle

Kolkrabe und Aaskrähe gehören demnach zur gleichen Gattung *Corvus*. Die Alpendohle und die Alpenkrähe werden in einer anderen Gattung *(Pyrrhocorax)* zusammengefasst.

> Ein wissenschaftlicher Artname besteht aus **zwei Teilen**. Der erste gibt die **Gattung** an, der zweite die **Art**.

Unterarten
Innerhalb von Arten können Gruppen auftreten, die sich in ihrem Aussehen, Verhalten oder anderen Merkmalen unterscheiden. Sie werden als **Unterarten**, bei Tieren als **Rassen**, bei Pflanzen häufig als **Sorten** bezeichnet. Sie erhalten eine dritte Bezeichnung, z. B. sind *Corvus corone corone* (Rabenkrähe), und *Corvus corone sardonis* (Nebelkrähe) Rassen derselben Art *Corvus corone* (Aaskrähe).

1.2 Hierarchische Gliederung der Organismen

Vereinfachte Gliederung in fünf Reiche
Am weitesten oben in der Hierarchie stehen die **Reiche**. Sie bilden die umfassendsten Gruppen. Heute werden die auf der Erde lebenden Organismen in die folgenden fünf Reiche eingeteilt:
- Bakterien
- Einzeller (pflanzliche und tierische) mit Zellkern
- Pflanzen
- Pilze
- Tiere

Nach dem Bau ihrer Zellen können die Organismen in einem Stammbaum angeordnet werden, der die Nähe ihrer Verwandtschaftsverhältnisse angibt. Diese Anordnung wird als „**natürliches System**" bezeichnet.

Einzeller, Pflanzen, Pilze und Tiere bilden gemeinsam die Großgruppe der **Eukaryoten** (Eukaryonten). Ihre Zellen besitzen einen Zellkern. Die Bakterien sind die **Prokaryoten** (Prokaryonten). Sie bestehen aus einer Zelle **ohne** Zellkern (siehe S. (1) 2 f.).

Systematische Kategorien

Von Arten ausgehend, stellt man Gruppen zusammen, die in hierarchischer Ordnung immer umfassender werden. Arten werden zu Gattungen zusammengefasst, diese zu Familien. Mehrere Familien bilden eine Ordnung, mehrere Ordnungen eine Klasse. Weiter übergeordnet sind die Stämme und Reiche.

Beispiel Systematische Einordnung des Wolfes und der Heckenrose (Hundsrose):

	Wolf	Heckenrose
Reich	**Tiere** z. B. Chordatiere, Weichtiere, Ringelwürmer, Gliederfüßer	**Pflanzen** z. B. Samenpflanzen, Moose, Farne
Stamm	**Chordatiere** z. B. Wirbeltiere, Manteltiere	**Samenpflanzen** z. B. Bedecktsamer, Nacktsamer
Unterstamm	**Wirbeltiere** umfasst: Säugetiere, Vögel, Reptilien, Amphibien, Fische	**Bedecktsamer** umfasst: Zweikeimblättrige und Einkeimblättrige
Klasse	**Säugetiere** z. B. Raubtiere, Insektenfresser, Primaten, Nagetiere, Huftiere, Wale	**Zweikeimblättrige** z. B. Rosenartige, Hülsenfrüchtler, Doldenblütler, Buchengewächse, Hahnenfußgewächse
Ordnung	**Raubtiere** z. B. Hunde, Bären, Marder, Katzen, Hyänen, Robben	**Rosenartige** z. B. Rosengewächse, Dickblattgewächse, Steinbrechgewächse
Familie	**Hunde** z. B. *Canis*, Füchse, Wüstenfüchse	**Rosengewächse** z. B. *Rosa*, Fingerkraut, Brombeere, Weißdorn, Apfelbaum, Kirschbaum, Erdbeere

Gattung	*Canis* umfasst: *Canis lupus*, *Canis familiaris* (Haushund), *Canis aureus* (Goldschakal), *Canis latrans* (Kojote)	*Rosa* z. B. *Rosa canina*, *Rosa arvensis*
Art	*Canis lupus* (Wolf)	*Rosa canina* (Hundsrose, Heckenrose)

Tab. 1: Die systematischen Kategorien, in die sich der Wolf bzw. die Heckenrose einordnen lassen.

Phylogenetische Systematik

Ziel der heutigen Forschung im Bereich der **stammesgeschichtlichen Systematik** ist es, die Lebewesen nach dem **Grad ihrer Verwandtschaft** zu ordnen. Natürliche Verwandtschaftsverhältnisse werden in sogenannten **Kladogrammen** („hat/hat nicht-Beziehungen") dargestellt, in dem nur Abstammungsgemeinschaften als **Gruppen** (Taxa) auftreten. Alle Mitglieder einer Gruppe (Taxon) lassen sich auf eine gemeinsame Stammart zurückführen, die sich an den jeweiligen Gabelungen des Kladogramms in zwei Arten gespalten hat. In Abb. 15 (S. 49) ist dies für die **Wirbeltiere** beispielhaft gezeigt.

Ob eine Gruppe einen nur ihr gemeinsamen Vorfahren hat, lässt sich anhand bestimmter **homologer Merkmale** (siehe S. 67 ff.) erkennen. Geeignet dafür sind nur abgeleitete, sogenannte apomorphe homologe Merkmale **(Synapomorphien)**. Das sind Merkmale, die nur bei dem gemeinsamen Vorfahren einer Gruppe entstanden sind und daher auch nur bei den Mitgliedern dieser Gruppe auftreten. Ursprüngliche, sogenannte plesiomorphe homologe Merkmale **(Symplesiomorphien)**, die in verschiedenen Gruppen erhalten geblieben sind, dürfen bei der konsequenten Gruppierung nach dem Verwandtschaftsgrad nicht als Kriterium herangezogen werden.

Ein ursprüngliches homologes Merkmal, also eine Symplesiomorphie, ist z. B. der Besitz von Zellkernen in den roten Blutkörperchen aller Landwirbeltiere – mit Ausnahme der Säugetiere. Da sie als einzige Wirbeltiere kernlose Erythrozyten besitzen, stellt dieses Merkmal eine Synapomorphie dar, ein abgeleitetes, homologes Merkmal. Eine weitere Synapomorphie, die eine Gruppe der Wirbeltiere charakterisiert und von allen anderen Wirbeltiergruppen abgrenzt, sind die Federn der Vögel.

Ein Kladogramm zeigt nur die im Laufe der Stammesgeschichte aufgetretene **Abfolge** der Verzweigungen, nicht aber das **Ausmaß** der Verschiedenheit in Körperbau, Verhalten oder anderen Merkmalen.

Ein **Kladogramm** ist eine grafische Darstellung des natürlichen Systems. In ihm werden die Verwandtschaftsbeziehungen zwischen systematischen Gruppen in einem Stammbaum gezeigt.

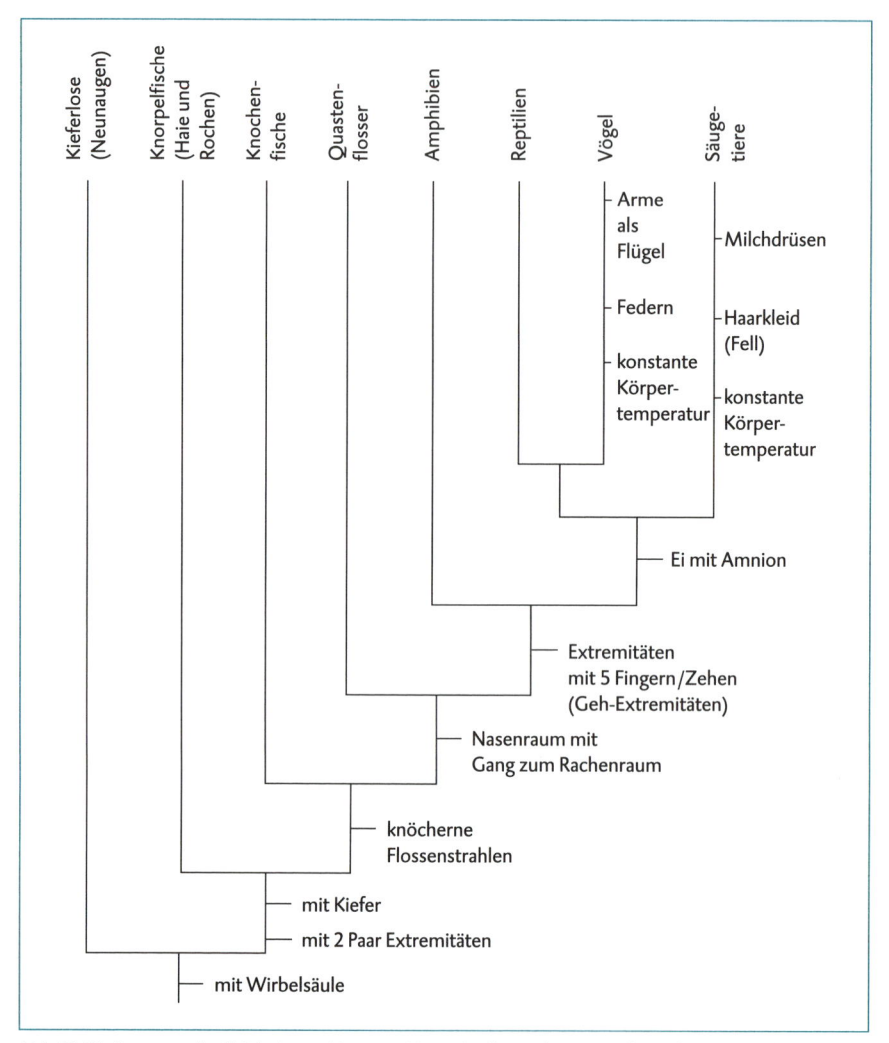

Abb. 15: Kladogramm der Wirbeltiere. (Amnion: Haut, die den Embryo umgibt und einen mit Flüssigkeit gefüllten Hohlraum bildet; dadurch Entwicklung an Land möglich. Flossenstrahlen: Versteifende Elemente in den Flossen. Bei Neunaugen, Haien und Rochen sind sie knorpelig, bei allen übrigen Fischen knöchern)

Erläuterungen zum zuvor gezeigten Kladogramm der Wirbeltiere:
- Nur abgeleitete, homologe Merkmale (Synapomorphien) sind eingetragen. **Stammarten** stehen jeweils an den Gabelpunkten des Stammbaums. Sie sind in der Regel nicht bekannt, weil fossil nicht überliefert.
- Auf dem Ast, der zu den heute lebenden Säugetieren führt, stehen Tiere, die als neue Merkmale Milchdrüsen und ein Haarkleid besaßen. Dies sind zwei Beispiele für **abgeleitete**, homologe Merkmale (Synapomorphien). Allen Säugetieren sind daher diese Merkmale gemeinsam. Bei anderen Gruppen sind sie nicht zu finden.
- Eine Besonderheit bildet das Merkmal „konstante Körpertemperatur". Es lässt sich nachweisen, dass die Fähigkeit, die Körpertemperatur gleichmäßig zu halten, in der Stammesgeschichte der Wirbeltiere **zweimal unabhängig voneinander** entstanden ist – bei den Vorfahren aller Säugetiere und ein zweites Mal bei den Vorfahren aller Vögel (siehe Konvergenz, S. 68 ff.).
- Die Verwandtschaftsverhältnisse in der Gruppe der Reptilien und Vögel sind sehr stark vereinfacht dargestellt. Bei konsequenter Orientierung an abgeleiteten Merkmalen sind die Krokodile näher mit den Vögeln verwandt als mit den Eidechsen und Schlangen. Die Gruppe der Reptilien, zu der traditionsgemäß auch die Krokodile gezählt werden, ist also, anders als in der Abbildung angegeben, keine natürliche Verwandtschaftsgruppe.

1.3 Progressionsreihen

Vergleicht man die verschiedenen Klassen des Wirbeltierstammbaumes in Bezug auf einzelne Organe oder Organsysteme miteinander, so ist dabei ein deutlicher Fortschritt in der Entwicklung zu beobachten. Eine derartige **Progression** kann am Beispiel Entwicklung der **Atmungsorgane** verdeutlicht werden.

Beispiel

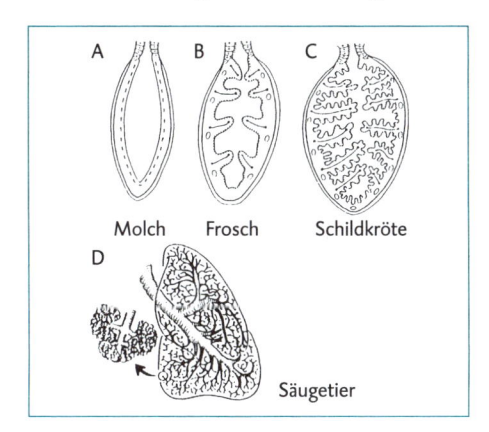

Abb. 16: Evolution der Lunge bei den Landwirbeltieren (siehe Text)

Die Lungen der Wirbeltiere und die Schwimmblase der Knochenfische sind zueinander homolog (siehe S. 67 ff.). Von der schlauchartigen Schwimmblase der Knochenfische, über die ähnlich einfach aufgebaute Molchlunge (Abb. 16, S. 51: A), bis zum fein verästelten Atmungsorgan der Vögel und Säugetiere (D) ist eine klare Tendenz auszumachen. Die innere Oberfläche der einzelnen Atmungsorgane vergrößert sich mit zunehmender Entwicklungshöhe der Wirbeltierklassen. Ist die Lunge bei den Molchen noch sackförmig ausgebildet, zeigt sich die innere Oberfläche bereits bei den Fröschen (B) durch Einstülpungen vergrößert. Diese **Oberflächenvergrößerung** setzt sich bei den Reptilien (C) durch die Ausbildung von kleinen Blasen und Röhren ins Lungeninnere fort. Die ausgeprägtesten Oberflächenvergrößerungen weisen Vögel und Säugetiere auf. Beispielsweise ist die innere Oberfläche der Lunge einer Maus ca. um das 240-fache größer als die eines Feuersalamanders. Derartige **Progressionsreihen**, bei denen eine evolutive Weiterentwicklung innerhalb von Verwandtschaftsbeziehungen mit einer evolutiven Höherentwicklung und Optimierung homologer Organe- oder Organsysteme einhergeht, findet man im Tierreich häufiger. So weisen das Kreislauf- und das Zentralnervensystem bei den Wirbeltieren ähnliche Tendenzen auf. Auch innerhalb einzelner Klassen sind diese Tendenzen – über Fossilfunde belegt – zu beobachten. Das bekannteste Beispiel ist hier der Stammbaum der Pferde (siehe Abb. 17, S. 65).

Zusammenfassung

- Alle heute lebenden (rezenten) Organismen lassen sich fünf Großgruppen, den Reichen, zuordnen.
- Im natürlichen System sind die heute auf der Erde lebenden Organismen entsprechend ihrer Verwandtschaftsverhältnisse in hierarchisch geordnete Gruppen eingeteilt.
- Carl VON LINNÉ führte die heute gültige binäre Nomenklatur einer Art ein. Eine Artbezeichnung besteht aus zwei Begriffen.
- Individuen verschiedener Arten können sich miteinander nicht fruchtbar fortpflanzen.
- Ein Kladogramm zeigt die im Laufe der Stammesgeschichte aufgetretene Abfolge der Verzweigungen des Stammbaums einer Gruppe.
- Entscheidende Kriterien für die Analyse der Verwandtschaftsverhältnisse sind Synapomorphien. Im Kladogramm der Wirbeltiere sind z. B. Milchdrüsen und Haare Synapomorphien der Säugetiere.
- Progressionsreihen stellen stufenweise Höherentwicklungen bei Organen bzw. Organsystemen dar, die mit einer Differenzierung im Aufbau einhergehen.

/ 53
Vielfalt und systematische Ordnung der Organismen

Aufgaben 36 Erläutern Sie die drei Bestandteile der heutigen Bezeichnungen einer Art.

37 Viele Fachwissenschaftler teilen die heute auf der Erde lebenden Organismen in fünf Reiche ein.
   a Nennen Sie die Bezeichnungen für die fünf Reiche.
   b Ordnen Sie die fünf Reiche in zwei sinnvolle Gruppen. Beschreiben Sie kurz ein Merkmal, in dem sich beide Gruppen deutlich unterscheiden.

38 Im Folgenden sind systematische Gruppen genannt, in die sich der Seehund einordnen lässt: Raubtiere, Wirbeltiere, Säugetiere, Robben.
   Bringen Sie die Gruppen in eine hierarchische Ordnung. Nennen Sie dazu die umfassendste Gruppe zuerst.

39 Nach Auffassung der Biologie sind die Organismen auseinander entstanden. Sie stehen also in einer verwandtschaftlichen Beziehung zueinander und lassen sich daher systematisch ordnen. Die Bezeichnungen einiger Gruppen des Systems sind im Folgenden angegeben. Die Reihenfolge der hierarchischen Ordnung ist aber nicht berücksichtigt.
   ☐ Unterstamm ☐ Reich   ☐ Familie
   ☐ Gattung   ☐ Ordnung ☐ Klasse
   ☐ Stamm   ☐ Art

   Bringen Sie die Gruppen in die richtige hierarchische Ordnung. Nennen Sie dabei die Bezeichnung für die umfassendste Gruppe zuerst.

40 Das Schwein und der Hund gehören systematisch zur selben Klasse. Damit gehören sie auch zur/zum gleichen:
   ☐ Familie
   ☐ Ordnung
   ☐ Stamm
   ☐ Gattung
   Kreuzen Sie die richtige(n) Bezeichnung(en) an.

41 Kreuzen Sie an, welche der unten aufgeführten Merkmale Synapomorphien (abgeleitete, homologe Merkmale) sind, die alle Säugetiere gemeinsam haben.
   Erläutern Sie den Begriff Synapomorphie an diesem Beispiel.
   ☐ Milchdrüsen
   ☐ Extremitäten mit fünf Fingern bzw. Zehen
   ☐ Mund mit Ober- und Unterkiefer
   ☐ zwei Paar Extremitäten
   ☐ Haut mit Haaren bedeckt (Fell)

42 Innerhalb der Stammesgeschichte der Wirbeltiere traten immer wieder neue Merkmale auf.
   a Welche Vorteile brachte die die Fähigkeit, die Körpertemperatur ständig hoch zu halten?
   b Bei welchen Gruppen kommen die oben erwähnten Merkmale vor? Erläutern Sie Besonderheiten des Auftretens gleichwarmer Tiere im Stammbaum der Wirbeltiere.

43 Stellen Sie die Verwandtschaftsverhältnisse zwischen folgenden Arten dar:
   a in einem möglichst kurzen Text
   b in einer möglichst einfachen Grafik (Kladogramm)

   Benutzen Sie dazu nur die phylogenetische (stammesgeschichtliche) Systematik.
   - Zauneidechse
   - Buchfink
   - Hausmaus

44 In welchen Gruppen finden sich keine Vorfahren des Menschen?
   ☐ Knochenfische
   ☐ Reptilien
   ☐ Vögel
   ☐ Primaten (Affen und verwandte Tiere)
   ☐ Amphibien
   Begründen Sie Ihre Antwort kurz.

45 Neben der Progressionsreihe gibt es auch die Regressionsreihe (lat.: *re-*, zurück). Beispiele hierfür finden sich bei einigen Reptilien, so z. B. bei der Blindschleiche. Versuchen Sie den Begriff Regressionsreihe – in Analogie zum Begriff Progressionsreihe – zu definieren und zu erklären.

2 Artentstehung nach den Theorien von Lamarck und Darwin – ein Vergleich

Die ersten Naturforscher, die umfassende Theorien entwarfen, um die Vielfalt der Organismen durch die Entwicklung aus gemeinsamen Vorfahren zu erklären, waren Jean Baptiste LAMARCK zu Beginn des 19. Jahrhunderts in Frankreich und Charles DARWIN Mitte des 19. Jahrhunderts in England.

2.1 Lamarcks Theorie der Evolution

Lamarck war der Meinung, Organismen änderten sich ständig und strebten danach, sich ihrer Umwelt in kleinen Schritten anzupassen. Er formulierte folgende Ursachen für die Veränderung der Arten:
- **Vervollkommnungstrieb:** das Bedürfnis der Lebewesen, sich entsprechend den Erfordernissen der Umwelt zu ändern, sich der Umwelt anzupassen. Lamarck stellte sich dies als eine Art inneren Drang oder langsam wirkenden Willen vor.
- **Gebrauch und Nichtgebrauch von Organen:** ständiger Gebrauch verstärkt Organe, ständiger Nichtgebrauch führt zu deren Rückbildung.
- **Vererbung von erworbenen Merkmalen:** die durch Gebrauch und Nichtgebrauch erworbenen Merkmale werden an die Nachkommen vererbt. Die Nachkommen ändern ihre Merkmale über viele Generationen hinweg in sehr kleinen Schritten.

Nach Lamarck ruft die Umwelt **gerichtete Veränderungen** der Organismen hervor. Dabei wirkt die Umwelt über den Gebrauch bzw. Nichtgebrauch von Organen und über die Beeinflussung des Vervollkommnungstriebs:

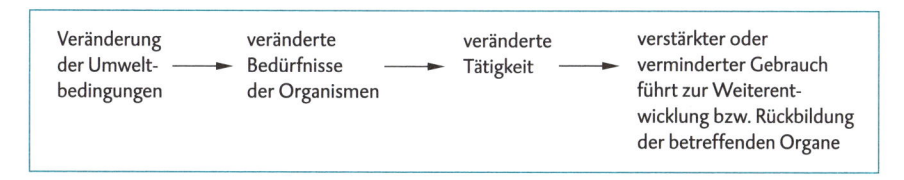

Veränderung der Umweltbedingungen ⟶ veränderte Bedürfnisse der Organismen ⟶ veränderte Tätigkeit ⟶ verstärkter oder verminderter Gebrauch führt zur Weiterentwicklung bzw. Rückbildung der betreffenden Organe

Die beiden **wichtigsten Annahmen der Lamarck'schen Theorie**, die Möglichkeit, erworbene Eigenschaften zu vererben und die Fähigkeit der Umwelt, gerichtete, vererbbare Veränderungen der Organismen hervorzurufen, lassen sich **aus Sicht der modernen Genetik widerlegen: Modifikationen**, also erworbene, durch Einflüsse der Umwelt entstandene Merkmale, können **nicht vererbt** werden. In vielen Fällen legen Gene die Ausprägung eines Merkmals nicht exakt fest, sondern setzen lediglich **Grenzen**, innerhalb derer sich das Merkmal entsprechend der jeweiligen Umwelt ausprägen kann (Reaktionsnorm, Variationsbreite). So kann z. B. die Hautfarbe von Mitteleuropäern zwischen „sehr hell" im Winter und „kräftig braun" im Sommer schwanken. Vererbbar sind nur die Grenzen „sehr hell" bis „kräftig braun". Ein Kind, das im Sommer gezeugt wird, ist nicht dunkler als eines, das aus einer Befruchtung im Winter hervorgeht.

Obwohl die Kernaussagen des Lamarckismus, der **Vervollkommnungstrieb**, die **Vererbung erworbener Eigenschaften** und die These, die Umwelt rufe gerichtete, vererbbare Veränderungen hervor, sich mit dem heutigen Wissensstand widerlegen lassen, sind Lamarcks Theorien ein **wichtiger Schritt** der Geistesgeschichte. Lamarck lieferte zum ersten Mal in der Geschichte eine Theorie, die die langsame, in kleinen Schritten verlaufende Entstehung neuer Arten erklären sollte und die damit dem **Schöpfungsbericht** der Bibel und der Lehrmeinung der christlichen Kirchen widersprach.

2.2 Darwins Theorie der Evolution

Etwa fünfzig Jahre nach der Veröffentlichung der Theorie Lamarcks erschien Darwins bahnbrechendes Buch *„On the origin of species by means of natural selection"*. Aus seinen Beobachtungen der Natur erläuterte Darwin in diesem Buch Schlussfolgerungen, die die Grundlagen seiner Theorie bildeten:

- **Überproduktion** (Übervermehrung): Organismen erzeugen mehr Nachkommen, als zur Arterhaltung erforderlich wären. Dennoch bleibt die Zahl der Individuen einer Art in einem Gebiet in gewissen Grenzen konstant.
- **Variabilität:** Die Individuen einer Art sind untereinander nie völlig gleich. Sie zeigen geringe Unterschiede in ihren Merkmalen. Die Unterschiede zwischen den Individuen treten zufällig auf und sind ungerichtet (keine Ausrichtung auf eine bessere Anpassung an die Umwelt).
- **Vererbung:** Die Merkmalsänderungen sind zu einem großen Teil vererbbar.

Folgende **Schlussfolgerungen** leitete Darwin aus diesen Beobachtungen ab: Die Individuen einer Art konkurrieren um Nahrung, Raum, Geschlechtspartner u. ä. miteinander. Darwin bezeichnete das als **„struggle for life"**. Diejenigen **Variationen** der Individuen, die zufällig für die jeweiligen Umweltbedingungen günstigere Merkmale haben als andere, die also besser angepasst sind, überleben häufiger. Darwin beschrieb diesen Vorgang als **„survival of the fittest"**. Die an die Umwelt am besten angepassten Individuen, die mit der höchsten „Fitness", werden **selektiert**. Selektion im Sinne Darwins bedeutet, dass diese Varianten die größte Chance zur Fortpflanzung, also die meisten Nachkommen haben. Sie können daher ihre günstigen Merkmale in stärkerem Maße an die nächste Generation weitergeben als solche Individuen, die weniger gut angepasst sind. Welche Merkmale die bessere Anpassung ergeben, welche also von der Selektion bevorzugt werden, hängt von der jeweiligen Umwelt ab. Bei Wechsel der Umweltbedingung ändert sich auch die Richtung der Selektion. Durch die natürliche Auslese (**„natural selection"**) kommt es zur Änderung der Merkmale einer Art. Dabei ändern sich die Merkmale in kleinen Schritten von **Generation zu Generation** über lange Zeiträume hinweg.

Folgende **Erläuterungen und Hinweise** tragen zum Verständnis der Theorien Darwins bei:
- Die Annahme der **Überproduktion** ist erforderlich, damit trotz Selektion noch genügend Individuen erhalten bleiben, um die Gesamtzahl der Organismen einer Art nicht absinken zu lassen.
- „Struggle for life" bedeutet nicht „Kampf ums Überleben" im wörtlichen Sinne, sondern eher **Konkurrenz und Wettbewerb** um Lebensbedingungen. Darunter ist also auch die Konkurrenz um Licht, Wasser, Mineralsalze u.ä. zwischen Individuen einer Pflanzenart in einem bestimmten Gebiet zu verstehen. Im Zuge des „survival of the fittest" können die Varianten unter den Pflanzen, die es aufgrund günstiger Merkmale schaffen, mehr Licht, Wasser, Mineralsalze o.ä. zu erhalten, mehr Samen produzieren. Ihre günstigen Merkmale treten daher in der nächsten Generation häufiger auf.
- Die von Darwin beobachteten zufälligen und ungerichteten Veränderungen von Merkmalen werden mit der modernen Genetik durch **Mutation** und **Rekombination** erklärt (siehe Synthetische Theorie der Evolution, S. 92).
- Darwin konnte bei der Entwicklung seiner Theorien auf wichtige Erkenntnisse aus **anderen Wissenschaftsgebieten** zurückgreifen. Der Geologe Charles LYELL wies nach, dass die Gestalt der Erde sich ständig wandelt und dass diese Veränderungen in sehr langen Zeiträumen ablaufen. Lyell lieferte auch das **Aktualitätsprinzip** als grundsätzliche Annahme. Es besagt, dass in der Vergangenheit dieselben Faktoren, z. B. Naturgesetze oder die Regeln der Wahrscheinlichkeit, wirksam waren wie in der Gegenwart. Auf den Volkswirt Thomas MALTHUS ging der Gedanke der Überproduktion von Nachkommen zurück. Er errechnete, dass die menschliche Bevölkerung schneller wachse, als die Erzeugung von Nahrungsmitteln zunehmen könne.

Die Formulierungen „struggle for life", „survival of the fittest" und „natural selection" wurden in der Vergangenheit von Anhängern **rassistischer** Ideologien falsch interpretiert und missbraucht. Die deutschen Übersetzungen dieser Kernbegriffe (z. B. „Kampf ums Dasein") durch Julius Victor CARUS geben die im wilhelminischen Deutschland des ausgehenden 19. Jahrhundert herrschende imperialistische Grundstimmung wieder. So entwickelte sich aus einem bewusst falsch verstandenen Darwinismus der **Sozialdarwinismus**. Diese pseudowissenschaftliche Theorie bildete eine wichtige Grundlage für rassistische Gesellschaftsordnungen wie den **Nationalsozialismus** in Deutschland. Sie lieferte eine wesentliche Begründung für die sogenannten **„Rassengesetze"** des nationalsozialistischen Unrechtsstaates. Schreckliche Folgen hatte die unzulässige Übertragung des Phänomens der natürlichen Selektion auf die menschliche Gesellschaft und die ungerechtfertigte, vereinfachende Deutung des *„survival of the fittest"* als das „Recht des Stärkeren".

2.3 Vergleich der Evolutionstheorien von Lamarck und Darwin

Sowohl Lamarck als auch Darwin waren der Meinung, dass Arten auseinander entstehen und dass das durch sehr kleinschrittige Veränderungen geschieht. So erklärten sie die heutige Vielfalt des Lebens. Die Vorstellungen der beiden Evolutionstheoretiker darüber, welche Vorgänge bei der Entstehung einer Art ablaufen und welche Ursachen dafür verantwortlich sind, unterscheiden sich jedoch erheblich:

> Nach der Theorie Lamarcks sind die Organismen **aktiv** an der Veränderung ihrer Merkmale beteiligt, sie **passen** sich an. In Darwins Theorie spielen die Organismen eine **passive** Rolle, sie **werden angepasst**.

Zusammenfassung

- Nach der Theorie Lamarcks verändern sich die Organismen im Laufe der Stammesgeschichte aktiv durch den ihnen eigenen Vervollkommnungstrieb und den Gebrauch oder Nichtgebrauch von Organen.
- Die Annahme Lamarcks, erworbene Eigenschaften seien vererbbar und könnten so an die Nachkommen weitergegeben werden, lässt sich nicht nachweisen.
- Darwin schloss aus der Beobachtung der Überproduktion und der Verschiedenartigkeit (Variation) der Nachkommen, dass Selektion auftreten müsse, die in der Konkurrenz um Lebensbedingungen (*„struggle for life"*) nur den bestangepassten Individuen erlaube, sich fortzupflanzen (*„survival of the fittest"*).

Aufgaben

46 Welche der folgenden Aussagen beschreiben Inhalte
- der Theorie Lamarcks?
- der Theorie Darwins?
- sowohl der Theorie Lamarcks wie auch der Darwins?

a Organismen wandeln sich im Laufe langer Zeiträume.
b Organismen bringen in der Regel mehr Nachkommen hervor, als zur Erhaltung ihrer Art erforderlich wäre.
c Eine Ursache der Wandlung der Arten ist ihr innerer Drang nach Veränderung.
d Die Veränderung der Arten geschieht in sehr kleinen Schritten.
e Die Unterschiede zwischen den Individuen derselben Art treten zufällig und unabhängig von der Beschaffenheit der jeweiligen Umwelt, d. h. ungerichtet, auf.
f Ständiger Gebrauch von Organen führt in kleinen Schritten über viele Generationen hinweg zu ihrer Verstärkung.
g Die Individuen derselben Art sind in der Regel nie völlig gleich.
h Ständiger Nichtgebrauch hat über die Generationen hinweg eine zunehmende Rückbildung der entsprechenden Organe zur Folge.
i Folge der Veränderung der Arten ist eine bessere Anpassung an die jeweilige Umwelt.
k Durch Gebrauch und Nichtgebrauch erworbene Merkmale werden vererbt.
l An die jeweilige Umwelt am besten angepasste Individuen überleben häufiger und haben daher mehr Nachkommen.

47 Von welchen Evolutionstheoretikern könnten folgende Zitate stammen?

a „Aber man kann auch sagen eine Pflanze kämpfe am Rande der Wüste um ihr Dasein gegen die Trocknis"
b „So werden ..., als die Giraffe entstanden war, diejenigen Individuen, die die am höchsten wachsenden Zweige abweiden und in Zeiten der Dürre auch nur einen oder zwei Zoll höher reichen konnten als die anderen, häufig erhalten geblieben sein, denn ..."
c „Gibt es ein treffenderes Beispiel als das des Kängurus? ... Seine Vorderbeine, die es sehr wenig gebraucht und auf die es sich nur dann stützt, wenn es seine aufrechte Haltung aufgibt, sind im Verhältnis zu den übrigen Teilen in ihrer Entwicklung zurückgeblieben und sind mager, äußerst klein und beinahe kraftlos geblieben."

d „Neu aufgetretene Bedürfnisse, die eine Notwendigkeit für ein Organ hervorrufen, führen als Resultat der gemachten Anstrengung tatsächlich zur Existenz jenes Körperteils."

e Erklärung der Beinlosigkeit von Schlangen:

„Da nun der Nichtgebrauch dieser Organe bei den Rassen dieser Tiere konstant gewesen ist, so hat er dieselben vollständig verschwinden lassen, obgleich sie im Organisationsplan der Tiere ihrer Klasse liegen."

48 Welche der folgenden Aussagen der Evolutionstheorie Lamarcks treffen nach heutiger Kenntnis noch zu? Kreuzen Sie an:

☐ Die Organismen haben sich im Laufe der Erdgeschichte gewandelt.

☐ Lebewesen sind in der Regel an die jeweiligen Umweltbedingungen angepasst.

☐ Lebewesen veränderten sich im Laufe ihrer Stammesgeschichte in kleinen Schritten.

☐ Die Anpassung der Lebewesen geschieht durch die Vererbung von Merkmalen, die durch Gebrauch und Nichtgebrauch von Organen erworben wurden.

☐ Bestimmte Organe eines Individuums können im Laufe seines Lebens durch ihren Gebrauch kräftiger, durch ihren Nichtgebrauch schwächer werden.

☐ Jedes Lebewesen besitzt eine in ihm liegende Tendenz zur Verbesserung seiner Anpassung.

☐ Umwelteinflüsse sind einer der Faktoren, die die Veränderung von Arten und Merkmalen bewirken können.

49 Ein Termitenvolk besteht aus unterschiedlichen Gruppen (Kasten).
- Die „Soldaten" haben sehr kräftige Kiefer.
- Die „Arbeiter" haben kräftige Beine.
- Der „König" ist größer als Soldaten und Arbeiter und hat weniger kräftige Beine als Arbeiter und nur kleine Kiefer.
- Die „Königin" ist das größte Tier des Volkes und hat kleine Kiefer und schwache Beine.

Nur der König und die Königin können sich fortpflanzen. Die übrigen Individuen sind steril.

Erläutern Sie, warum die beschriebenen Verhältnisse bei den Termiten die Evolutionstheorie Lamarcks widerlegen.

Artentstehung nach den Theorien von Lamarck und Darwin – ein Vergleich 61

50 Kreuzen Sie die Aussage(n) an, die Sie für richtig halten.
Darwin beschäftigt sich in seinem Hauptwerk, „Die Entstehung der Arten …" v. a. mit
☐ der Veränderung von Merkmalen und der Entstehung von Anpassungen bei Pflanzen und Tieren.
☐ den Ursachen für das Aussterben von Arten, die nur als Fossilien überliefert sind.
☐ den genetischen Grundlagen der Evolution.
☐ der Entstehung des Lebens auf der Erde.
☐ dem Ursprung des Menschen.

51 a Von welchem Evolutionstheoretiker stammt das folgende Zitat?
„Von einer Pflanze,…lässt sich mit größerem Recht sagen, sie kämpfe ums Dasein mit jenen Pflanzen ihrer Art…, die bereits den Boden bedecken."
b Um welches Phänomen geht es in dem Zitat?
c Welchem Missverständnis wollte der Autor entgegen treten?

52 Das folgende Zitat stammt von dem Evolutionstheoretiker A. R. WALLACE (Mitte des 19. Jh.).
„Die mächtigen einziehbaren Krallen der Falken- und Katzenstämme sind nicht durch das Wollen jener Tiere hervorgerufen oder vergrößert worden, sondern unter den verschiedenen Varietäten … überlebten stets die am häufigsten, die die größte Fähigkeit zur Ergreifung ihrer Beute besaßen."
a Entspricht die Ansicht von Wallace eher der Lamarck'schen oder der Darwin'schen Evolutionstheorie?
b Mit welchen Bereichen und Aspekten der Lamarck'schen bzw. Darwin'schen Theorie setzt sich Wallace auseinander?

53 Einige Fachleute nehmen an, dass die Federn ursprünglich Gebilde waren, die bei kleinen Sauriern den Fang von Insekten erleichterten. Im Laufe der Stammesgeschichte sollen sie ihre Funktion gewandelt und die Bildung von Tragflächen ermöglicht haben. Im Folgenden ist diese Annahme in einem Text dargestellt, wie ihn Lamarck geschrieben haben könnte:
„Eine kleine Saurierart ernährte sich von Insekten. Sie jagte ihre Beute in schnellem, zweibeinigen Lauf und fing sie mit den Armen. Ein Individuum bildete sehr kleine, federartige Schuppen an den Armen und konnte dadurch Insekten leichter erbeuten als seine Artgenossen. Diese kleinen Federn verstärkten sich durch den ständigen Gebrauch beim Beutefang ein wenig. Die etwas größere Form der ursprünglichen Federn vererbte dieses Tier an seine

Nachkommen. Über viele Generationen hinweg kam es durch ständigen Gebrauch zur Bildung immer größerer Federn. Die größeren Federn ermöglichten Gleitflüge. Das brachte Vorteile bei der Fortbewegung, z. B. konnten die Tiere ihren Feinden leichter entkommen. Der ständige Gebrauch der Arme als Tragflächen führte, wiederum über viele Generationen, zu einer immer perfekteren Ausbildung als Flugorgane. Am Ende standen Vögel, deren Arme sich für den aktiven Flug eigneten."

a Formulieren Sie den Text so um, dass er eine Erklärung aus darwinistischer Sicht gibt.
b Wie hätte Lamarck die Flugunfähigkeit von Straußen, Emus, Kiwis und anderen Laufvögeln erklärt?

3 Belege für die Evolution

Die Ergebnisse aller Forschungsgebiete der Biologie und Geologie sprechen dafür, dass die heute lebenden (**rezenten**) Arten der Lebewesen aus gemeinsamen Vorfahren entstanden sind, dass sie also in verwandtschaftlichen Beziehungen zueinander stehen. Die **Evolution** der Arten, d. h. ihre Entstehung und ihr Wandel geschah in sehr langen Zeiträumen. Die Veränderung von Arten ist daher nur in sehr wenigen Fällen direkt beobachtbar (siehe Industriemelanismus, S. 99). Im Folgenden sind einige Hinweise und Belege zusammengestellt, die dafür sprechen, dass die Arten eine Evolution durchlaufen haben, dass sie also **nicht unveränderlich** sind.

3.1 Belege aus der Paläontologie

Die Paläontologie befasst sich mit Resten von Pflanzen und Tieren, die vor langer Zeit gelebt haben und als **Fossilien** erhalten geblieben sind. Fast immer handelt es sich dabei um ausgestorbene Arten. Organismen können z. B. Abdrücke im Gestein hinterlassen, als Ganzes versteinern oder aber auch in Bernstein eingeschlossen sein. Abdrücke von Lebewesen und Versteinerungen findet man in Ablagerungsgesteinen (Sedimentgesteinen). Je tiefer eine Gesteinsschicht liegt, desto älter sind in der Regel die in ihr enthaltenen Fossilien (**relative Altersbestimmung**). Daneben kann man mit aufwändigen Methoden aber häufig auch das **absolute** Alter von Fossilien bestimmen.

Wichtige Ergebnisse der paläontologischen Forschung, die für die Evolution der Organismen sprechen, sind im Folgenden zusammengestellt:
- Fast alle Fossilien können heutigen (rezenten) Tier- und Pflanzengruppen zugeordnet werden, lassen sich also in das natürliche System einfügen.
- Je älter Fossilien sind, umso stärker unterscheiden sie sich von rezenten Arten.
- In einigen Fossiliengruppen können Reihen aufgestellt werden, in denen sich Merkmale in kleinen Schritten entlang bestimmter Tendenzen verändern, z. B. immer komplizierter werden oder aber sich zurückbilden (Progressions- und Regressionsreihen).
- In der Regel ähneln die Fossilien eines Kontinents den dort lebenden, rezenten Arten stärker als denen anderer Erdteile.
- Die systematischen Großgruppen, wie z. B. die Klassen der Wirbeltiere, tauchen in der Schichtenfolge nicht gleichzeitig, sondern nacheinander auf.
- Einige Fossilien tragen Merkmale jeweils zweier unterschiedlicher systematischer Großgruppen (Brückenformen, siehe *Archaeopteryx*, S 66 f.).

Stammesgeschichtliche Reihen von Fossilien

In der Verwandtschaftsgruppe der **pferdeartigen Tiere** sind besonders viele, gut erhaltene Fossilien aus dem Tertiär gefunden worden. Folgende evolutionäre Trends lassen sich im Stammbaum der Pferde erkennen:
- Zunahme der Körpergröße
- Vergrößerung der Backenzähne und Zunahme der scharfkantigen Leisten aus dem besonders harten Schmelz in ihren Kauflächen.
- Verringerung der Zehenzahl, die auf dem Boden auftritt (siehe Griffelbein, Rudimente, S. 72 f.).

Die Ergebnisse der paläontologischen Forschung zur Stammesgeschichte der **Pferde** lassen sich folgendermaßen zusammenfassen: Die im Stammbaum auftretenden Fossilien können problemlos in die Gruppe der **Unpaarhufer** eingeordnet werden, zu denen neben den heutigen pferdeähnlichen Tieren, wie den Wildpferden, Zebras und Eseln, auch die Tapire und Nashörner gehören. Je **älter** die Fossilien aus dem Stammbaum der pferdeartigen Tiere sind, desto **größer** sind auch die **Unterschiede** zu den heutigen Pferden. Dies lässt sich z. B. an Wildpferden, Zebras und Wildeseln erkennen. Die Merkmale der Fossilien des Pferdestammbaums ändern sich in kleinen Schritten. Es lassen sich folgende **Progressionsreihen** erkennen: kontinuierliche Zunahme der Körpergröße, ständige Zunahme der Kaufläche der Backenzähne und der Zahl der Schmelzfalten in ihr. Als **Regressionsreihe** ist die Rückbildung aller Finger- und Zehenknochen bis auf die mittlere zu nennen.

Verantwortlich für die Merkmalsänderungen in der Stammesgeschichte der Pferde ist ein **Wechsel des Lebensraums** vom Wald ins Grasland. Die veränderten Bedingungen des Lebensraumes haben dazu geführt, dass die Tiere an die unterschiedlichen Umweltbedingungen angepasst wurden (siehe transformierende Selektion, S. 100 f.).

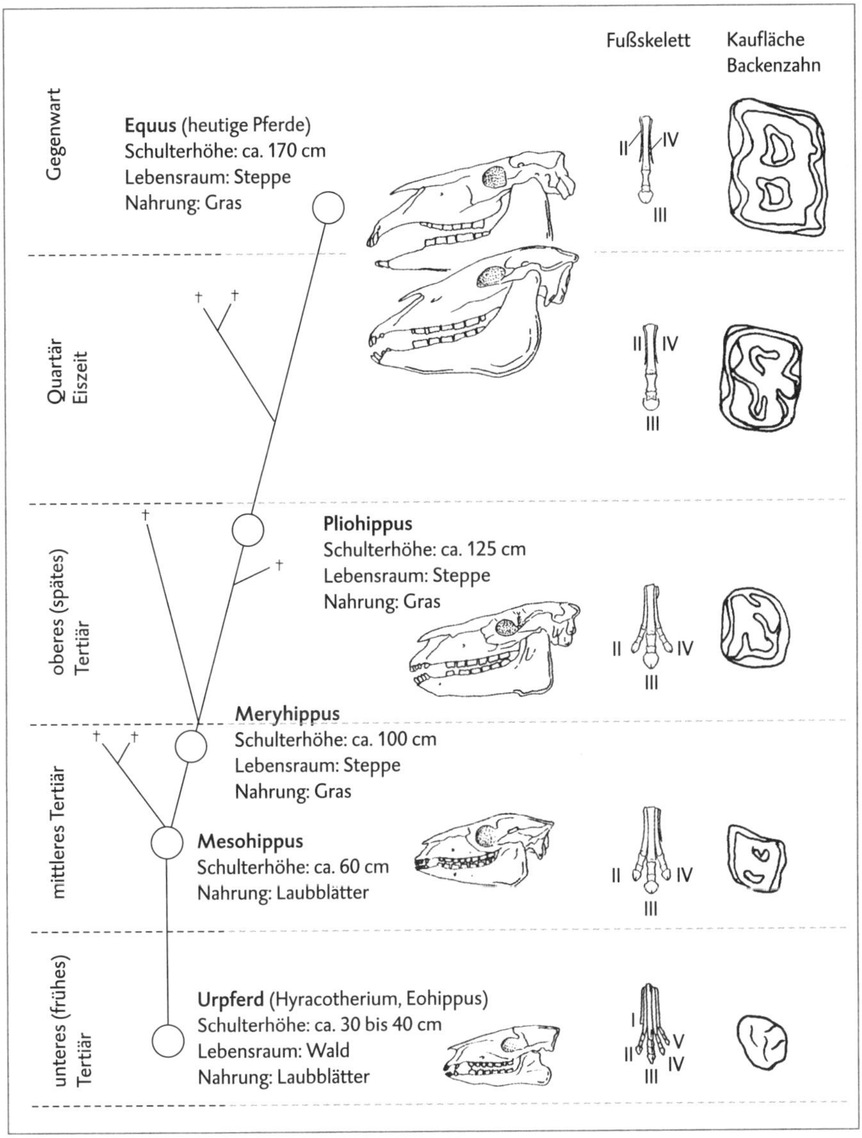

Belege für die Evolution / 65

| | | | Fußskelett | Kaufläche Backenzahn |

Gegenwart

Equus (heutige Pferde)
Schulterhöhe: ca. 170 cm
Lebensraum: Steppe
Nahrung: Gras

Quartär Eiszeit

oberes (spätes) Tertiär

Pliohippus
Schulterhöhe: ca. 125 cm
Lebensraum: Steppe
Nahrung: Gras

Meryhippus
Schulterhöhe: ca. 100 cm
Lebensraum: Steppe
Nahrung: Gras

mittleres Tertiär

Mesohippus
Schulterhöhe: ca. 60 cm
Nahrung: Laubblätter

unteres (frühes) Tertiär

Urpferd (Hyracotherium, Eohippus)
Schulterhöhe: ca. 30 bis 40 cm
Lebensraum: Wald
Nahrung: Laubblätter

Abb. 17: Der Stammbaum pferdeartiger Tiere

Für Waldbewohner, z. B. Hyracotherium (Eohippus) vorteilhafte Merkmale	Für Steppenbewohner, z. B. Meryhippus, Pliohippus, Equus günstige Merkmale
• geringe Körpergröße: erleichtert Bewegungen im Unterholz	• größerer Körper mit längerem Hals und längeren Beinen: ermöglichen bessere Übersicht und schnellere Flucht im offenen Gelände
• Auftreten auf mehr als einem Zeh: verhindert Einsinken im feuchten, nachgiebigen Waldboden	• Auftreten mit nur einem Huf: führt auf harten Böden zu effektiverem Laufen
• kleine Zähne ohne Schmelzleisten in der Kaufläche: sind für Laubfresser ausreichend (Bäume, Sträucher, Kräuter), größere und leistungsfähigere Zähne sind nicht erforderlich	• große Zähne mit breiten Kronen mit vielen Schmelzfalten: sind zum Zermahlen harter Gräser erforderlich (Gras ist sehr viel härter als Laubblätter; Übergang vom Laub- zum Grasfressergebiss)

Tab. 2: Anpassungen pferdeartiger Tiere an den Lebensraum Wald bzw. Grasland

Fossile Brückenformen

Brückenformen lassen die Entstehung einer Verwandtschaftsgruppe aus einer anderen erkennen. Sie tragen sowohl Merkmale der älteren, ursprünglicheren Gruppe als auch der sich neu bildenden.
Das bekannteste Beispiel ist der *Archaeopteryx*. Die Fossilien dieses **Urvogels** stammen aus einer Schicht des oberen Jura der Fränkischen Alb. *Archaeopteryx* trägt noch **Merkmale der Reptilien**, die auch in Schichten unterhalb des oberen Jura nachzuweisen sind, z. B.:

- Kiefer mit Zähnen, kein Hornschnabel
- Finger und Mittelhandknochen frei, nicht verwachsen
- lange Schwanzwirbelsäule
- Beckenknochen nicht miteinander verwachsen

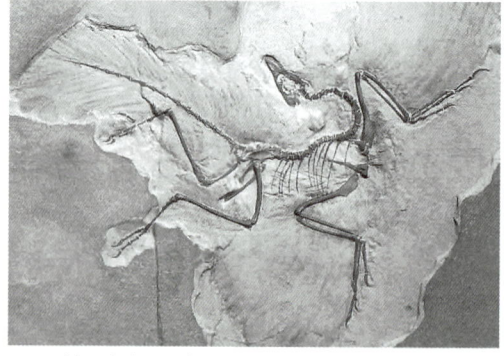

Abb. 18: *Archaeopteryx*: Körperumriss mit Fingerstrahlen (links) und versteinertes Skelett (rechts)

Folgende **Vogelmerkmale** sind bei ihm u. a. schon zu finden:
- Federn
- Erste Zehe nach hinten gerichtet, bildet mit den übrigen einen Greiffuß
- Schlüsselbeine der beiden Körperhälften zu einem Knochen verwachsen (Gabelbein = *Furcula*)

Fossilien weiterer Vögel findet man nur in Schichten oberhalb des oberen Jura.

3.2 Belege aus der vergleichenden Anatomie

Weitere Hinweise darauf, dass Evolution stattgefunden hat, findet man in den Ähnlichkeiten der Anatomie rezenter Organismen. **Anatomische Vergleiche** sind zudem eine Methode, die Rückschlüsse auf Verwandtschaftsbeziehungen zulassen.

Homologie, Analogie und Konvergenz

Ein ähnlicher anatomischer Bau kann durch die Abstammung von gleichen Vorfahren zustande gekommen sein **(Homologie)** oder auch aufgrund gleicher Umweltbedingungen, die zu gleichgerichteten Veränderungen des Organismus geführt haben **(Analogie)**.

Für die Verwandtschaftsanalyse und für den Nachweis von Abstammung und Veränderung der Arten sind nur solche anatomischen Strukturen geeignet, die auf **gleiche Vorfahren** zurückzuführen sind, also den gleichen Ursprung haben. Solche Merkmale bezeichnet man als **homolog**. Die Ähnlichkeit von homologen Merkmalen geht auf einen gemeinsamen Grundbauplan zurück, beruht also auf einer ähnlichen genetischen Information. Homologe Organe können aber unterschiedliche Funktion und Gestalt haben. So besteht die **Vorderextremität** bei allen Wirbeltieren aus den gleichen Knochen in gleicher Anordnung, kann aber sehr verschiedene Funktion und Gestalt haben.

Anhand dreier Kriterien können Homologien meist eindeutig bestimmt werden. Das **Homologiekriterium der Lage** besagt, dass Strukturen verschiedener Lebewesen dann homolog sind, wenn sie in Anordnung und Anzahl einem gemeinsamen Bauplan zugeordnet werden können. Die Vorderextremitäten der Säugetiere (siehe Abb. 29, S. 69) sind hierfür ein gutes Beispiel. Ein zweites **Homologiekriterium** ist das **der Kontinuität (Stetigkeit)**. Es besagt, dass Organe oder Körperteile dann homolog sind, wenn sie sich durch (z. B. embryonale oder fossile) Zwischenformen verbinden lassen. Die Zwischenformen ihrerseits müssen dabei untereinander mithilfe des Lagekriteriums homologisierbar sein. Als Beispiel kann die Schwimmblase der Knochenfische dienen, die mit der Lunge der Landwirbeltiere zu homologisieren ist. Entsprechende Zwischenformen der Entwicklung können bei den Lurchen, Reptilien und Vögeln gefunden werden. Beim dritten **Homologiekriterium der spezifischen Qualität** geht man davon aus, dass komplex aufgebaute Strukturen immer dann als homolog angesehen werden können, wenn sie in zahlreichen Einzelheiten ihres Baues übereinstimmen. Die Hautschuppen des Hais sind danach homolog zu den Zähnen des Menschen. Ihr identischer Aufbau aus Zahnschmelz und darunter liegendem Dentin ist der anatomische Beleg dafür. Wenn nicht-homologe Organe, also solche, die nicht auf den gleichen Grundbauplan zurückzuführen sind, Ähnlichkeit aufweisen, spricht man von **Analogie**. Zur Bildung von analogen Organen kann es kommen, wenn Organe verschiedenen Ursprungs die **gleiche Funktion** übernehmen. Das Grabbein der Maulwurfsgrille und des Maulwurfs z. B. haben ähnliche Funktion und ähnliche Gestalt, beruhen aber auf unterschiedlichen Grundbauplänen.

> **Homologe** Organe haben den **gleichen Ursprung**, können aber unterschiedliche Funktion haben. **Analoge** Organe haben verschiedenen Ursprung, aber **gleiche Funktion**.

Homologie kann man als „Abstammungsähnlichkeit", Analogie als „Funktionsähnlichkeit" bezeichnen.
Die Veränderung von Organen, Organsystemen oder ganzer Organismen, die unabhängig voneinander verlaufen und zu ähnlichen Formen führen, nennt man **Konvergenz**. Verantwortlich für die gleichgerichtete Entwicklung sind ähnliche Funktion und/oder ähnliche Umweltbedingungen. Dabei können sich sowohl analoge als auch homologe Organe konvergent entwickeln.

> **Konvergenz** ist die **gleich gerichtete**, aber **unabhängig** voneinander verlaufende Veränderung von Organen oder Organismen.

Analoge Organe entstehen immer konvergent. Aber auch bei **homologen** Organen kann es zu Konvergenz kommen. Ein Beispiel für die Konvergenz homologer Organe sind die **Flügelskelette** bei Vögeln und Fledermäusen. In beiden Fällen besteht das Flügelskelett aus den Vorderextremitäten, also aus homologen Organen der Wirbeltiere. Sowohl die Vorfahren der Vögel, eine bestimmte Reptiliengruppe, wie auch die der Fledermäuse, eine bestimmte Gruppe innerhalb der Säugetiere, hatten keine Flügel. Die Umbildung des Armskeletts zu Flügeln erfolgte also **unabhängig** voneinander, das eine Mal in der Gruppe der Vögel, das andere Mal innerhalb der Gruppe der Säugetiere.

Die **Tragflächen der Flügel** sind analoge Gebilde. Die Flughaut der Fledermäuse ist der Haut der Säugetiere homolog, die Federn der Vögel aber sind Hautanhänge. Sie sind den Schuppen der Reptilien nicht aber den Haaren der Säugetiere homolog.

Homologien, Analogien und Konvergenzen lassen sich durch sehr viele Beispiele belegen. Dadurch wird der Einwand entkräftet, diese Phänomene seien durch **Zufall** zu erklären.

Beispiele

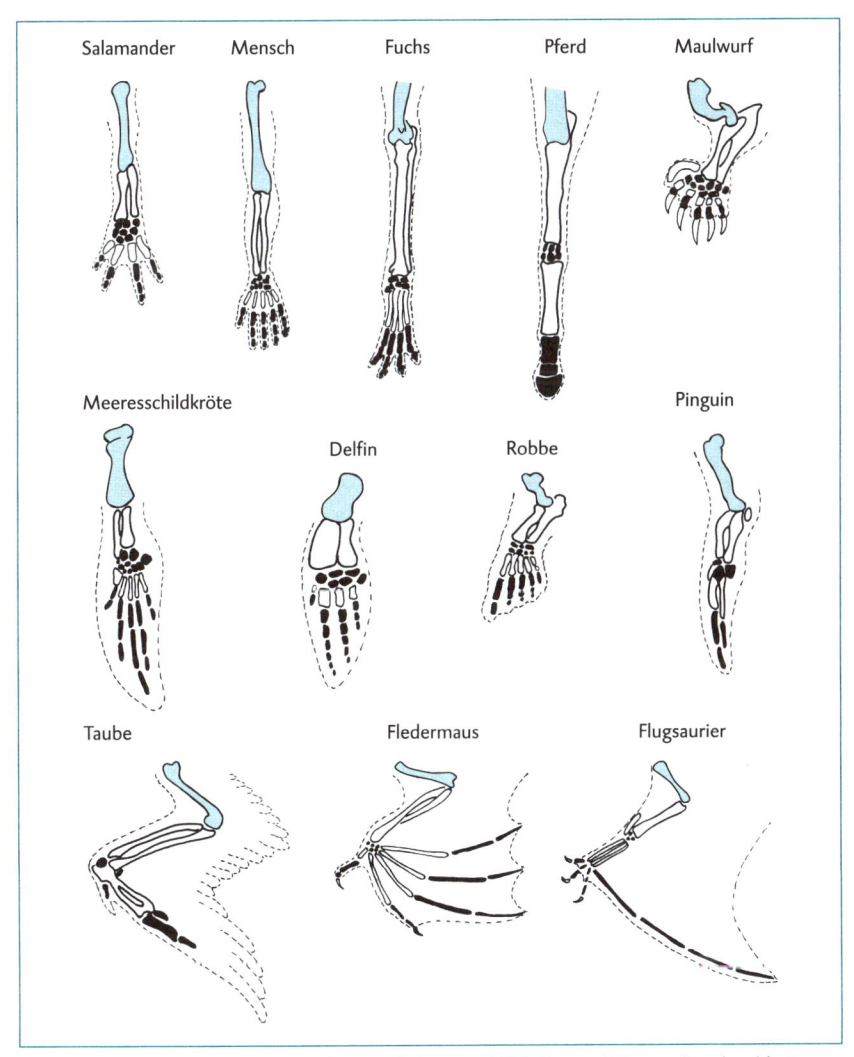

Abb. 19: Homologie und Konvergenz des Armskeletts von Wirbeltieren (Oberarmknochen blau)

Beispiele

Analoge Bildungen:
1. Die **Vorderbeine** des Maulwurfs und der Maulwurfsgrille haben einen unterschiedlichen Grundbauplan mit einem Innenskelett aus Knochen bzw. einem Außenskelett aus Chitin. Beide haben unterschiedliche Vorfahren.

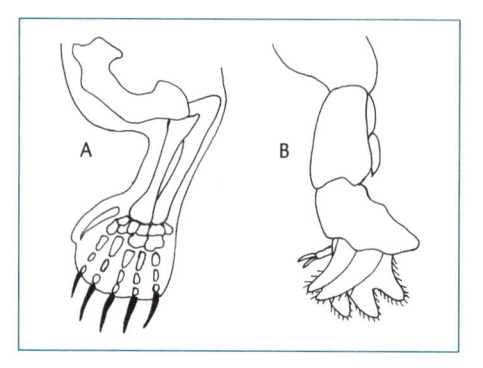

Abb. 20: Vorderbeine des Maulwurfs (A) und der Maulwurfsgrille (B)

2. Die **Flügel** von Insekten und Wirbeltieren (Vogel, Fledermaus) haben einen unterschiedlichen Grundbauplan. Die Flügel der Insekten entstehen, zusätzlich zu den Beinen, als Ausstülpungen des Hautpanzers (Außenskelett aus Chitin), die der Wirbeltiere sind Vorderextremitäten (Innenskelett aus Knochen).
3. **Speicherorgane** können aus verschiedenen Teilen des Pflanzenkörpers bestehen. Die Knolle der Kartoffel entsteht aus einem unterirdischen Teil des Sprosses. Das Speicherorgan der Möhre ist die Wurzel. Die Zwiebel wird aus verdickten Blättern gebildet, die an einem extrem verkürzten, unterirdischen Teil des Sprosses entspringen.

Konvergente Bildungen:
1. Die **Flügel** bei Vogel, Fledermaus und Flugsaurier (siehe Abb. 19, S. 69).
2. Die **Flossen** von Meeresschildkröten, Walen und Robben (siehe Abb. 19, S. 69).
3. Die **Stromlinienform** schneller Schwimmer unter den Wirbeltieren (siehe Abb. 21, S. 71).

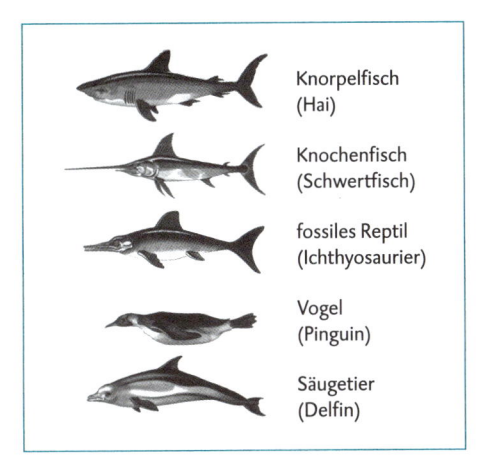

Abb. 21: Stromlinienform schnell schwimmender Wirbeltiere

4 Die Speicherung von Flüssigkeit im Spross bei Pflanzen trockener Standorte (Stammsukkulenz):

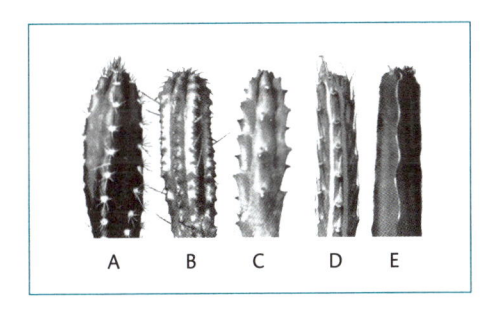

Abb. 22: Stammsukkulenz bei (A) Kaktus, (B) Wolfsmilch, (C) Schwalbenwurz, (D) Korbblütler und (E) *Cissus*

Analogien dürfen nicht zum Nachweis von Verwandtschaft benutzt werden, da die Ähnlichkeit analoger Organe nicht durch Abstammung von einem gemeinsamen Vorfahr zustande kam, also nicht durch ähnliche genetische Information. **Konvergenzen** eignen sich auch dann nicht dazu, Verwandtschaft nachzuweisen, wenn sie homologe Organe betreffen. Grund dafür ist, dass Konvergenzen zwar durch gleichgerichtete, aber unabhängig voneinander verlaufende Veränderungen zustande kommen, dass also die konvergente Entwicklung **nicht von einem gemeinsamen Vorfahren** ausgeht (siehe Körpertemperatur bei Vögeln und Säugetieren, S. 51).

Lebende Fossilien

Einige noch heute lebende Pflanzen und Tiere vereinen ursprüngliche Merkmale einer älteren Gruppe mit solchen einer später entstandenen. Wie die fossilen Brückenformen vermitteln sie als rezente Brückenformen zwischen systematischen Großgruppen. Zuweilen bezeichnet man sie wegen der erhalten gebliebenen Merkmale alter Gruppen als **„lebende Fossilien"**.

Beispiele   *Latimeria* (Quastenflosser):
- **Fischmerkmale:** Körper mit Schuppen bedeckt; Kiemenatmung.
- Merkmale von **Amphibien:** Flossen mit ähnlichem Skelett wie in den Beinen von Amphibien („Gehflossen"); Atmung (zusätzlich zur Kiemenatmung) durch eine Lunge, die sich mit der der Landwirbeltiere homologisieren lässt.

Abb. 23: *Latimeria chalumnae* (Quastenflosser)

Schnabeltier:
- **Reptilienmerkmale:** legt große, dotterreiche Eier mit lederartiger Schale; hat nur eine Körperöffnung (Kloake) für Darmausgang, Ausgang der Harnwege und Ausführgang der Geschlechtsorgane.
- **Säugetiermerkmale:** Haut mit Haaren bedeckt (Fell); Weibchen mit Milchdrüsen (Ernährung der Jungtiere).

Abb. 24: Schnabeltier

Rudimente
Bei einigen Organismen treten **Rudimente** auf. Das sind unvollständig ausgebildete Organe ohne erkennbare Funktion. Dieses Phänomen lässt sich erklären, wenn man annimmt, dass Evolution stattgefunden hat, in deren Verlauf sich ehemals voll funktionsfähige Organe weitgehend zurückgebildet haben.

Rudimente sind unvollständig ausgebildete Organe, die ihre ursprüngliche Funktion nicht mehr erfüllen.

Beim **Menschen** finden sich einige Rudimente. Das **Steißbein** ist der Rest einer ehemals längeren Wirbelsäule, die über den Körper hinaus stand. Die **Behaarung**, die ursprünglich als Fell den ganzen Körper bedeckte, ist nur noch an wenigen Stellen erhalten geblieben, z. B. in den Achseln, in der Schamregion, als Haupthaar, Bart, Augenbrauen. Der **Wurmfortsatz** ist das Ergebnis der Rückbildung eines früher einmal viel größeren Blinddarms, der eine wichtige Verdauungsfunktion hatte.

Blindschleichen haben keine Extremitäten. Reste des Schulter- und Beckengürtels, das sind die Teile des Skeletts, die die Verbindung zwischen den Extremitäten und der Wirbelsäule herstellen, weisen darauf hin, dass ihre Vorfahren vierbeinig laufende Tiere waren.

Im Skelett der heutigen **Wale** lassen sich von außen nicht sichtbare Reste der Hinterbeine und des Beckens finden. Ihre Vorfahren waren an Land lebende Säugetiere, die auf vier gut ausgebildeten Beinen liefen.

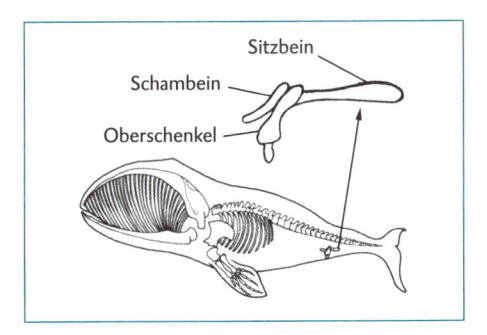

Abb. 25: Rudimente des Beckens und der Hinterbeine bei Walen

Bei den heutigen **Pferden** sind die zweite und vierte Zehe nur als dünne Knochenspange ausgebildet (Griffelbeine). Ursprünglich waren sie vollständig ausgebildete Zehen bzw. Finger, wie sich mithilfe von Fossilien nachweisen lässt (siehe Stammesgeschichte, S. 64).

Atavismen

Sehr selten treten bei einzelnen Individuen Merkmale auf, die im Laufe der Stammesgeschichte schon vor vielen Generationen verschwunden waren. Ein solches Phänomen nennt man **Atavismus**. Es unterstützt die Annahme, dass sich Merkmale und Organismen im Laufe einer Evolution entwickelt haben.

Offensichtlich sind die Gene, die die Information für die atavistischen Merkmale enthalten, noch vorhanden, werden aber normalerweise blockiert. Atavismen können auftreten, wenn eine Mutation die Blockade aufhebt und damit die Realisierung der Gene zulässt.

> Ein **Atavismus** ist ein Merkmal, das bei Vorfahren voll entwickelt war, im Laufe der Stammesgeschichte aber weitgehend oder ganz zurückgebildet wurde und in sehr seltenen Fällen bei einzelnen Individuen wieder auftritt, zuweilen in nicht vollständiger Form.

Bei **Pferden** treten zuweilen Individuen auf, die einen überzähligen Huf am normalerweise vollständig reduzierten Griffelbein haben. Auch beim **Menschen** kommen Atavismen vor. Das können überzählige Brustwarzen sein, eine fellartige Behaarung des gesamten Körpers oder eine Verlängerung des Steißbeins, die als kleines, schwanzähnliches Gebilde vorsteht.

Beim **Löwenmäulchen**, einer Zierpflanze mit normalerweise bilateralsymmetrischen Blüten, treten immer wieder, wenn auch selten, radiärsymmetrische Blüten auf. Löwenmäulchen stammen sehr wahrscheinlich von Vorfahren mit radiärsymmetrischen Blüten ab.

Normalerweise ist das hintere Flügelpaar der Mücken und **Fliegen** zu sehr kleinen, kolbenartigen Gebilden, den so genannten „Schwingkölbchen" reduziert. Gelegentlich findet man aber Fliegen mit vollständig ausgebildeten Hinterflügeln:

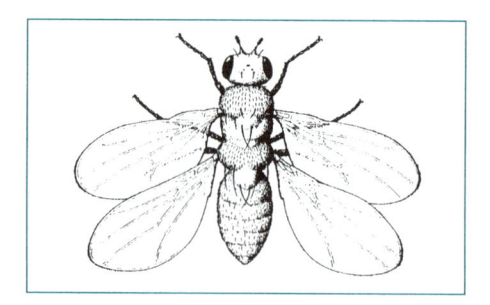

Abb. 26: Atavismus bei einer Fliege

3.3 Belege aus der vergleichenden Zytologie

Die Zellen aller rezenten Organismen, sind nicht nur in vielen Strukturen, sondern auch in den meisten intrazellulären Vorgängen sehr ähnlich oder sogar völlig gleich. Im Laufe der zellulären Entwicklung muss daher eine Evolution stattgefunden haben. Allerdings kann die Frage, wie aus prokaryotischen Vorfahren typische Organellen der heutigen eukaryotischen Zellen von Tieren und Pflanzen (siehe S. (1) 3 ff.) entstehen konnten, durch Fossilfunde nicht belegt werden. Zelluläre Strukturen sind im Normalfall zu fragil, als dass sie in Fossilien erhalten bleiben könnten. Es gibt aber eine gut belegte Theorie, welche diesen Prozess erklären kann: die **Endosymbionten-Hypothese**. Sie geht von der Überlegung aus, dass im Laufe der Evolution Prokaryoten durch

Endozytose, d. h. in Form von ursprünglichen Nahrungsbestandteilen, in eine Zelle aufgenommen wurden. Innerhalb dieser Zelle hatte sich durch eine Binnendifferenzierung bereits ein Zellkern gebildet. Die durch die Endozytose in einem Vesikel liegenden Prokaryoten blieben erhalten. Sie wurden im Zytoplasma der aufnehmenden Zelle nicht abgebaut. Die Aufnahme von Zellen durch einen phagozytoseähnlichen Vorgang geschah mindestens zweimal im Lauf der Evolution: In einem ersten Vorgang nahm die Zelle einen Prokaryoten auf, der in der Lage war, **Zellatmung** durchzuführen. Diese ehemaligen frei lebenden Prokaryoten bilden heute die **Mitochondrien**. Sie haben sich jedoch im Laufe der langen Zeit seit ihrer Aufnahme in die Zelle verändert. So sind sie z. B. heute nicht mehr in der Lage, außerhalb der eukaryotischen Zelle zu leben. In einem zweiten, vermutlich späteren Vorgang kam durch Phagozytose ein Prokaryot in die eukaryotische Zelle, der **Fotosynthese** betreiben konnte. Er entwickelte sich zu den heutigen **Chloroplasten** und den übrigen Plastiden.

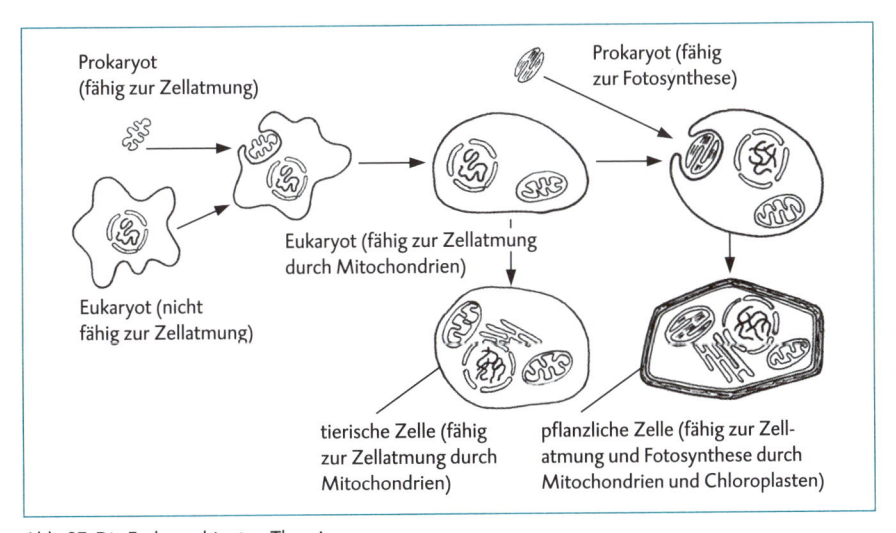

Abb. 27: Die Endosymbionten-Theorie

Unter anderem sprechen folgende Befunde für die **Richtigkeit** dieser Hypothesen:
- Mitochondrien und Chloroplasten (und die übrigen Plastiden) sind von **zwei Membranen** (Doppelmembran) umgeben. Die innere Membran ähnelt in ihrem Bau der von Prokaryoten, entspricht also der ursprünglichen Zellhülle des aufgenommenen Prokaryoten, die äußere Membran ist chemisch wie eine Eukaryoten-Membran aufgebaut. Bei der Phagozytose könnte sie

sich aus der Hüllmembran des Eukaryoten abgeschnürt und als Vesikel den aufgenommenen Prokaryoten umschlossen haben.
- Plastiden und Mitochondrien enthalten **ringförmig geschlossene DNA**, wie sie bei allen Prokaryoten zu finden ist.
- Mitochondrien und Chloroplasten enthalten Ribosomen, RNA und alle Enzyme, die für eine **eigene Proteinsynthese** erforderlich sind.
- Schließlich **vermehren sie sich selbstständig und unabhängig** von der eukaryotischen Zelle. Möglich ist dies u. a. aufgrund ihrer eigenen DNA und eines vollständigen Protein-Syntheseapparates.

Nach der **Endosymbionten-Theorie** sind Mitochondrien und Chloroplasten aus Prokaryoten entstanden, die in der frühen Stammesgeschichte durch einen **endozytoseähnlichen** Vorgang in die Zelle aufgenommen wurden.

3.4 Belege aus der vergleichenden Molekularbiologie

Die Ähnlichkeit der Zellen aller Organismen reicht bis in den molekularen Bereich hinein. Folgende chemische Substanzen und Vorgänge sind in allen Zellen gleich oder sehr ähnlich:
- **DNA** dient zur Speicherung der genetischen Information.
- **RNA** dient zur Übertragung der genetischen Information während der Proteinbiosynthese.
- **ATP** ist der universelle Überträger und Speicher von Stoffwechselenergie.
- Alle Zellen verwenden dieselben **20 Aminosäuren** zum Aufbau der Proteine
- Viele **Proteine**, v. a. Enzyme, die grundlegende Prozesse steuern, gleichen sich in den Molekülbereichen, die für ihre Funktion von Bedeutung sind (z. B. Enzyme der Zellatmung).
- Transkription und Translation **(Proteinbiosynthese)** laufen in allen Zellen gleich ab. Der genetische Code ist in fast allen Zellen identisch.

Vor allem die Tatsache, dass bei unterschiedlichen Organismen gleiche oder **sehr ähnliche Proteine** auftreten, obwohl eine unvorstellbar große Zahl verschiedener Proteine möglich ist, liefert einen überzeugenden Hinweis für die Richtigkeit der Annahme, dass **Evolution** stattgefunden hat. Eine weitere Stütze ist der einheitliche genetische Code aller Zellen, obwohl verschiedene Codes denkbar und möglich wären.

Die Ähnlichkeit sehr vieler chemischer Substanzen und Prozesse in den Zellen aller Organismen ist ein wichtiger Hinweis darauf, dass alle Organismen einen **gemeinsamen Ursprung** haben und sich durch Evolution entwickelt haben.

Ähnlichkeiten bei DNA und Proteinen

Auch chemische Verbindungen können sich im Laufe der Evolution verändern. Die Zellen naher Verwandter haben in der Regel sehr ähnliche Inhaltsstoffe, je entfernter die Verwandtschaft zwischen zwei Arten oder Gruppen ist, desto unterschiedlicher sind die Substanzen ihrer Zellen.

Diese je nach Enge der Verwandtschaft abgestufte Ähnlichkeit der chemischen Verbindungen stützt die Annahme, dass die Organismen auseinander hervorgegangen sind, also eine Evolution durchlaufen haben. Der Grad der Ähnlichkeit von DNA oder von Proteinen aus Zellen verschiedener Organismenarten lässt sich messen und für die **Verwandtschaftsanalyse** nutzen:

Proteine unterscheiden sich durch die Abfolge ihrer Aminosäuren (siehe Primärstruktur, S. 38 f.). Die Information über die Sequenz der Aminosäuren ist in der Basensequenz der DNA festgelegt. Mit der Analyse der Aminosäuresequenz erhält man daher indirekt Auskunft über die genetische Information.

Im Folgenden ist dargestellt, wie mit einer **Aminosäure-Sequenzanalyse** und ähnlichen Verfahren Schlussfolgerungen auf Verwandtschaftsbeziehungen gezogen werden können.

Vergleich der Aminosäuresequenz des Insulins einiger Huftiere

Insulin ist ein Hormon der Bauchspeicheldrüse, das für die Aufnahme von Glucose in die Zellen erforderlich ist. Es ist wesentlich an der Regelung des Blutzuckerspiegels beteiligt. Die Insulinmoleküle von Rindern, Schweinen und Schafen unterscheiden sich leicht voneinander. Abweichungen in ihrer Aminosäuresequenz sind in der folgenden Tabelle dargestellt:

	6	7	8	9	10	11
Rind	Cys –	Cys –	Ala –	Ser –	Val –	Cys
Schwein	Cys –	Cys –	Thr –	Ser –	Ile –	Cys
Schaf	Cys –	Cys –	Ala –	Cys –	Val –	Cys

Tab. 3: Ausschnitt aus der A-Kette des Insulins dreier Huftiere (die Ziffern geben die Positionen in der Aminosäurekette an)

Der Vergleich ergibt, dass sich Schaf und Rind in einer Aminosäure an der Position 9 unterscheiden. Rind und Schwein haben an zwei (8 und 10), Schwein und Schaf an drei Positionen (8, 9 und 10) unterschiedliche Aminosäuren.

Der Auswertung der Ergebnisse der Aminosäure-Sequenzanalyse liegt folgender Gedanke zugrunde: Die Änderung der Primärstruktur eines Proteins ist die Folge einer **Genmutation**, also der Änderung der Basensequenz der DNA. Die Zahl der auftretenden Mutationen ist zeitabhängig. Je kürzer die Zeit ist, die seit der Entstehung von zwei Arten aus einem gemeinsamen Vorfahren verstrichen ist, desto weniger Mutationen haben sich ereignet, desto geringer sind daher die Unterschiede in der Aminosäuresequenz ihrer Proteine. Auf dieser Grundlage ergeben sich folgende Schlussfolgerungen auf die Verwandtschaftsbeziehungen: Schaf und Rind sind näher miteinander verwandt als jede dieser beiden Arten mit dem Schwein. Dieses Ergebnis deckt sich mit dem, was man durch die Analyse anatomischer Merkmale herausfand. Der Zeitpunkt, an dem Schaf und Rind aus einem gemeinsamen Vorfahren entstanden, liegt noch nicht so lange Zeit zurück, wie die Trennung von Schwein und dem gemeinsamen Vorfahr von Schaf und Rind:

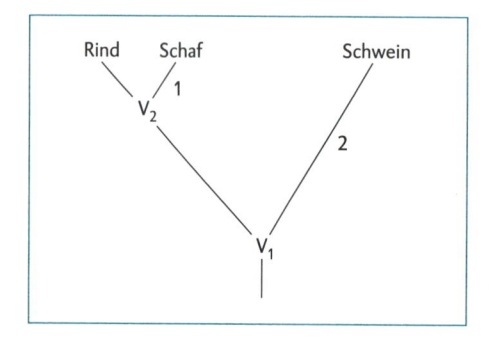

Abb. 28: Verwandtschaftsbeziehungen zwischen Rind, Schaf und Schwein; die Ziffern geben die Zahl der ausgetauschten Aminosäuren an.

In der vorangegangenen Abbildung sind die Verwandtschaftsverhältnisse zwischen den Gruppen in Form eines Stammbaums dargestellt. Im Zeitraum „V_2 bis Schaf" änderte sich die Aminosäure an Position 9, bedingt durch eine Mutation des entsprechenden Gens. Im Zeitraum „V_1 bis Schwein" änderten sich die Aminosäuren an den Positionen 8 und 10.

Vergleich der Aminosäuresequenz des Cytochrom c

Cytochrom c ist ein wichtiges Enzym der Zellatmung. Es kommt bei allen atmenden Lebewesen vor. Die Zellatmung versorgt die Zelle mit Energie v. a. in Form von ATP. **Mehr als ein Drittel** der Aminosäurekette des Cytochrom c ist bei allen Organismen identisch. Die Zahl der unterschiedlichen Aminosäuren erlaubt auch hier, wie für Insulin besprochen, die Nähe der Verwandtschaft zu erschließen und in einem Stammbaum darzustellen.

> Den Änderungen der Aminosäuresequenz liegen **Genmutationen** zugrunde. Die Zahl der Mutationen ist **zeitabhängig**. In kürzerer Zeit treten weniger Mutationen auf als in längerer. Die Zahl der unterschiedlichen Aminosäuren ist daher um so geringer, je später sich Arten in der Stammesgeschichte getrennt haben.

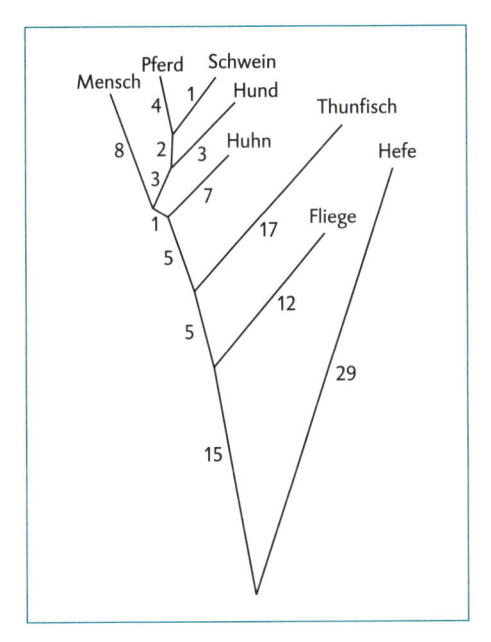

Abb. 29: Ausschnitt aus einem Stammbaum, der auf Unterschieden in der Aminosäuresequenz des Cytochroms c beruht. Die Ziffern geben die Zahl der ausgetauschten Aminosäuren an.

Präzipitintest (Serodiagnostik)

Antikörper wirken spezifisch gegen die Antigene, gegen die sie gebildet wurden. Dieses Phänomen lässt sich nutzen, um die Ähnlichkeit von Proteinen zu bestimmen. Verwendet werden dabei die im Blutserum gelösten Eiweiße (Serumproteine). Je ähnlicher die Serumproteine eines Test-Tieres denjenigen sind, gegen die Antikörper gebildet wurden, desto stärker ist die Ausfällung **(Präzipitation)**.

Ein sogenannter **Präzipitintest** läuft z. B. folgendermaßen ab:
1 Das Serum z. B. eines Menschen, also die Blutflüssigkeit ohne Blutzellen und Gerinnungssubstanzen, wird einem Tier eingespritzt, meist einem Kaninchen.
2 Das Immunsystem des Kaninchens bildet Antikörper, die spezifisch gegen Serumproteine des Menschen wirken.
3 Das Serum des Kaninchens, das Anti-Mensch-Antikörper enthält, wird mit dem Serum der Tiere vermischt, die getestet werden sollen.
4 Je ähnlicher die tierischen Serumproteine den menschlichen sind, desto stärker werden sie von den durch das Kaninchen gebildeten Antikörpern ausgefällt (präzipitiert). Als Bezugsgröße dient die Ausfällung von menschlichem Serumproteinen (= 100 %).

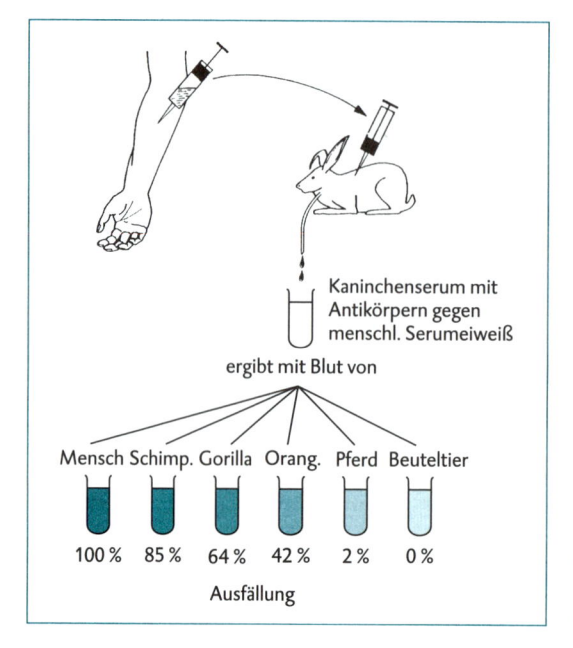

Abb. 30: Präzipitintest zur Feststellung der Ähnlichkeit menschlicher Serumproteine mit denen verschiedener Tiere

Nach den Ergebnissen von Präzipitintests ist der **Schimpanse** näher mit dem Menschen verwandt als Gorilla und Orang-Utan.

Messung der Ähnlichkeit der DNA

Alle bisher aufgeführten Methoden der Verwandtschaftsnachweise vergleichen Merkmale, also Einzelheiten des Phänotyps. Alle Merkmale sind **Genprodukte**, sofern sie nicht durch die Umwelt hervorgerufen („modifiziert") werden. Häufig sind mehrere Gene an ihrer Ausbildung beteiligt (siehe Genwirkkette, S. (1) 44). Vergleichen lässt sich aber auch der **Genotyp**, d. h. die Informationen, die den Merkmalen zugrunde liegen, die Basensequenz der DNA.

Für den Vergleich der DNA stehen zwei Verfahren zur Verfügung:
- **Direkter Vergleich der Basensequenz der DNA:** In der Regel wird dabei zunächst der zu testende DNA-Abschnitt durch die Polymerase-Kettenreaktion (siehe S. 10) vermehrt, um ausreichende Mengen an DNA für die anschließende Sequenzierung zur Verfügung zu haben. Die **DNA-Sequenzierung** ist heute ein Routineverfahren, das in Sequenzierungsautomaten abläuft.
- **DNA-Hybridisierung:** Bei diesem Verfahren wird gemessen, wie gut DNA-Einzelstränge verschiedener Organismenarten zusammenpassen, wie viele Abschnitte sich also zu einem **DNA-Doppelstrang** zusammenlagern kön-

nen. Je näher verwandt zwei Arten von Lebewesen sind, desto stärker stimmt ihre Basenfolge überein, da in der verhältnismäßig kurzen Zeit, die seit der Trennung der Entwicklungswege vergangen ist, nur wenige Mutationen auftreten konnten, die die Basenfolge verändert haben. Als Maß dafür, wie genau zwei Einzelstränge zusammenpassen, wie viele Basenfolgen eines Strangs also komplementär zu jenen des anderen Strangs sind, dient die **Temperatur**, die erforderlich ist, um beide Stränge zu trennen: Je mehr komplementäre Basen zwei Einzelstränge haben, desto mehr H-Brücken bilden sich und desto höher ist die Temperatur, die zur Trennung der Stränge erforderlich ist (siehe Bau der DNA, S. 13 ff.). Je höher also die Schmelztemperatur, desto näher sind die Arten miteinander verwandt.

Eine DNA-Hybridisierung läuft in folgenden Schritten ab:
1. Isolierung der DNA, deren Verwandtschaftsnähe festgestellt werden soll.
2. Mischung der DNA der verschiedenen Organismen.
3. Trennung der DNA in Einzelstränge durch Erhitzen.
4. Abkühlen, dadurch Verbindung der Einzelstränge zu Doppelsträngen durch Bildung von H-Brücken zwischen komplementären Nukleotiden. Dabei paaren sich auch Einzelstränge der verschiedenen Organismenarten (Hybridisierung). Solche hybriden DNA-Doppelstränge sind durch eine radioaktive Markierung von den übrigen (nicht-hybriden) DNA-Molekülen unterscheidbar.
5. Erwärmung der DNA-Doppelstränge.
6. Feststellung der Temperatur, bei der sich die hybriden Doppelstränge der DNA in Einzelstränge trennen. Eine hohe Schmelztemperatur lässt auf eine hohe Zahl von DNA-Abschnitten mit komplementärer Basensequenz und damit identischer genetischer Information schließen. Je mehr DNA-Abschnitte mit identischer genetischer Information vorhanden sind, desto näher verwandt sind die Organismen.

Die folgende Tabelle zeigt das Ergebnis der DNA-Hybridisierung zwischen dem Menschen und verschiedenen Affenarten.

DNA-Hybriden	Mensch x Mensch	Mensch x Schimpanse	Mensch x Gorilla	Mensch x Orang-Utan	Mensch x Gibbon	Mensch x Meerkatze
Schmelztemperatur	88,2 °C	86,4 °C	85,8 °C	84,6 °C	83 °C	80,5 °C

Tab. 4: Hybridisierungsexperimente zwischen Mensch und Affe

Zusammenfassung

- In vielen Wissenschaftsgebieten lassen sich Belege dafür finden, dass alle heute auf der Erde lebenden Organismen miteinander verwandt sind, also einen gemeinsamen Ursprung haben.
- Bei der Analyse von Fossilien lassen sich Ähnlichkeiten zu rezenten Organismen und in einigen Fällen auch Entwicklungsreihen und Übergangsformen finden.
- Brückenformen vereinen Merkmale stammesgeschichtlich älterer und jüngerer Gruppen in sich. Fossile Beispiele dafür sind *Archaeopteryx* und *Ichthyostega*. Rezente Brückenformen sind z. B. das Schnabeltier und *Latimeria*.
- Homologe und analoge Organe sowie das Phänomen der Konvergenz lassen sich am einfachsten erklären, wenn man die Evolution der Organismen annimmt. Weitere Hinweise aus der Anatomie der Pflanzen und Tiere liefern Rudimente und Atavismen.
- Die außerordentlich starke Ähnlichkeit des Baus aller Zellen und der in ihnen ablaufenden Vorgänge lässt sich außer durch Evolution naturwissenschaftlich nicht erklären.
- Nach der Endosymbionten-Theorie sind Mitochondrien und Chloroplasten ehemals frei lebende, prokaryotische Organismen, die in eine eukaryotische Zelle aufgenommen wurden.
- Die Speicherung und die Expression der genetischen Information verlaufen in allen heute lebenden Organismen in gleicher Weise. Dies und weitere molekularbiologische Ähnlichkeiten stützen die Annahme, dass alle heute auf der Erde lebenden Organismen miteinander verwandt sind, also gemeinsame Vorfahren haben.
- Neben der anatomischen Analyse können auch der Präzipitintest, die Aminosäuresequenzanalyse, oder die DNA-Hybridisierung verwendet werden, um den Verwandtschaftsgrad zwischen verschiedenen Organismengruppen festzustellen.

Aufgaben

54 Welche der folgenden Forschungsergebnisse der Paläontologie können als Argument dafür verwendet werden, dass sich Lebewesen im Laufe der Erdgeschichte geändert haben, dass also Evolution stattgefunden hat? Kreuzen Sie an:

☐ Reste von Lebewesen können als Versteinerungen über viele Millionen Jahre hinweg erhalten bleiben.

☐ Die systematischen Großgruppen der Wirbeltiere unterscheiden sich in ihrem Alter (erstes Auftreten in der Geschichte der Erde) erheblich.

☐ Fast alle Fossilien lassen sich den systematischen Großgruppen heutiger Lebewesen zuordnen.

☐ Vor etwa 70 Millionen Jahren verschwand innerhalb kurzer Zeit ein sehr großer Teil der Reptilienarten auf der Erde. Verantwortlich dafür war vermutlich unter anderem der Einschlag eines großen Meteoriten.
☐ Fossilien kommen nur in Ablagerungsgestein vor.
☐ Je älter Fossilien sind, desto stärker unterscheiden sie sich in der Regel von rezenten Organismen.
☐ Einige, besondere Fossilien vereinen Merkmale in sich, die heute auf unterschiedliche Großgruppen verteilt sind (Brückenformen).
☐ In einigen wenigen Fällen, in denen man viele Fossilien einer Gruppe in aufeinanderfolgenden Schichten findet, kann man die allmähliche Veränderung von Merkmalen feststellen.
☐ Organismen können in Bernstein eingeschlossen sehr lange Zeit erhalten bleiben.

55 a Bringen Sie die folgenden Bezeichnungen für geologische Zeitalter in die richtige Reihenfolge. Nennen Sie dabei die früheste Periode zuerst.
Jura, Silur, Devon, Quartär, Trias, Ordovizium, Präkambrium, Perm, Tertiär, Kambrium, Kreide, Karbon.

b Ordnen Sie die unten genannten Gruppen von Organismen den geologischen Zeiten zu, in denen sie entstanden sind.
- Mensch *(Homo sapiens sapiens)*
- Vögel
- Amphibien *(Ichthyostega)*
- ursprüngliche Pferde

56 Sowohl fossile wie auch rezente Pferde liefern Hinweise für die Richtigkeit der Annahme, dass die Organismen eine Evolution durchlaufen haben. Erläutern Sie diese Aussage.

57 Beschreiben Sie knapp Evolutionstendenzen im Stammbaum der Pferde.

58 Der Vergleich der fossil überlieferten Vertreter des Pferdestammbaums untereinander und mit den heutigen Pferden kann allgemein gültige Argumente liefern, die für die Evolution der Organismen sprechen.
Beschreiben Sie drei solcher Argumente am Beispiel der Erkenntnisse, die man aus den Untersuchungen an fossilen Pferden gewonnen hat.

59 Die Evolutionstendenzen innerhalb des Pferdestammbaums lassen sich durch eine Veränderung der Umwelt erklären. Vergleichen Sie die Lebensbedingungen früher und später Vertreter des Pferdestammbaums miteinander und geben Sie in Stichworten an, welche Vorteile die Veränderung bestimmter Merkmale mit sich brachte.

60 Erläutern Sie, warum die Fossilien des *Archaeopteryx* als wichtige Stütze der Annahme gelten, dass die heutigen Organismen aus andersartigen Vorfahren entstanden sind.
Beschreiben Sie dazu beispielhaft einige Merkmale von *Archaeopteryx*.

61 In China wurde vor einigen Jahren das Fossil eines Vogels, *Sinornis santensis*, gefunden. Einige seiner Merkmale sind im Folgenden aufgeführt:
- Kiefer mit Zähnen
- Schwanzwirbelsäule stark verkürzt (Schwanz nicht durch die Wirbelsäule gestützt)
- Mittelhandknochen nicht miteinander verwachsen

   a Welche der angeführten Merkmale sind in gleicher oder ähnlicher Form auch bei *Archaeopteryx* vorhanden?
   b Halten Sie *Sinornis santensis* für jünger oder älter als *Archaeopteryx*? Begründen Sie Ihre Antwort.

62 Ständig an Land lebende Wirbeltiere entstanden aus Quastenflossern.
   a Welche anatomischen Besonderheiten der Quastenflosser ermöglichten, dass aus ihrer Gruppe die Landwirbeltiere hervorgehen konnten?
   b Welche Veränderungen traten als Anpassungen an das Landleben bei den ersten Amphibien auf?

63 Welche Aussagen sind richtig? Kreuzen Sie an.
Homologe Organe
☐ bilden sich durch Umwandlung aus analogen Organen.
☐ beruhen auf sehr ähnlicher genetischer Information.
☐ treten nur unter Nachkommen derselben Eltern auf.
☐ beruhen auf gemeinsamer Abstammung.
☐ entstehen durch Konvergenz.
☐ können sich nicht konvergent entwickeln.
☐ sind in ihrer äußeren Form immer sehr ähnlich.
☐ kommen nur bei rezenten (heute lebenden) Arten vor.
☐ sind nur bei Tieren, nicht jedoch bei Pflanzen zu finden.

64 Nennen Sie in Stichworten je ein Beispiel für:
  a homologe Organe
  b analoge Organe
  c konvergent entstandene Körperformen
  d Rudimente (drei Angaben)
  e Atavismen (drei Angaben)

65 Beschreiben Sie die folgenden Fälle mit dem jeweils passenden Begriff aus der Evolutionsbiologie.
  a Die Staubblätter von Tulpen bestehen aus einem gelben, schlanken Stiel, der in einer kolbenförmigen, bräunlichen Anschwellung endet, in dem die Pollenzellen liegen. In sehr seltenen Fällen findet man Tulpenblüten, deren Staubblätter grün sind und an Laubblätter erinnern.
  b In der ausgereiften Blüte von Braunwurzgewächsen findet man neben den normalen Staubblättern, die in der Lage sind Pollen zu bilden, immer auch solche, die unvollständig ausgebildet und funktionslos sind.
  c Bei heutigen Pferden werden sehr selten Fohlen geboren, deren Vorderbeine mehrzehig sind.
  d Unter Pottwalen findet man gelegentlich Individuen, die äußerlich sichtbare Hinterextremitäten tragen.
  e Der Grottenolm, ein Molch, lebt in einigen Höhlen Kroatiens. Er ist blind, besitzt jedoch noch funktionslose Reste von Augen.
  f Kiwis, die Wappenvögel Neuseelands, können nicht fliegen. Sie sind etwa so groß wie ein Haushuhn, aber ihre Flügel sind winzig klein, nur (ca. 5 cm lang).

66 Erläutern Sie, warum sich nur Homologien, nicht aber Analogien dazu eignen, Verwandtschaft zu erschließen.

67 In welcher der unten dargestellten Fälle handelt es sich um
  a Analogie
  b Konvergenz homologer Organe?
  Begründen Sie die Zuordnung in Stichworten.

  1. Wirbeltiere, die sich von Ameisen und Termiten ernähren, haben häufig eine sehr lange, sehr bewegliche, peitschenartige Zunge. Beispiele für solche Tiere aus drei systematischen Untergruppen der Säugetiere sind:

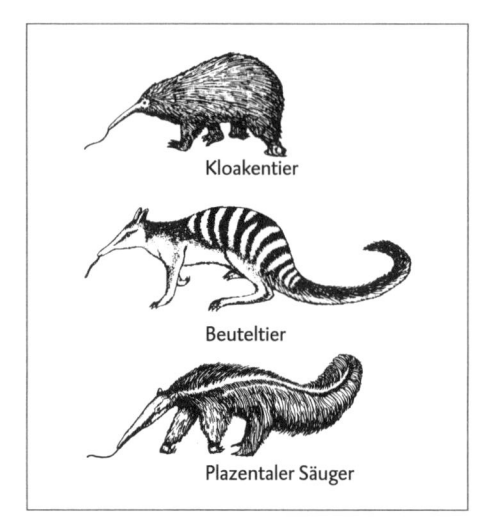

Abb. 31: Ameisenfresser aus drei Unterklassen der Säugetiere

- Der Ameisenigel, ein Kloakentier das Eier legt und in die gleiche Gruppe der Säugetiere gestellt wird wie das Schnabeltier.
- Der Ameisenbeutler, ein Beuteltier.
- Der Ameisenbär, ein Plazentatier, bei dem die Entwicklung und Geburt der Jungen wie bei den meisten heutigen Säugetieren z. B. beim Menschen abläuft.

2. Die Vorderextremitäten sind zu Flossen umgewandelt bei:
   - Robben (nächste Verwandte sind landlebende Raubtiere)
   - Walen (nächste Verwandte sind vermutlich landlebende Paar- oder Unpaarhufer)
   - Seekühe (nächste Verwandte sind Elefanten u. ä. Tiere)
   - Pinguine (nächste Verwandte in einer anderen Vogelgruppe)

3. Ranken werden gebildet:
   - bei der Erbse aus den oberen Fiederblättchen der Laubblätter
   - beim Wilden Wein aus Teilen der Sprossachse
   - bei der Vanille aus den Wurzeln

4. Schwänze, mit denen sich Tiere im Geäst festhalten können (Klammerschwänze, Greifschwänze), kommen bei den Säugetieren u. a. vor beim:
   - Wickelbär (gehört zur Gruppe der Kleinbären),
   - Baumstachler (gehört zur Gruppe der Nagetiere),
   - Kleinen Ameisenbär (gehört zu einer besonderen Gruppe südamerikanischer Säugetiere),
   - Klammeraffe (gehört zu einer besonderen südamerikanischen Gruppe von Affen).

5. Die Kiemen der Fische (Wirbeltiere) liegen im Kopfbereich an den Kiemenbögen, die der Krebse (wirbellose Tiere) sind als Anhänge der Beine entstanden.
6. • Die Dornen der Schlehe bestehen aus umgewandelten Sprossen.
   • Bei der Opuntie (Kaktee) haben die Blätter die Gestalt von Dornen.
   • Bei einigen Palmenarten sind Teile der Wurzeln zu Dornen umgestaltet.

68 a Welche Eigenart macht eine heute lebende Tier- oder Pflanzenart zu einem lebenden Fossil?
   b Nennen Sie ein Beispiel und erläutern Sie die unter a aufgeführten Kriterien.

69 Welche der unten aufgeführten Strukturen und Organe sind Atavismen bzw. Rudimente? Erläutern Sie, warum man Rudimente und Atavismen als Hinweise auf die Evolution der Organismen betrachten darf.
   a Steißbein des Menschen
   b überzähliger Huf am Griffelbein eines Pferdes
   c Reste der Laubblätter (schuppenförmige, braune Gebilde) beim Fichtenspargel (parasitisch lebende Pflanze)
   d kleines, schwanzähnliches Gebilde am Steißbein eines Menschen
   e Reste des Beckengürtels bei Walen
   f voll ausgebildete Hinterflügel bei einer Taufliege (*Drosophila*)
   g Löwenmäulchen-Pflanze mit radiärsymmetrischen Blüten, statt der normalen, für die Art typischen bilateralsymmetrischen
   h überzählige Brustwarzen bei einem Menschen

70 In Höhlen lebende Tiere haben häufig keine oder nur kleine, wenig leistungsfähige Augen. Beispiele dafür finden sich bei höhlenbewohnenden Käfern, Schnecken, Fischen, Amphibien u. a.
   a Nennen Sie den allgemeinen Fachbegriff für solche und ähnliche Organe.
   b Nennen Sie den allgemeinen Fachbegriff für das Phänomen, dass die verkümmerten Augen bei Tieren vorkommen, die zu verschiedenen, nicht näher miteinander verwandten systematischen Gruppen gehören.

71 Nennen Sie drei Befunde, die für die Richtigkeit der Endosymbionten-Theorie sprechen.

72 In der pharmazeutischen Industrie ist es üblich, Medikamente vor der Freigabe für den medizinischen Gebrauch an Tieren zu testen, v. a. an Mäusen, Ratten, Meerschweinchen und anderen Säugetieren.
Welcher Schluss lässt sich aus der Tatsache ziehen, dass solche Tests brauchbare, auf den Menschen übertragbare Ergebnisse liefern?

73 Nennen Sie drei Molekülarten, die in den Zellen aller heute lebenden Organismen eine gleiche oder ähnliche Funktion ausüben.

74 Welche Befunde aus der Molekulargenetik weisen auf die Verwandtschaft aller heute lebenden Organismen und damit auf die einmalige Entstehung des Lebens auf der Erde hin?

75 Die Analyse der Aminosäuresequenz eines Proteins ermöglicht Rückschlüsse auf die genetische Information.
Welche der folgenden Phänomene bilden die Grundlage dafür, dass man aus dem Vergleich der Aminosäuresequenz ähnlicher Proteine auf den Verwandtschaftsgrad verschiedener Organismen schließen kann?
Kreuzen Sie an:
- [ ] Für die Änderung der Primärstruktur eines Proteins sind Genmutationen verantwortlich.
- [ ] Der genetische Code ist degeneriert.
- [ ] Der genetische Code wird ohne Komma (Pausenzeichen) abgelesen.
- [ ] Die Zahl der in der Stammesgeschichte einer Art aufgetretenen Mutationen ist zeitabhängig.
- [ ] Je später in der Stammesgeschichte sich eine Art in zwei aufspaltet, umso geringer sind die Unterschiede in der Proteinstruktur der beiden neu entstandenen Arten.
- [ ] Die meisten Proteinarten der Zelle arbeiten als Enzyme.

76 Kreuzen Sie aus den folgenden Aussagen die richtigen an.
- [ ] In Präzipitintests (Serodiagnose) werden Versuchstieren Antikörper gespritzt, die gegen bestimmte Antigene wirken.
- [ ] In Präzipitintests kann der Grad der Ähnlichkeit von Proteinen verschiedener Organismen festgestellt werden.
- [ ] Der Grad der Ähnlichkeit vergleichbarer Proteine verschiedener Tierarten lässt sich in Präzipitintests feststellen, weil Antikörper ihre volle Wirkung nur gegenüber dem Protein entfalten, gegen das sie gebildet wurden.

- [ ] In Präzipitintests lässt sich messen, ob zwei Tierarten das gleiche Immunsystem besitzen.
- [ ] Je ähnlicher zwei Protein-Moleküle sind, um so geringer ist ihre Ausfällung im Präzipitintest.
- [ ] Bei naher Verwandtschaft zwischen zwei Tierarten ist die Ausfällung ihrer Proteine im Präzipitintest hoch.
- [ ] Für einen Präzipitintest benutzt man am häufigsten die Proteine von Leberzellen.
- [ ] Präzipitintests sind geeignet, um die Abfolge der Aminosäuren eines Proteins festzustellen.
- [ ] Die Ausfällung des Eiweißes im Präzipitintest beruht auf einer Antigen-Antikörper-Reaktion.

77 Cytochrom c ist ein Enzym der Zellatmung. Es kommt bei fast allen Organismen vor. Das Cytochrom c des Menschen stimmt in der Abfolge von etwa der Hälfte der rund 110 Aminosäuren mit dem der Hefe (einzelliger Pilz) überein.
Weshalb darf diese Tatsache als Argument für die Richtigkeit der Annahme verwendet werden, die heute auf der Erde lebenden Organismen seien das Ergebnis einer Evolution?

78 Welche der folgenden Aussagen sind richtig?
- [ ] Bei der DNA-Hybridisierung werden DNA-Einzelstränge verschiedener Organismenarten dazu gebracht, sich zu Polynukleotid-Doppelsträngen zu paaren.
- [ ] Um eine DNA-Hybridisierung durchführen zu können, benötigt man die DNA von Artbastarden (Mischlinge, die aus der Kreuzung zwischen zwei Arten hervorgehen).
- [ ] Als Maß für die Ähnlichkeit der DNA gilt bei der DNA-Hybridisierung die Temperatur, die erforderlich ist, um einen hybriden DNA-Doppelstrang zu trennen.
- [ ] Je ähnlicher sich zwei DNA-Einzelstränge verschiedener Arten sind, die in der DNA-Hybridisierung dazu gebracht wurden, sich zu einem Doppelstrang zu paaren, desto geringer ist die Temperatur, die erforderlich ist, um diesen Doppelstrang zu trennen.
- [ ] Bei der Trennungstemperatur (Schmelztemperatur) lösen sich bei der DNA-Hybridisierung die H-Brücken zwischen den Polynukleotid-Einzelsträngen der DNA.

☐ Die Schmelztemperatur löst im Verfahren der DNA-Hybridisierung die Bindungen zwischen den Nukleotiden eines DNA-Einzelstranges.
☐ DNA-Hybridisierung ist ein Verfahren, mit dem man im Labor heterozygote Individuen erzeugen kann.
☐ Zur DNA-Hybridisierung werden Chromosomen verschiedener Organismenarten durch künstliche Befruchtung neu kombiniert.

79 In der folgenden Grafik ist das Ergebnis der Hybridisierung von DNA dreier verschiedener *Drosophila*-Arten (Fruchtfliegen) zu sehen. Dabei wurde die DNA von *D. melanogaster* mit der von *D. simulans* bzw. mit der von *D. funebris* hybridisiert.

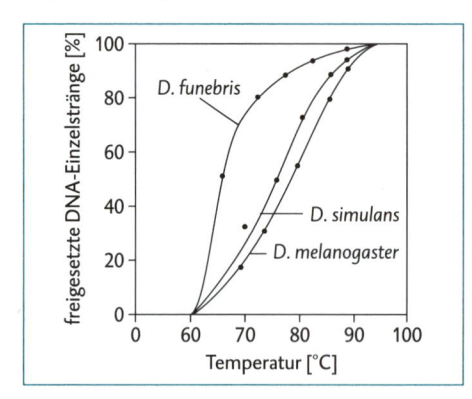

Abb. 32: Trennung von DNA-Hybridsträngen in Abhängigkeit von der Temperatur. Dargestellt sind die Ergebnisse für DNA-Hybridstränge zwischen *D. melanogaster* und *D. simulans* bzw. *D. funebris*. Zum Vergleich sind auch die Messergebnisse bei nicht-hybrider DNA von *D. melanogaster* angegeben.

Mit welcher der beiden Arten ist *Drosophila melanogaster* näher verwandt? Begründen Sie Ihre Antwort.

80 Durch Vergleich von Körperbau, Verhalten und der Sekrete einer bestimmten Drüse erkannte man, dass die Neuweltgeier (z. B. der Kondor) mit den Störchen näher verwandt sind als mit den Altweltgeiern (z. B. Gänsegeier).
  a Beschreiben Sie den Ablauf und das Ergebnis eines Präzipitintests (serologischer Test), der diese Verwandtschaftsverhältnisse bestätigen kann.
  b Erläutern Sie, wie es zu dem Irrtum kommen konnte, durch den die Neuwelt- und Altweltgeier früher in die gleiche systematische Gruppe gestellt wurden. Verwenden Sie Fachbegriffe in Ihrer Erklärung.

Abb. 33: Körperform von Storch, Kondor und Gänsegeier (nicht maßstabsgerecht)

81 1990 gelang es, Stücke der DNA aus fossilen Magnolienblättern zu isolieren, die in 17 Millionen Jahre alten Schichten in Idaho (USA) gefunden wurden. Allerdings konnte man nur eine sehr kleine Menge an DNA extrahieren. Welche Verfahren sind erforderlich oder möglich, wenn die fossile DNA mit der rezenter Magnolienarten verglichen werden soll?

4 Synthetische Theorie der Evolution

Mit der Einbeziehung der Erkenntnisse aller Forschungsbereiche der Biologie, v. a. jener der Genetik und der Ökologie in die Erklärung der Artentstehung entwickelte sich die **Synthetische Theorie der Evolution**. Sie gilt heute als die am sichersten begründete Evolutionstheorie.

4.1 Populationsgenetische Grundlagen

Evolution läuft nur ab, wenn die auftretenden Merkmalsänderungen erblich sind. Entscheidend ist daher die Veränderung des **Genotyps**. Wenn sich die Information eines Gens verändert, wenn ein Gen mutiert, entsteht ein neues **Allel** dieses Gens. Das Gen „Blütenfarbe" liegt z. B. bei der Erbse entweder als **dominantes Allel** „rot" (= R) oder als **rezessives Allel** „weiß" (= r) vor. Dominant ist ein Allel, wenn es im **heterozygoten** Genotyp Rr die Ausprägung des rezessiven Allels verhindert. Im Fall der Blütenfarbe der Erbse überdeckt das Allel R das Allel r. Erbsen mit dem Genotyp Rr haben rote Blüten.

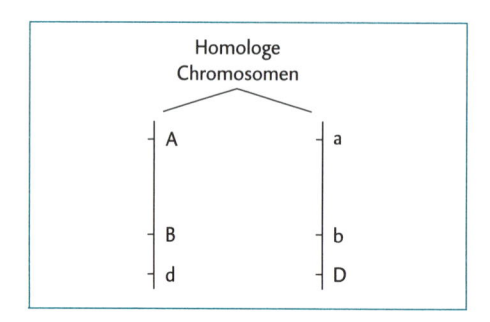

Abb. 34: Dominante und rezessive Allele dreier Gene.

Um die Veränderung einer Art erklären zu können, muss man zunächst die Allele der Art erfassen. Dabei darf man nicht von Individuen ausgehen, wie Darwin es tat, sondern muss die **Gesamtheit der Allele** der Art oder zumindest einer Population betrachten, denn ein einzelnes Individuum trägt in seinem Genotyp immer nur einen Teil der Allele der jeweiligen Art. Menschen mit der Blutgruppe 0 z. B. haben keine Allele für die Blutgruppen A oder B.

Population und Genpool

Grundlage der Synthetischen Theorie der Evolution ist die Gesamtheit aller Allele einer **Population**. Eine Population besteht aus einer Gruppe von Individuen, die zur gleichen Art gehören, zur gleichen Zeit im gleichen Raum leben und die sich untereinander fruchtbar fortpflanzen können.

> Eine Population ist eine **Fortpflanzungsgemeinschaft**.

Die Genotypen aller Individuen einer Population bilden zusammengenommen den **Genpool**. Er umfasst alle Allele, die zu einer bestimmten Zeit in der jeweiligen Population vorkommen.

> Als Genpool bezeichnet man die **Gesamtheit aller Allele** einer Population.

Die Gämsen der Alpen und die der Pyrenäen bilden beispielsweise je eine eigene Population, ebenso die Karpfen in zwei voneinander getrennten Teichen. Die **Menschheit** stellt heute eine einzige Population dar.

Veränderungen des Genpools
Eine Art kann sich nur dann verändern, wenn sich ihre Gene und damit zugleich auch ihr Genpool verändern. Die einzelnen Einflüsse, welche die Zusammensetzung eines Genpools verändern, werden unter dem Begriff **Evolutionsfaktoren** zusammengefasst.
Solche Evolutionsfaktoren sind **Mutation, Rekombination, Selektion, Gendrift** und **Isolation**.

> Unter dem Einfluss von **Evolutionsfaktoren** kann sich die **Zusammensetzung des Genpools** ändern. Verändern sich die **Allelhäufigkeiten** im Genpool einer Population, kommt es zu evolutiven Veränderungen. Dies kann zur Entstehung neuer Arten führen.

4.2 Mutation als Evolutionsfaktor

Mutationen sind spontane, ungerichtete und vererbbare qualitative oder quantitative Veränderungen des genetischen Materials. Sie können in allen Zellen auftreten. Für die Evolution sind aber nur die Mutationen in den **Keimzellen** von Bedeutung, weil nur aus ihnen Nachkommen entstehen können, die die mutierten Gene in den Genpool einbringen.

Mutationsformen
Mutationen treten in verschiedenen Formen auf (siehe S. (1) 51), als
- **Genmutation:** Änderung der Basenfolge der DNA
- **Chromosomenmutation:** Änderung der Chromosomenstruktur (z. B. Verlust oder Verdoppelung von Chromosomenstücken)

- **Genommutation:** Änderung der Zahl der Chromosomen durch zusätzliche komplette Chromosomensätze (Polyploidie) oder durch überzählige oder verloren gegangene einzelne Chromosomen. Ursache sind Verteilungsfehler bei der Meiose.

Als **häufigste** Form hat die **Genmutation** die größte Bedeutung für die Evolution. Genmutationen zeigen die folgenden charakteristischen Eigenschaften: Sie treten **zufällig und ungerichtet** auf. Umweltfaktoren können keine gezielten Änderungen eines bestimmten Gens hervorrufen, Mutationen sind ein „Schuss ins Blaue". Dominante Mutationen, z. B. von a zu A, können sich sofort im Phänotyp, dem Erscheinungsbild eines Individuums, auswirken. Rezessive Mutationen, z. B. von A zu a, kommen in der Regel erst zur Ausprägung, wenn sie homozygot (aa) vorliegen. Die meisten Mutationen führen zur Entstehung eines **rezessiven Allels**. Meist wirken sich Mutationen ungünstig aus, häufig sind sie **tödlich**. Sie greifen zufällig, ungezielt und ungerichtet in die Steuerung des äußerst komplexen und fein abgestimmten Stoffwechsels ein, und das führt mit größerer Wahrscheinlich zu einer **Störung** als zu einer Verbesserung. Durch das Wirken der Selektion sind in der Regel im Genpool v. a. positiv wirkende Allele vorhanden. Eine Mutation verändert daher fast immer den günstigen Zustand eines Gens und die Folge ist meist ein Allel mit weniger günstigen Eigenschaften.

Mutationsrate

Die **Rate** für Genmutationen liegt bei $10^{-4}-10^{-6}$ pro Gen und Generation. Die Zahl der Mutationen in einer Population ist allerdings höher als es die niedrige Mutationsrate erwarten lässt. Durch die Vielzahl der Gene kann man damit rechnen, dass in jeder Keimzelle des Menschen etwa ein Gen mutiert ist. Mutagen wirkende Umweltbedingungen wie z. B. radioaktive Strahlung, bestimmte Chemikalien u. a. (siehe S. (1) 49 f.) **erhöhen** die Mutationsrate. Man kann aber nicht voraussagen, wann sich welches Gen **in welche Richtung** ändert.

Die Mutationsrate des Menschen ist durch verschiedene mutagen wirkende Zivilisationsfaktoren erhöht. Vermutlich ist das einer der Gründe für die Zunahme der **Krebserkrankungen** in den Industrieländern.

Mutationsraten sind schwer zu berechnen. Das liegt u. a. daran, dass **Rückmutationen** möglich sind, also Mutationen zum ursprünglichen Zustand, die sich nicht erfassen lassen. Außerdem können Mutationen **ohne Auswirkung** bleiben, wenn z. B. die Änderung der Basensequenz wegen des degenerierten Codes keine Änderung der Aminosäuresequenz zur Folge hat, oder wenn die

Änderung der Aminosäuresequenz ohne Folgen für die Funktion des Proteins bleibt. Dies kann der Fall sein, wenn die veränderte Aminosäure nicht im aktiven Zentrum oder in einem anderen wichtigen Bereich eines Enzyms liegt. Wenn Mutationen als rezessive Allele im heterozygoten Zustand (Aa) **nicht zur Ausprägung** kommen, sind sie ebenfalls schwer erfassbar. Schließlich sind diejenigen Mutationen schwer zu erkennen, die nur solche Veränderungen von Merkmalen hervorrufen, die von ihrem Erscheinungsbild her auch **Modifikationen** sein könnten, wenn es sich also um Mutationen innerhalb der Reaktionsnorm (siehe S. 56) des Gens handelt.

4.3 Rekombination als Evolutionsfaktor

Wenn sich Individuen sexuell, also **durch Keimzellen** fortpflanzen, besitzen ihre Nachkommen mit sehr hoher Wahrscheinlichkeit eine andere Kombination von Allelen, d. h. einen anderen Genotyp als die Eltern. Verantwortlich dafür ist die **Meiose**. Folgende Vorgänge können zu einer Neukombination (Rekombination) der Allele führen:

- Die Verteilung der homologen Chromosomen in der **Anaphase der ersten Reifeteilung** der Meiose erfolgt zufällig. Homologe Chromosomen können unterschiedliche genetische Informationen tragen. Bei jedem homologen Chromosomenpaar bleibt es dem Zufall überlassen, ob das väterliche oder das mütterliche Chromosom in eine der Keimzellen gelangt.
- Es kann zum zufälligen Austausch von Chromosomenstücken zwischen homologen Chromosomen kommen, zum **Crossing-over**. Dieser Chromosomenstück-Austausch kann nur während der Meiose geschehen.
- Welche Eizelle von welchem Spermium bzw. welcher Pollenzelle **befruchtet** wird, ist ebenfalls ein vom Zufall bestimmter Prozess. Von Bedeutung ist das, weil die Keimzellen eines Individuums mit sehr hoher Wahrscheinlichkeit unterschiedliche genetische Informationen tragen. Dafür haben die Anaphase der ersten Reifeteilung und eventuell auch ein Crossing-over gesorgt.

> Die **Rekombination** von Allelen ist wie die Mutation ein **zufälliges** Ereignis. Sie lässt eine außerordentlich große Zahl verschiedener Genotypen entstehen. Damit ist sie die **Hauptursache** für die Variabilität der Individuen einer Art. Die zweite Ursache, die Mutation, tritt sehr viel seltener auf.

Durch die Neukombination der Allele bei der Bildung der Keimzellen und bei der Befruchtung werden die Allelhäufigkeiten des Genpools noch nicht verändert. Dennoch wirkt die Rekombination als Evolutionsfaktor, da die Zahl der Keimzellen begrenzt ist, und deshalb nur wenige der außerordentlich vielen verschiedenen Allelkombinationen in den Keimzellen überhaupt auftreten können. Außerdem können von den tatsächlich gebildeten Keimzellen nur wenige ihre Allele in den Genpool der nächsten Generation einbringen. Nur die Keimzellen, die zur Befruchtung kommen, tragen zur Zusammensetzung des neuen Genpools bei.

Bedeutung der Sexualität für die Evolution

Wegen der ungeheueren Vielfalt der Genotypen, die durch die Meiose auftreten, ist vermutlich die **sexuelle** Fortpflanzung in der Natur sehr viel häufiger als die ungeschlechtliche (vegetative), bei der Nachkommen ohne Meiose entstehen, also nur durch Mitosen, ohne Keimzellenbildung. Bei der **vegetativen** Vermehrung sind die Nachkommen genetisch identisch mit ihren Eltern. Zu genetischen Unterschieden kann es hier nur kommen, wenn Mutationen auftreten, Rekombination ist nicht möglich.

> **Sexualität** ist für die Evolution von großer Bedeutung, da sie Rekombination und damit hohe **genetische Variabilität** ermöglicht.

4.4 Selektion als Evolutionsfaktor

Die **Selektion** ist die natürliche Auslese unter den Varianten, die durch Mutation und Rekombination entstanden sind (Mutanten und Rekombinanten). Sie liefert damit Kriterien zur Weiterentwicklung einer Population.

Wirkungsweise der Selektion

Selektion spielt sich nur zwischen den Individuen **einer Art** ab. Sie bevorzugt die **besser angepassten** Individuen. So haben in einer trockenen Umgebung diejenigen Pflanzen einen **Selektionsvorteil**, die Merkmale besitzen, durch die sie die Verdunstung stärker herabsetzen können als andere Pflanzen der gleichen Art. Durch Selektion **verändert sich der Genpool** gezielt in eine bestimmte Richtung. Varianten, die von der Selektion bevorzugt werden, können ihre Gene **häufiger** in den Genpool der nächsten Generation einbringen. Die Selektion setzt allerdings immer **am Phänotyp** an, also am Erscheinungsbild eines Individuums. Bei Heterozygotie (Aa) erfasst die Selektion daher nur das Allel A, weil nur A sich ausprägt. Das rezessive Allel ist bei heterozygoten Individuen vor Selektion geschützt, da es zu keinem Merkmal im Phänotyp führt. Weil der Phänotyp vom Genotyp bestimmt wird, bei rezessiven Allelen allerdings nur bei Homozygotie (aa), kann die Selektion dennoch **Genotypen** bevorzugen oder benachteiligen.

Selektion ist ein **statistischer Prozess**. Besser angepasste Varianten sind leistungsfähiger und können mehr Nachkommen erzeugen. Dadurch bringen sie ihre Allele häufiger in den Genpool der nächsten Generation ein. Über mehrere Generationen hinweg werden die Allele der besser angepassten Varianten im Genpool daher häufiger, die der weniger angepassten seltener.

> Durch **Selektion** bewirken Umwelteinflüsse eine gerichtete, nicht zufällige Veränderung der Zusammensetzung des Genpools. Für das Leben in der jeweiligen Umwelt günstige Allele werden häufiger, ungünstige werden seltener.

Beispiele

- **Körpergröße von Maulwürfen:** Der extrem strenge Winter 1946/47 führte in Mitteleuropa zu einer starken Abnahme der Menge an Insektenlarven, Regenwürmern und anderen wirbellosen Tieren im Boden, die als Nahrung für Maulwürfe zur Verfügung standen. Im Diagramm sind die Häufigkeiten der Schädellängen von Maulwürfen in den Jahren vor und nach dem strengen Winter dargestellt. Die Schädellänge dient als Maß für die Größe des gesamten Körpers. Kleinere Maulwürfe hatten 1946/47 einen Selektionsvorteil, da sie weniger Nahrung benötigten. Sie konnten trotz Nahrungsmangel häufiger überleben und sich stärker fortpflanzen. Nach 1946/47 wurden daher die Allele im Genpool häufiger, die einen kleinen Körper bewirken.

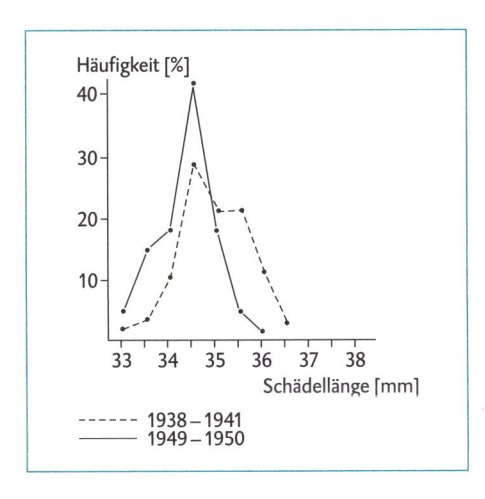

Abb. 35: Häufigkeiten von unterschiedlich großen Maulwürfen vor und nach dem Winter 1946/47.

Im Beispiel wird klar, dass die Selektion am Phänotyp ansetzt. Welcher Genotyp der geringen Körpergröße zugrunde liegt, ist für die Selektion ohne Bedeutung. Entscheidend war im Winter 1946/47 alleine, dass ein Maulwurf klein war.

- **Sichelzellenanämie:** Die Sichelzellenanämie ist eine Blutkrankheit, die auf einer Mutation des Hämoglobin-Gens beruht (siehe S. (1) 54). Homozygote Träger des rezessiven Sichelzellengens sterben in der Regel schon im Kindesalter. Bei Heterozygoten prägt sich die Krankheit weniger stark aus. Sie sind in ihrer Leistungsfähigkeit eingeschränkt, aber ihre Lebenserwartung ist gegenüber den homozygot Gesunden nur wenig vermindert. Gleichzeitig aber sind Menschen mit einem heterozygoten Genotyp vor Infektion mit Malaria-Erregern geschützt. In Malariagebieten verschafft die Resistenz der heterozygoten „Sichler" gegen Malaria diesen einen Selektionsvorteil; infolgedessen ist das Sichelzellen-Gen dort sehr viel häufiger als in malariafreien Regionen. In malariafreien Gebieten haben homozygot Gesunde einen Selektionsvorteil gegenüber den Heterozygoten mit ihrer verminderten Leistungsfähigkeit.

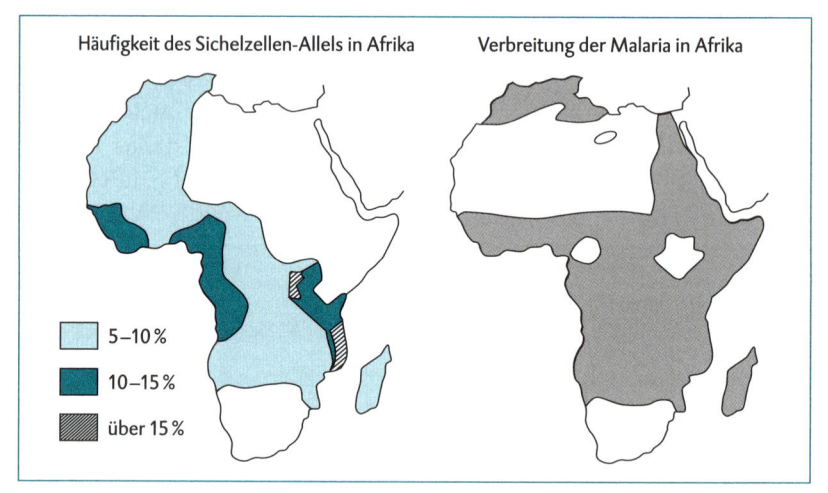

Abb. 36: Häufigkeit des Sichelzellen-Allels und Verbreitung der Malaria in Afrika

Das Beispiel zeigt, dass es von der jeweiligen Umwelt abhängt, ob ein Allel einen höheren Selektionswert bringt. Bei Änderungen der Umwelt können bisher neutrale oder nachteilige Allele vorteilhaft werden, oder umgekehrt.

- **Industriemelanismus:** Der Birkenspanner, ein Nachtschmetterling, ruht tagsüber bewegungslos an Baumstämmen, die von Flechten bewachsen sind. Mit seinen hellen, unregelmäßig gefleckten Flügeln hebt er sich kaum von einem solchen Untergrund ab. Neben dieser Form tritt auch eine Mutante auf, die dunkel gefärbt ist (melanistische Form, *melanos* = schwarz). In Experimenten konnte man nachweisen, dass getarnte Falter tatsächlich seltener von Vögeln gefressen werden.

  In Gebieten mit vielen Industriebetrieben starben Anfang des 20. Jahrhunderts wegen der Luftverschmutzung die Flechten. Außerdem färbten sich die Baumstämme durch Rußteilchen in der Luft dunkel. 1850 waren etwa 1 % der Birkenspanner in England dunkel gefärbte Typen. Wie helle und dunkle Formen 1960 verteilt waren und wie häufig sie in verschiedenen Gegenden Englands vorkamen, ist in der folgenden Karte dargestellt:

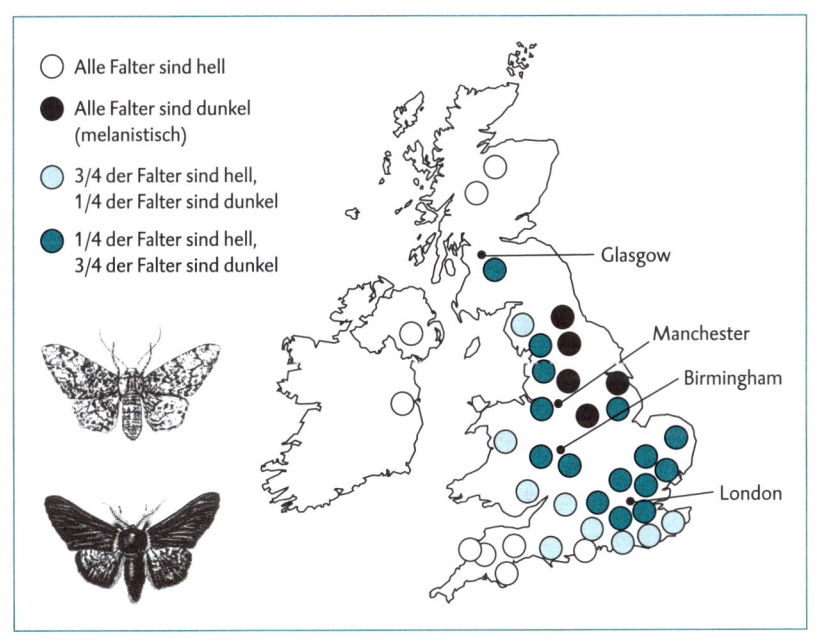

Abb. 37: Verbreitung von hellen und dunklen Formen des Birkenspanners im Jahr 1960

1850 wirkten helle Flügel als Tarnung, da die Bäume mit Flechten besetzt und nicht verrußt waren. 1960 dagegen waren in vielen Gebieten nur Tiere mit dunklen Flügeln getarnt, da die Flechten infolge der Luftschadstoffe aus den Industrieanlagen starben und die Baumstämme geschwärzt waren. Mit dem Absterben der Flechten erhielten **dunkle** Schmetterlinge einen Selektionsvorteil. Sie waren besser getarnt und wurden daher weniger häufig gefressen, als helle Schmetterlingsformen. Infolgedessen konnten die dunklen Varianten ihre Allele häufiger in den Genpool einbringen als die hellen Formen. Der Anteil der Allele, die dunkle Flügel bewirken, stieg. Ob das Merkmal „dunkle Flügel" einen Selektionsvorteil (oder Nachteil) darstellt, hängt also von den jeweiligen Umweltbedingungen ab.

Die Beispiele machen deutlich, wie es im Laufe der Evolution zu gerichteten Veränderungen kommt. Die schwarzen Varianten entstanden zufällig durch Mutation und/oder Rekombination. Ihr Auftreten kann nicht die Folge der Luftverschmutzung sein, da sie schon in der Zeit vor der Industrieansiedlung vorhanden waren. Erst die Selektion sorgte dafür, dass sie häufiger wurden bzw. selten blieben.

Mutanten und Rekombinanten treten zufällig auf. **Selektion** führt zu **gerichteten**, nicht zufälligen Veränderungen des Genpools.

Stabilisierende und transformierende Selektion

Wenn sich die Umwelt einer Population ändert, z. B. durch Klimawandel, oder wenn Gruppen einen neuen Lebensraum besiedeln, bevorzugt die Selektion bestimmte Varianten, deren Merkmale vom Durchschnitt abweichen. Die Selektion wirkt in eine bestimmte Richtung (einseitiger **Selektionsdruck**). In der Folge ändern sich die Merkmale fortschreitend, die einen Selektionsvorteil darstellen, da die ihnen zugrunde liegenden Allele im Genpool häufiger werden. Es kommt zu einer besseren Anpassung der Individuen der Population an die neue Umwelt. Man bezeichnet die so wirkende Selektion als **transformierend**. Beispiele für transformierende Selektionen sind der zuvor besprochene Industriemelanismus und die Abnahme der Körpergröße bei Maulwürfen nach einem strengen Winter.

Wenn eine Population an ihre Umwelt **gut angepasst** ist und sich die Umweltbedingungen nicht dauerhaft ändern, haben neu auftretende Varianten mit extrem vom Durchschnitt abweichenden Merkmalen in der Regel einen **Selektionsnachteil**. Ihre Allele werden von der Selektion aus dem Genpool wieder entfernt. Die Selektion bevorzugt in einem solchen Fall durchschnittliche Individuen einer Population. In der Generationenfolge ändern sich die Merkmale nicht. Daher hat man für diese Vorgänge den Begriff **stabilisierende Selektion** gewählt. So fand man bei Messungen der Körperproportionen von

Sperlingen, die in einem heftigen Sturm ums Leben kamen, einen deutlich erhöhten Anteil von Tieren, die im Vergleich zum Durchschnitt der Population anormal lange oder anormal kurze Flügel hatten. Die stabilisierende Selektion wirkt sich **vorteilhaft** aus. Sie befreit die Population von Mutanten oder Rekombinanten, die an die herrschenden Bedingungen weniger gut angepasst wären. Dadurch wird die Population auf dem häufig optimalen Niveau der erreichten Anpassung gehalten.

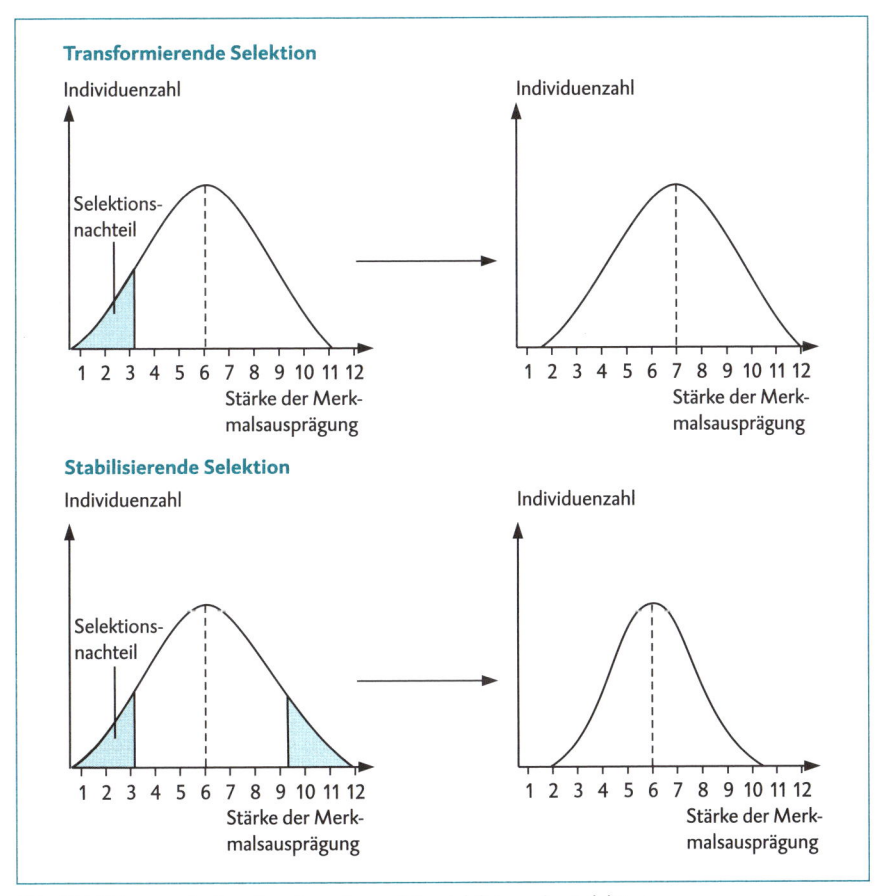

Abb. 38: Wirkungen der transformierenden und der stabilisierenden Selektion

Transformierende Selektion führt zur Änderung von Merkmalen und meistens zu einer besseren Anpassung. **Stabilisierende** Selektion hat keine Merkmalsänderung zur Folge.

Entstehung resistenter Bakterienstämme

Bei der Entstehung eines Bakterienstammes, der gegen ein bestimmtes **Antibiotikum** resistent ist, finden folgende Vorgänge statt: Im Bakterienstamm befinden sich häufig einige wenige Bakterienzellen, die durch eine Mutation die Resistenz gegen ein bestimmtes Antibiotikum erhalten haben. Die Chance, dass eine solche Mutation auftritt, ist nicht so gering, wie man aufgrund der niedrigen Mutationsrate vermuten könnte, da die **Zahl** von Bakterienzellen in einem Stamm **sehr groß** sein kann. Wird der Stamm mit dem betreffenden Antibiotikum behandelt, so tötet dies alle Bakterien mit Ausnahme der resistenten Zellen, es findet also Selektion durch den Umweltfaktor „Antibiotikum" statt. Nur die wenigen resistenten Zellen der Population können sich vermehren und bilden einen neuen, gegen das verwendete Antibiotikum resistenten Stamm. Zusätzlich erhalten die resistenten Bakterienzellen noch den Vorteil, dass das Antibiotikum alle ehemaligen Konkurrenten, die nicht-resistenten Zellen, ausschaltet. Diese Vorgänge können sich bei mehrmaliger Behandlung mit verschiedenen Antibiotika wiederholen, sodass sich Bakterienstämme ausbreiten können, die gegen mehrere Antibiotika resistent sind.

> Durch Behandlung mit Antibiotika werden zufällig in der Population vorhandene Mutanten, die Resistenzgene enthalten, durch **Selektion** bevorzugt, sodass sich **antibiotikaresistente** Stämme ausbreiten können.

Die Mutation, durch die das Resistenzgen entsteht, läuft ohne Einwirkung des Antibiotikums ab. Mutierte Zellen sind also schon vor der Behandlung mit dem Antibiotikum in der Population vorhanden. Die Zugabe des Antibiotikums führt zu einer Änderung der Selektionsrichtung. Das vorher neutrale Gen „Resistenz" erhält dadurch einen „positiven Selektionswert". In der Folge steigt die Zahl der resistenten Bakterienzellen in der Population. Mit jeder Antibiotikabehandlung ist also immer auch die Gefahr verbunden, **resistente Bakterienstämme** heranzuzüchten. Aufgrund der durch den vermehrten Einsatz zunehmenden Resistenzen müssen in der Medizin Präparate verwendet werden, die mehrere Antibiotika enthalten. So lassen sich z. B. Stämme mit Mutanten, die gegen bis zu vier verschiedene Antibiotika resistent sind, nur noch durch Medikamente abtöten, die fünf verschiedene Antibiotika enthalten.

Resistenzen, die durch Mutationen hervorgerufen werden, findet man auch bei **eukaryotischen** Organismen, etwa Resistenz gegen Schädlingsbekämpfungsmittel bei Insekten. Pflanzen können Resistenzen gegen Unkrautvernichtungsmittel oder gegen Schwermetalle und andere Gifte im Boden entwickeln.

Präadaptation und Bedeutung der genetischen Vielfalt in Populationen

Die Mutation, die ein Gen zum Resistenzgen macht, tritt zufällig in einer Bakterienpopulation auf und kann sich im Genpool halten, da sie keine Nachteile mit sich bringt. Von der Selektion bevorzugt wird die Mutation aber erst dann, wenn sich die Umwelt durch das Einwirken des betreffenden Antibiotikums ändert. Die mutierte Zelle ist also bereits an eine Umwelt angepasst, die noch gar nicht besteht. Dieses Phänomen wird als **Präadaptation** bezeichnet.

> Präadaptation tritt dann auf, wenn Mutationen in einem Genpool vorhanden sind, die von der Selektion nicht erfasst werden, die aber durch **Veränderung der Umweltbedingungen** einen positiven Selektionswert erhalten.

Eine präadaptierte Population kann **schnell** auf Änderungen von Umweltbedingungen reagieren, da die für die neue Umwelt günstigen Mutanten oder Rekombinanten bereits im Genpool vorhanden sind. So kann im Fall der Antibiotikaresistenz nur der Bakterienstamm überleben, der bereits vor der Behandlung mit dem Antibiotikum wenigstens ein Individuum mit dem entsprechenden Resistenzgen enthielt. Populationen sind daher umso weniger empfindlich gegen Umweltveränderungen, je **größer** sie sind. Je größer eine Population ist, desto höher ist die Vielfalt der Genotypen (genetische Variabilität) und desto höher ist die Chance, dass sie Mutanten und Rekombinanten enthält, die für neue, zukünftige Umweltbedingungen günstig sind. Im **Artenschutz** reicht es daher nicht, nur wenige Individuen einer Art am Leben zu erhalten. Nur individuenreiche Populationen bieten eine genügend große genetische Variabilität, um die Art vor dem Aussterben zu schützen.

> Die **genetische Variabilität** der Individuen ist entscheidend für das **Überleben** einer Art.

Selektionsfaktoren

Selektion kommt immer durch Einflüsse der Umwelt zustande. Eine **Umweltbedingung**, die dafür sorgt, dass bestimmte Varianten mehr bzw. weniger Nachkommen haben, also mehr oder weniger Allele in den Genpool der nächsten Generation einbringen, nennt man **Selektionsfaktor**.

> Ein Selektionsfaktor sorgt dafür, dass verschiedene **genetische Varianten** unterschiedliche **Fortpflanzungserfolge** haben.

Abiotische Selektionsfaktoren, also Einflüsse aus der unbelebten Umwelt, können sein:
- **Temperatur**, wirkt sich z. B. auf die Körpergröße von Maulwürfen in extrem kalten Wintern aus (siehe S. 97).
- **Wind**, führt z. B. zu flügellosen Insekten auf windumtosten Inseln.

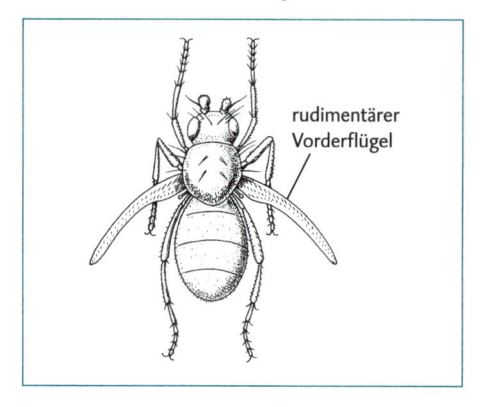

rudimentärer Vorderflügel

Abb. 39: Flugunfähiges Insekt einer windumtosten Insel im Atlantik

- **Feuchtigkeit**. Schwankende Wasserversorgung führt z. B. zu Pflanzen mit Wasserspeicherorganen (Stammsukkulenz, z. B. bei Kakteen und Wolfsmilchgewächsen (siehe S. 71).
- Stärke und Dauer der **Belichtung**, **Salzgehalt** des Wassers oder des Bodens, **Gifte** u. a.

Biotische Selektionsfaktoren (Einflüsse der belebten Umwelt) können sein:
- **Fressfeinde:** Sie können bei den Beutetieren die Entstehung von Merkmalen auslösen, die ihnen zu mehr Schutz verhelfen. Durch **Mimese**, d. h. durch Nachahmung von Teilen der belebten wie der unbelebten Natur, können Merkmale entstehen, die der **Tarnung** dienen, wie beim Birkenspanner (siehe S. 99), bei Polartieren (Schneehase, Schneehuhn u. a.), oder bei Stabheuschrecken. Fressfeinde können eine Ursache für die Entwicklung von Organen zur **Verteidigung** sein, wie z. B. die Hörner von Rindern oder die Stacheln und Dornen vieler Pflanzen. In einigen Fällen ist eine auffällige Färbung entstanden, die zur **Warnung** vor Giften, schlechtem Geschmack etc. dient. Das setzt allerdings voraus, dass die Fressfeinde lernfähig sind oder ein angeborenes Vermeidungsverhalten haben. Beispiele dafür sind Marienkäfer mit ihrem schlechten Geschmack, Wespen und Hornissen mit schwarz-gelber Streifung als Warnsignal vor ihrem Giftstachel und der Feuersalamander mit seiner schwarz-gelben Färbung, die vor giftigem Hautsekret warnt. Man findet auch Organismen, die sich durch **Mimikry** vor

Fressfeinden schützen. Das sind harmlose Arten, die solche Tier- oder Pflanzenarten nachahmen, die durch Gifte, schlechten Geschmack u. ä. geschützt sind. Die Feinde lernen das Vermeidungsverhalten allerdings nur, wenn die Nachgeahmten häufiger sind als die Nachahmer. Beispiele aus der heimischen Fauna sind einige Schwebfliegenarten mit schwarz-gelber Streifung des Hinterleibs, ähnlich wie bei Wespen, oder der **Hornissenschwärmer**, ein Schmetterling, der aussieht wie eine Hornisse, aber keinen Giftstachel hat:

Abb. 40: Hornisse und Hornissenschwärmer (Mimikry)

- **Parasiten und Krankheitserreger**, z. B. die Erreger der Malaria (Malariaresistenz bei Sichelzellenanämie, siehe S. 98)
- **Geschlechtliche Zuchtwahl:** Darunter versteht man die Bevorzugung solcher Partner bei der Paarung, die bestimmte Merkmale tragen. Beispiele sind die ungewöhnlich großen, auffällig gefärbten Schwanzfedern beim Pfau und einigen anderen Vögeln, die Geweihe von Hirschen, besonders die des ausgestorbenen Riesenhirsches, oder die riesigen Scheren bei den Männchen der Winkerkrabben, die der Anlockung von Weibchen dienen:

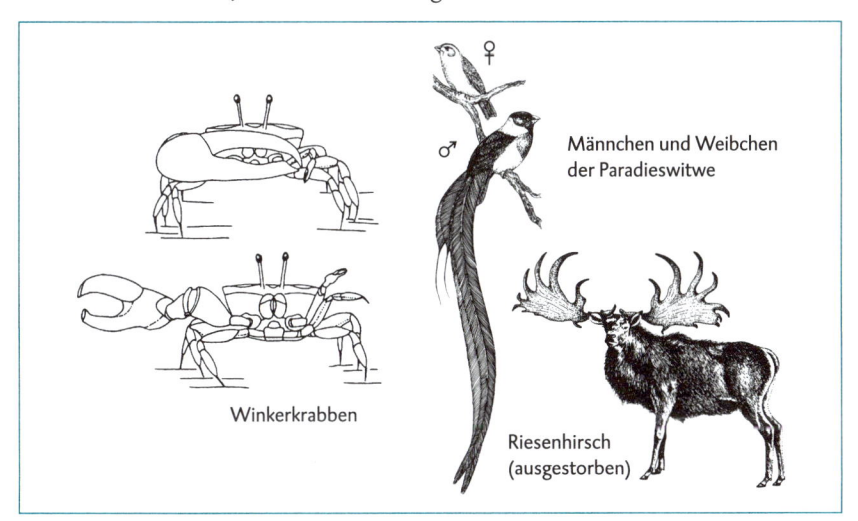

Abb. 41: Durch geschlechtliche Zuchtwahl entstandene Organe.

Die geschlechtliche Zuchtwahl kann zu Organen führen, die das Tier behindern und für deren Bildung und Unterhalt ein hoher Aufwand an Material und Energie erforderlich ist. Diesem Nachteil steht in einer Art „Kosten-Nutzen-Abwägung" ein wichtiger Vorteil entgegen: In der Regel sind die auffälligen Merkmale **nur beim Männchen** vorhanden. Je auffälliger, stärker und prächtiger das Merkmal ist, desto wahrscheinlicher ist, dass sein Träger besonders gesund und leistungsfähig ist. Mit großer Wahrscheinlichkeit trägt er also günstige Allele in seinem Genotyp. Diejenigen Weibchen, die solche Männchen bei der Paarung bevorzugen, haben daher mit höherer Wahrscheinlichkeit besonders leistungsfähige Nachkommen als die Weibchen, die weniger Wert auf die zur Schau gestellten Merkmale legen.

4.5 Flaschenhalseffekt und Gendrift

Der Zufall kann bei der Änderung der Allelhäufigkeiten im Genpool eine Rolle spielen. Von besonderer Bedeutung sind dabei kleine Populationen.

Flaschenhalseffekt

Ereignisse, die die plötzliche, sehr starke Verkleinerung einer Population zur Folge haben, können zu einer zufälligen Auswahl von Allelen führen und den Genpool wesentlich verändern. Die Selektion spielt in solchen Fällen keine Rolle. Die Veränderung des Genpools ist daher auch nicht auf eine Verbesserung der Anpassung ausgerichtet.

> Plötzliches, starkes Schrumpfen einer Population ruft einen **Flaschenhalseffekt** hervor, durch den sich der Genpool zufällig verändern kann, weil der Zufall bestimmt, welche Allele des ursprünglich großen Genpools erhalten bleiben.

Zufällig aus einer ehemaligen, großen Population ausgewählte Individuen können eine neue kleine Population bilden, wenn bei **Katastrophen** nur wenige Individuen überleben. Das können z. B. Waldbrände oder Überschwemmungen sein, die unterschiedslos alle Individuen treffen, ohne Rücksicht darauf, ob sie besser oder schlechter angepasst sind.

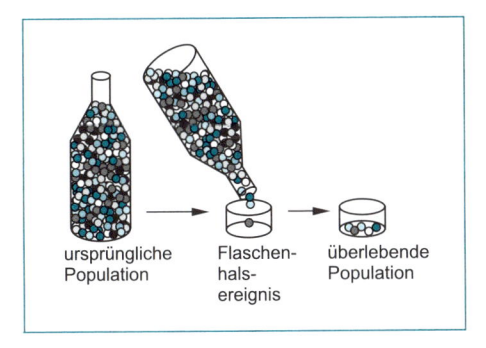

Abb. 42: Modellartige Darstellung des Flaschenhalseffektes.

Ein ähnlicher Effekt tritt auf, wenn **neue Lebensräume** durch wenige, zufällig ausgewählte Individuen besiedelt werden. Der Genpool der neuen, kleinen Gründerpopulation enthält in solchen Fällen nur einen zufällig ausgewählten, kleinen Teil der Allele der Ursprungspopulation, seine genetische Variabilität ist gering. Gründerpopulationen können z. B. entstehen, wenn Vögel, Pflanzensamen oder Fluginsekten durch einen Sturm auf landferne Inseln abgetrieben werden. Säugetiere, Reptilien, Spinnen u. ä. können auf Treibholz Regionen erreichen, die bisher von der entsprechenden Art nicht besiedelt waren. Kleine wasserlebende Tiere und Pflanzen können im Gefieder von Vögeln von einem Gewässer in ein anderes gelangen.

Gendrift

Wenn Populationen über mehrere Generationen hinweg klein bleiben, können sich Allelhäufigkeiten durch Zufall verschieben. Man nennt dieses Phänomen **Gendrift**. Vom Zufall hängt es ab, welche Keimzellen zur Befruchtung kommen und damit Allele in den Genpool der nächsten Generation einbringen. Zufällig können aber auch durch Katastrophen Individuen einer kleinen Population getötet werden, die ein bestimmtes Allel tragen. Das führt zu einer Verschiebung der Allelhäufigkeiten, ohne dass der Selektionswert eine Rolle spielt. Die Gendrift wirkt u. a. auch in den ersten Generationen nach dem Eintreten eines Flaschenhalseffektes, solange die Population noch klein ist.

Verantwortlich für den Gendrift sind vom **Zufall abhängige** Ereignisse. Sie können in einer Population, die über Generationen hinweg **klein** bleibt, den Genpool dauerhaft verändern. **Je kleiner** eine Population ist, **umso wahrscheinlicher** ist die Veränderung der Allelhäufigkeiten ihres Genpools durch Gendrift.

Bedeutung kleiner Populationen für die Evolution

In kleinen Populationen nimmt die genetische Vielfalt eines Genpools durch Flaschenhalseffekt und Gendrift ab. Dabei kann sich die Häufigkeit von Allelen unabhängig von ihrem Selektionswert ändern. Per Zufall können auch ungünstige Allele häufiger und günstige seltener werden, wie zuvor dargestellt. Im Extremfall verschwinden günstige Allele sogar vollständig aus dem Genpool.

> Flaschenhalseffekt und Gendrift führen zu einer ungerichteten Veränderung des Genpools und einer **Verringerung der genetischen Vielfalt.**

In kleinen Populationen laufen Evolutionsprozesse schneller ab als in großen Populationen. Eine nur geringe Änderung, z. B. die Zunahme um nur wenige günstige Allele eines Gens durch Gendrift oder Selektion, ruft eine im Vergleich zur Gesamtzahl der Allele relativ große Änderung hervor.

Beispiel: In den neunziger Jahren des 19. Jahrhunderts schrumpfte die Population des nördlichen Seeelefanten, einem großen Verwandten des Seelöwen, durch starke Bejagung bis auf 20 Tiere. Sie erholte sich aber wieder und zählt heute über 100 000 Individuen. In der heutigen Population ist die Zahl der unterschiedlichen Allele viel geringer als im Genpool des nahe verwandten südlichen Seeelefanten, dessen Population immer groß blieb. Es ist anzunehmen, dass infolge der geringen Größe der Population am Ende des 19. Jahrhunderts einige Allele durch Gendrift aus dem Genpool verschwanden. Bei der Zunahme der Individuenzahl vermehrten sich zwar die vorhandenen Allele, neue, zusätzliche Alleltypen konnten jedoch nur durch Mutation auftreten. Eine Mutation ist aber ein seltenes Ereignis, sodass sich in der kurzen Zeit die Zahl der verschiedenen Allele nicht wesentlich erhöhen konnte.

Zusammenfassung

- Evolution tritt auf, wenn sich die Allelfrequenzen eines Genpools ändern.
- Als Evolutionsfaktor können Mutation bzw. Rekombination, Selektion, Gendrift und Separation wirken. Sie verändern die Allelfrequenzen des Genpools.
- Die Vielfalt der Geno- und Phänotypen einer Population entsteht v. a. durch die Rekombination.
- Die Selektion führt zur gerichteten, vom Zufall unabhängigen Veränderung der Allelhäufigkeiten des Genpools.
- Welchen Selektionswert ein Merkmal hat, hängt von den jeweiligen Umweltbedingungen ab.
- Transformierende Selektion führt zu einer Merkmalsänderung, stabilisierende Selektion hat über die Generationen hinweg keine Änderung der durchschnittlichen Merkmalsausprägung zur Folge.
- Präadaptation erhöht die Anpassungsfähigkeit einer Population, wenn sich die Umweltbedingungen ändern. Sie kann die Entstehung resistenter Bakterienstämme durch Behandlung mit einem Antibiotikum erklären.
- Die zufällige Änderung der Allelfrequenzen durch Flaschenhalseffekt und Gendrift in kleinen Populationen kann dazu führen, dass Allele unabhängig von ihrem Selektionswert in der Population häufiger oder seltener werden.
- In kleinen Populationen verläuft die Evolution schneller als in großen.

Aufgaben

82 Warum betrachtet man in der Synthetischen Theorie der Evolution nicht den Genotyp eines Individuums, sondern die Gesamtheit der Allele einer Population?

83 Kreuzen Sie die richtigen Aussagen an.
Ein Genpool besteht aus
☐ allen Allelen einer Population, die der Selektion unterliegen.
☐ der Gesamtheit der Allele einer Population.
☐ allen Keimzellen einer Population.
☐ allen Allelen eines Individuums.
☐ den Allelen der aktuellen und aller früheren Generationen einer Art.
☐ allen Allelen einer bestimmten Keimzelle.
☐ den Allelen aller Arten in einem bestimmten Gebiet.

84 Beschreiben Sie in Stichworten die verschiedenen Mutationsarten.

85 Welche der folgenden Aussagen treffen zu für
- Mutationen,
- Modifikationen,
- weder für Mutationen noch für Modifikationen?

a treten unabhängig davon auf, ob sie die Anpassung eines Individuums verstärken oder verringern

b werden im Genpool durch Selektion verhindert

c kommen nur bei Pflanzen vor

d entstehen als Anpassungen jedes Individuums an die jeweilige Umwelt innerhalb bestimmter genetisch festgelegter Grenzen

e sind neu auftretende Kombinationen von Allelen

f sind nicht vererbbar

g sind Änderungen, die an die Nachkommen weitergegeben werden können, wenn sie Keimzellen betreffen

h kommen beim heutigen Menschen nicht vor

i sind in der Regel sehr seltene Ereignisse

86 Kreuzen Sie die Aussagen an, die Sie für richtig halten.

☐ Durch Verwendung geeigneter radioaktiver Substanzen lässt sich ein bestimmtes, von Fachleuten ausgewähltes Gen zur Mutation anregen.

☐ Genmutationen erfolgen zufällig.

☐ Auch durch den Einsatz mutagener Agenzien lässt sich nicht voraussagen, wann sich welches Gen in welche Richtung ändert.

☐ Die meisten Genmutationen haben ungünstige Folgen für die Zelle.

☐ Mutationen treten nur in Keimzellen auf.

☐ Die Wahrscheinlichkeit, dass es in einer der vielen Spermazellen eines Mannes zu einer Mutation irgendeines Gens kommt, ist sehr gering.

☐ Die Mutationsrate von 10^{-4} bis 10^{-6} bezieht sich auf ein Gen und eine Generation.

87 Beschreiben Sie drei Gründe dafür, dass sich die Häufigkeit von Genmutationen nur sehr ungenau berechnen lässt.

88 Die Molekülstruktur von Cytochrom c, einem Enzym der Zellatmung, ist bei den heute auf der Erde vorkommenden Organismenarten leicht unterschiedlich. Aus der Verschiedenheit lässt sich errechnen, dass sich im Laufe der Evolution im Durchschnitt alle 18 bis 22 Millionen Jahre eine Aminosäure änderte. Warum muss man annehmen, dass die Mutationsrate des Gens, das die Information des Cytochrom c trägt, höher ist, als die angegebenen Zahlen vermuten lassen?

89 a Welche allgemeine Eigenschaft von Mutationen lässt sich durch den in Abb. 43 schematisch dargestellten Versuch bestätigen?
Begründen Sie Ihre Antwort. Beachten Sie dabei besonders, dass auf den antibiotikumhaltigen Nährböden unterschiedlich viele Bakterienkolonien entstanden sind.
b Erläutern Sie, warum der Nachweis, der mit diesem Experiment gelang, eher die Auffassung Darwins unterstützt als die Lamarcks.

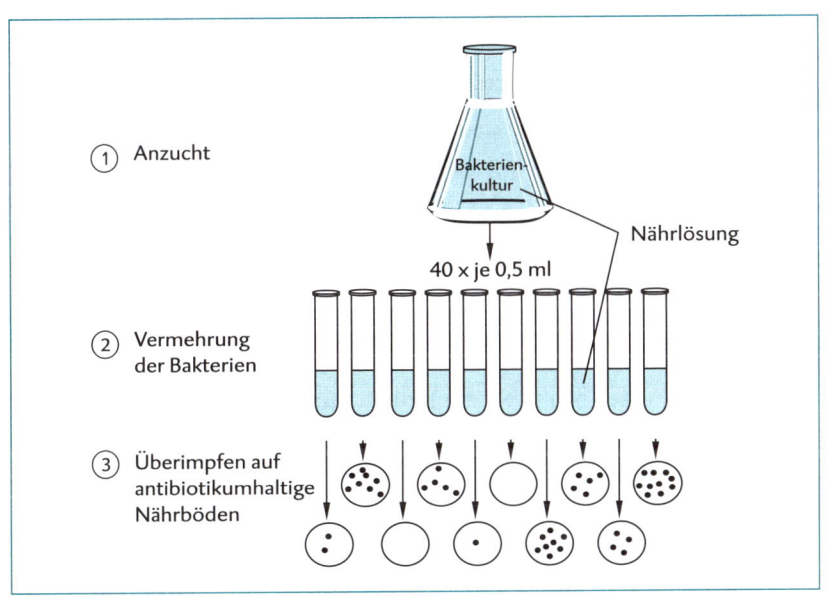

Abb. 43: Fluktuationstest

90 Welche der folgenden Aussagen sind richtig? Kreuzen Sie an.
Rekombination von Allelen
☐ geschieht in der Mitose.
☐ ist die Hauptursache für die große Verschiedenheit der Genotypen in einer Population.
☐ beschreibt die Möglichkeit der Rückmutation eines Gens.
☐ beschreibt die Vorgänge bei der ersten Teilung der befruchteten Eizelle.
☐ ist dafür verantwortlich, dass jeder Mensch einen einzigartigen Genotyp besitzt.

91 Erläutern sie, warum die Rekombination von Allelen nur bei sexueller Fortpflanzung möglich ist.

92 Kreuzen Sie die richtige(n) Aussage(n) an.
Die Sexualität ist für die Evolution von sehr großer Bedeutung, weil
- [ ] sie zwei verschiedene Formen von Individuen, weibliche und männliche, voraussetzt.
- [ ] ohne sie keine Fortpflanzung möglich wäre.
- [ ] sie eine hohe genetische Variabilität der Individuen einer Population zur Folge hat.
- [ ] sie haploide Zellen entstehen lässt, in denen alle rezessiven Allele zur Ausprägung kommen.
- [ ] ohne sie keine Differenzierung von Zellen möglich wäre.

93 Fachleute behaupten, ohne Sexualität wäre die Evolution sehr viel langsamer verlaufen, und die auf der Erde lebenden Organismen wären sehr viel einfacher gebaut. Sehr wahrscheinlich gäbe es z. B. keine Menschen.
Wie lässt sich diese Ansicht begründen?

94 Einige Landschnecken können die Spermien verschiedener Paarungspartner speichern. In ihren Gelegen findet man daher Eier, die vom Sperma mehrerer verschiedener Tiere befruchtet wurden.
Welchen Vorteil bringt einem Individuum die Fähigkeit, sich mit mehreren Partnern in einer Fortpflanzungsperiode zu paaren und die Spermien zu speichern?

95 Welche der folgenden Aussagen treffen zu? Kreuzen Sie an.
Selektion
- [ ] wirkt nur auf die Individuen derselben Art (intraspezifisch).
- [ ] ist ein Prozess, an dem immer mindestens zwei Arten (z. B. Räuber und Beute) beteiligt sind.
- [ ] beschreibt die zufällige Verteilung der homologen Chromosomen in der Anaphase der ersten Reifungsteilung der Meiose.
- [ ] ruft Mutationen hervor.
- [ ] setzt immer am Phänotyp an.
- [ ] führt zu einer gerichteten Veränderung des Genpools.
- [ ] kann dazu führen, dass sich die Merkmale einer Organismenart ändern.
- [ ] kann bei einer Änderung der Umwelt eine andere Richtung (andersartige Wirkung) erhalten.

96 Nennen Sie je ein Beispiel für
- eine stabilisierende Selektion,
- eine transformierende Selektion.

97 Beschreiben Sie, wie es dazu kommen kann, dass ungünstige Allele in einem Genpool erhalten bleiben (nicht von der Selektion beseitigt werden).

98 Nennen Sie in Stichworten je drei Beispiele für Selektionsfaktoren der belebten und unbelebten Umwelt.

99 Nennen Sie drei möglichst verschiedene, körperliche Veränderungen, deren Entstehung durch den Selektionsfaktor „Fressfeinde" erklärbar ist. Geben Sie jeweils ein konkretes Beispiel an.

100 Flöhe können mit ihren muskulösen Hinterbeinen und besonderen, elastischen Eiweißen in ihrem Chitinpanzer sehr weit springen. Einige erreichen Sprungweiten von 30 cm. Mit solchen Sprüngen können Sie leicht Feinden entgehen. Überraschenderweise springen nicht alle Floharten. Mehrere Arten, die auf Vögeln parasitieren, bewegen sich nur kriechend voran. Auch Eichhörnchen-Flöhe springen nicht. Fachleute nehmen an, dass ursprünglich alle Floharten springen konnten und dass die genannten Arten im Laufe der Evolution das Sprungvermögen verloren haben.
Wie lässt sich der Verlust des Sprungvermögens bei Flöhen, die auf Vögeln oder Eichhörnchen parasitieren, im Laufe der Evolution erklären?

101 Beschreiben Sie, welchen evolutiven Wert Merkmale haben, die durch geschlechtliche Zuchtwahl entstanden sind.

102 In der Regel stellen auffällige Farben bei Tieren einen Selektionsnachteil dar. Dennoch gibt es grell und bunt gefärbte Tiere.
Erläutern Sie ihre Entstehung am Beispiel
a der gelb-schwarzen Färbung von Wespen.
b des auffällig bunten Gefieders von Fasanenhähnen.

103 Welche Aussagen sind richtig? Kreuzen Sie an.
Die Ergebnisse der Untersuchungen des Industriemelanismus am Beispiel des Birkenspanners bestätigen, dass
☐ Selektion bestimmte Mutanten und Rekombinanten hervorrufen kann.
☐ Varianten (Mutanten und Rekombinanten) zufällig und ohne Bezug zur jeweiligen Umwelt auftreten.
☐ die Richtung der Selektion von der jeweiligen Umwelt abhängt.
☐ die Selektion die Merkmale einer Organismenart verändern kann.
☐ die Selektion in kleinen Populationen ohne Wirkung ist.

☐ die Selektion die Häufigkeit der Allele eines Genpools in eine bestimmte Richtung verschieben kann.

☐ die Selektion zur Schrumpfung von Populationen führen kann.

104 Ein Gemisch aus elf Unterarten der Gerste (elf Gerstensorten), die zu gleichen Teilen im Saatgut vorhanden waren, wurde in unterschiedlichen Klimagebieten der USA ausgesät. Die Nachkommen säte man in den jeweils geernteten Mischungsverhältnissen mehrere Jahre nacheinander auf denselben Feldern aus.

Der Anteil der Sorten in den verschiedenen Anbaugebieten nach mehrjährigem Anbau ist in der folgenden Tabelle abzulesen (Angaben in %).

Staat / Sorten	Virginia	New York	Minnesota	Montana	Oregon	California
Coast & Trebi	89,2	11,4	16,6	17,4	1,2	72,4
Hannchen	0,8	6,8	61,0	3,8	0,8	6,8
White Smyrna	0,8	0	0,8	48,2	97,8	13,0
Manchuria	0,2	68,6	0,4	4,2	0	0
Gatami	2,6	1,8	3,2	11,6	0	0,2
Meloy	0,8	0	0	0,8	0	5,2
verschiedene andere Sorten	5,6	11,4	18,0	14,0	0,2	2,4

Tab. 5: Veränderungen eines Gerstensorten-Gemisches nach langjährigem Anbau

a Erklären Sie, wie es dazu kommen konnte, dass sich in einem bestimmten Anbaugebiet die ursprünglich gleichen Anteile der Sorten in dem Gemisch änderten.

b Wie ist zu erklären, dass sich die Mischungsverhältnisse je nach Anbaugebiet unterschiedlich verändert haben?

105 Kreuzen Sie die richtigen Aussagen an.
Beim Einsatz eines Antibiotikums in der Medizin

☐ kann ein Bakterienstamm entstehen, der gegen das verwendete Antibiotikum resistent ist.

☐ kann eine Mutation ausgelöst werden, die eine Resistenz gegen das verwendete Antibiotikum bewirkt.

☐ können die Zellen des menschlichen Immunsystems angeregt werden, vermehrt Antikörper zu bilden.
☐ können bereits in einer Bakterienpopulation vorhandene Mutanten, die eine Resistenz gegen das verwendete Antibiotikum bewirken, einen Selektionsvorteil erhalten.
☐ kann es zu Evolutionsprozessen kommen, die den Genpool der Bakterien, gegen die das Antibiotikum eingesetzt wird, verändern.
☐ können sexuelle Vorgänge in den Bakterien ausgelöst werden, durch die sich die Gene so neu kombinieren, dass einige wenige Zellen die Fähigkeit zur Resistenz gegen das verwendete Antibiotikum erhalten.

106 Erläutern Sie, warum aus evolutionsbiologischen Gründen der häufige Einsatz von Insektiziden (Gifte, die gegen Insekten wirken), ungünstig ist.

107 Welche Aussagen sind richtig? Kreuzen Sie an.
Ein Flaschenhalseffekt kann in der Evolution auftreten, wenn
☐ ein neuer Lebensraum durch Gründerindividuen besiedelt wird.
☐ zufällig ungewöhnlich viele heterozygote Individuen in einer Population auftreten.
☐ Tiere regelmäßig enge Geländeabschnitte durchwandern.
☐ bei einer Katastrophe (z. B. einem Waldbrand) nur wenige Individuen einer Population überleben.
☐ homozygot rezessive Individuen von der Selektion bevorzugt werden.
☐ der Anteil eines Allels im Genpool extrem gering ist.

108 Welche Aussagen sind richtig? Kreuzen Sie an.
☐ Gendrift beschreibt den Genaustausch zwischen Populationen.
☐ Als Gendrift bezeichnet man die Weitergabe der Allele in einer Population von Generation zu Generation.
☐ Gendrift hat nur in kleinen Populationen Bedeutung für die Evolution.
☐ Gendrift tritt auf, wenn sich Allelhäufigkeiten eines Genpools durch Zufallsereignisse verschieben.
☐ Naturkatastrophen können Gendrift zur Folge haben.
☐ Gendrift beschreibt das Phänomen, dass rezessive Allele in heterozygoten Genotypen vor Selektion geschützt sind.
☐ Der Zufall, der die Keimzellen auswählt, die zu Befruchtung kommen, kann eine Ursache für die Gendrift sein.

109 Welche Aussagen sind richtig? Kreuzen Sie an.
In kleinen Populationen
- [ ] läuft in der Regel die Veränderung von Merkmalen schneller ab als in großen Populationen.
- [ ] ist die genetische Vielfalt meistens höher als in großen Populationen.
- [ ] spielt der Zufall bei der Veränderung der Allelhäufigkeiten im Genpool eine stärkere Rolle als in großen Populationen.
- [ ] können auch ungünstige Allele durch Zufallsereignisse in ihrer Häufigkeit zunehmen.
- [ ] hat die Selektion keine Wirkung.
- [ ] spielt der Zufall nur eine Rolle, wenn es um die Häufigkeit ungünstiger Allele geht.

110 Welche Aussagen sind richtig? Kreuzen Sie an.
Eine geringe genetische Variabilität in großen Populationen
- [ ] kann die Folge einer besonders starken Rekombination sein.
- [ ] kann die Folge sein, wenn die Population in nicht zu ferner Vergangenheit einen Flaschenhalseffekt erfahren hat.
- [ ] erhöht die Fähigkeit der Population, drastische Änderungen ihrer Umwelt zu überstehen.
- [ ] weist darauf hin, dass die Population aus mehreren früher voneinander getrennten Teilpopulationen verschmolzen ist.
- [ ] lässt darauf schließen, dass die Mutationsrate über viele Generationen hinweg konstant blieb.
- [ ] kann auftreten, wenn die Population vor kurzer Zeit aus nur wenigen Gründerindividuen entstanden ist.

111 Erläutern Sie, warum große, individuenreiche Populationen bei einer Verschlechterung der Lebensbedingungen besser vor dem Aussterben geschützt sind als kleine.

112 Feldsperlinge bilden in Europa sehr große Populationen. 1870 wurden in St. Louis (USA) 20 europäische Feldsperlinge frei gelassen. Sie vermehrten sich rasch auf ca. 150 000 Tiere, die auf 20 000 km² lebten. Ähnliches geschah 1863 mit ca. 30 bis 40 Feldsperlingen in Australien. Fachleute untersuchten, wie stark sich die Proteine der heutigen Populationen von Feldsperlingen Europas, Nordamerikas und Australiens unterscheiden.

a Nennen Sie zwei Methoden, mit denen man die Ähnlichkeit von Proteinen ermitteln kann.

b In welcher der untersuchten Populationen ist die Zahl der verschiedenen Proteine am größten? Begründen Sie Ihre Antwort.

113 Zoologische Gärten tauschen regelmäßig ihre Zuchttiere aus. Aus welchen evolutionsbiologischen Gründen ist das günstig?

114 Die Kanadische Wasserpest ist eine Wasserpflanze Nordamerikas. Männliche und weibliche Blüten sind auf verschiedene Pflanzen verteilt (zweihäusige Pflanze). Ein einziges weibliches Exemplar kam 1817 aus Nordamerika nach Irland. Von dort aus verbreitete sie sich ausschließlich durch vegetative Vermehrung über ganz Europa.

a Wie sind eventuelle genetische Unterschiede zwischen den Individuen der in Europa lebenden Wasserpest zu erklären? Begründen Sie Ihre Antwort.

b Für welche der unten genannten Gruppen der Wasserpest trifft die Bezeichnung „Klon" zu? Kreuzen Sie an.
Einen Klon bilden alle Wasserpestpflanzen:
☐ auf der Erde
☐ in Irland
☐ in einem See
☐ in Europa
Begründen Sie Ihre Antwort.

c Welchen Einfluss hat das Fehlen von männlichen Pflanzen auf die Evolution der Wasserpest in Europa?

115 Auf Bergwerkshalden, die aus schwermetallhaltigem Gestein bestehen, wachsen in der Regel keine Pflanzen.
Bei einigen wenigen Pflanzenarten kommen jedoch Populationen vor, die trotz der Schwermetalle solche Halden besiedeln konnten.

a Erläutern Sie kurz die molekularbiologischen Ursachen dafür, dass die meisten Pflanzen auf schwermetallhaltigen Böden nicht wachsen.

b Wie ist zu erklären, dass nur bei einigen wenigen Pflanzenarten Populationen vorkommen, die schwermetallhaltige Halden besiedeln?

5 Artentstehung durch Zusammenwirken von Evolutionsfaktoren

Neue Arten können nur aus bereits existierenden entstehen. Eine Art besteht aus einer oder mehreren Populationen, deren Individuen sich unter natürlichen Bedingungen fruchtbar miteinander fortpflanzen können (biologische Artdefinition). Dadurch hat jedes Allel eines Individuums jeder Population die Chance, in den Genpool jeder anderen Population zu gelangen. Man bezeichnet diese Weitergabe von Allelen als **Genfluss**.

Aus einer Art sind zwei entstanden, wenn die Unterschiede zwischen zwei Populationen so groß geworden sind, dass sich ihre Individuen nicht mehr fruchtbar miteinander fortpflanzen können. Wenn keine Fortpflanzung mehr möglich ist, können keine Allele mehr in den Genpool der jeweils anderen Population gelangen, es ist kein Genfluss (kein Austausch von Allelen) mehr möglich. Man spricht dann von fortpflanzungsmäßig oder **reproduktiv isolierten** Populationen. Wichtig für die Erklärung der Artentstehung ist also die Frage, wie es zur Entstehung von Unterschieden kommen kann, die als Fortpflanzungsbarrieren wirken, die also den Genfluss zwischen den Populationen verhindern. Der **populationsgenetische Artbegriff** ist wie folgt definiert:

> Eine Art setzt sich aus einer oder mehreren Populationen zusammen, zwischen denen **Genfluss** besteht oder bestehen kann.

5.1 Artentstehung durch geografische Isolation

Zu einer Unterbrechung des Genflusses kann es kommen, wenn eine Population geografisch in zwei Teilpopulationen getrennt wird. Man spricht dann von **Separation**. Die beiden geografisch isolierten Populationen gelten aber in einem solchen Fall weiterhin als zur gleichen Art gehörig, da weiterhin Genfluss möglich wäre, wenn sich die Individuen der beiden Populationen treffen könnten.

Die Formulierung „**Unterbrechung des Genflusses**" kann zwei Bedeutungen haben: Sie besagt einerseits, dass kein Genfluss mehr stattfinden kann, weil **geografische Barrieren** ihn verhindern. Er wäre aber weiterhin noch möglich, wenn sich die Individuen der beiden getrennten Populationen treffen könnten. Andererseits spricht man auch von „Unterbrechung", wenn der Genfluss unmöglich geworden ist, weil die Individuen zweier Populationen so unterschiedliche Merkmale entwickelt haben, dass sie sich miteinander nicht mehr fruchtbar fortpflanzen können **(reproduktive Isolation)**.

Möglichkeiten der geografischen Isolation
Zur Trennung von Populationen kann es z. B. kommen, wenn sich das Klima ändert und es zu Versteppung, Versumpfung, Vereisung oder Anhebung oder Senkung des Meeresspiegels kommt. Ursachen können aber auch geologische Ereignisse sein, wie die Auffaltung von Gebirgen, die Bildung von Tälern, die Kontinentalverschiebung oder die Bildung von Landbrücken durch die sich Meeresgebiete voneinander trennen. Neue, getrennte, kleine Teilpopulationen entstehen bei der Besiedlung schwer zugänglicher Gebiete durch „Gründerindividuen" (siehe S. 126 f.). Das können landferne Inseln, Oasen oder Gebiete sein, die durch Wüsten, Gebirge oder große Flüsse getrennt sind.

Entstehung von Rassen und Arten in Teilpopulationen
In zwei geografisch voneinander getrennten Teilpopulationen verläuft die Evolution mit großer Wahrscheinlichkeit in verschiedene Richtungen, sodass ihre Individuen unterschiedliche Merkmale entwickeln. Durch die Trennung der Population wurde der ursprüngliche Genpool ungleich auf die Teilpopulationen verteilt. Im Extremfall, wenn nur wenige Individuen eine zweite Population bilden, sind einige Allele im neuen Genpool gar nicht mehr vorhanden. Mit sehr hoher Wahrscheinlichkeit treten in jeder der beiden Teilpopulationen außerdem andere Rekombinationen und Mutationen, also andere Varianten auf. Schließlich haben beide Teilpopulationen jeweils andere Umweltbedingungen, und deshalb wirken die Selektionsfaktoren unterschiedlich.

> Durch **Separation** wird der Genfluss zwischen zwei Populationen verhindert. Dadurch treten mit der Dauer der Trennung zunehmende Merkmalsunterschiede zwischen den Individuen der beiden Populationen auf.

Wenn die Trennung lange Zeit besteht, können die Merkmalsunterschiede so stark werden, dass sich die Individuen der einen Population nicht mehr mit denen der anderen fruchtbar fortpflanzen können. Die unterschiedlichen Merkmale bilden **Fortpflanzungsbarrieren**, die den Genfluss auch dann verhindern, wenn die geografische Trennung wieder aufgehoben wird.
Geografische Isolation kann also zu reproduktiver Isolation führen. In einem solchen Fall sind dann aus den beiden Teilpopulationen, die ja ursprünglich zu einer Art gehörten, zwei **Arten** entstanden.

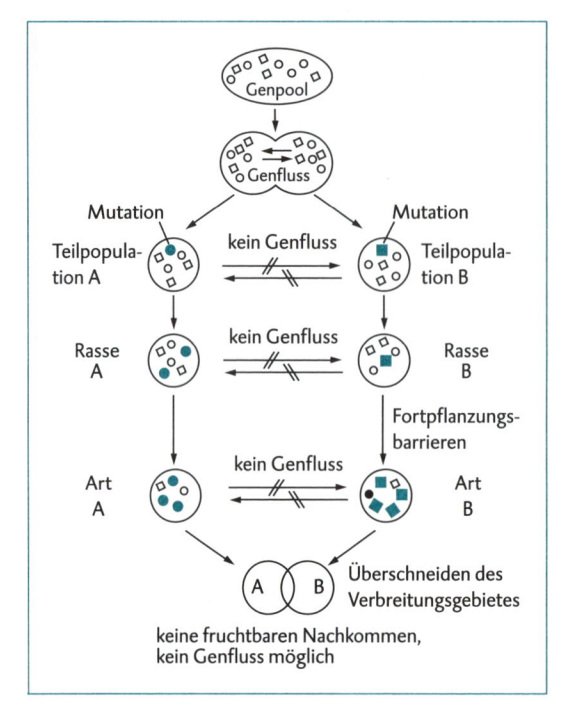

Abb. 44: Entstehung von Rassen und Arten durch Separation

Wenn zwar deutliche Merkmalsunterschiede bestehen, sich die Individuen der beiden Teilpopulationen aber dennoch miteinander fruchtbar fortpflanzen können, z. B. nach Aufheben der geografischen Trennung, spricht man von zwei **Rassen** oder zwei **Unterarten**.

Durch Separation entstehen verschiedene
- **Arten**, wenn unterschiedliche Evolution in den Teilpopulationen Merkmale entstehen lässt, die als Fortpflanzungsbarrieren wirken.
- **Rassen** (Unterarten), wenn zwar deutlich verschiedene Merkmale entstehen, die aber keine Fortpflanzungsbarrieren darstellen, sodass weiterhin Genfluss zwischen den Populationen möglich ist.

Geschwisterarten

Zuweilen entstehen Arten, die zwar reproduktiv isoliert sind, sich aber in den körperlichen Merkmalen nur wenig unterscheiden. Man nennt sie **Geschwisterarten**. Sehr wahrscheinlich entstehen sie aus Populationen, die so lange getrennt waren, dass sich unterschiedliche Merkmale bilden konnten, die eine erfolgreiche Fortpflanzung verhinderten. Die Trennung dauerte aber nicht lange genug, um in den Teilpopulationen auch einen deutlich unterschiedlichen Körperbau entstehen zu lassen.

Geschwisterarten findet man z. B. unter den heimischen Vögeln. Einige Vogelarten sehen sehr ähnlich aus, paaren sich aber nicht miteinander, da ihre Balzgesänge unterschiedlich sind. Geschwisterarten sind
- die kleinen Singvogelarten Fitis und Zilpzalp, die in Gärten und Parks leben,

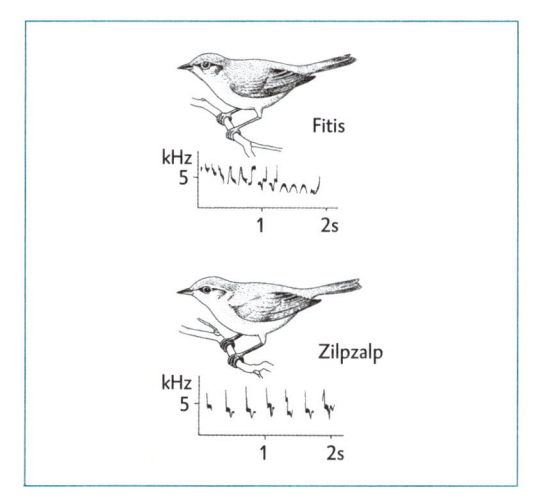

Abb. 45: Fitis und Zilpzalp mit den Klangspektrogrammen ihrer Gesänge

- Sommergoldhähnchen und Wintergoldhähnchen, sehr kleine, in Nadelbäumen lebende Singvögel,
- Waldbaumläufer und Gartenbaumläufer, kleine Vögel, die sich vorwiegend von Insekten auf der Rinde von Baumstämmen ernähren,
- Sprosser und Nachtigall,
- Grauspecht und Grünspecht.

Weitere Belege für die Entstehung von Rassen und Arten durch Separation
Raben- und Nebelkrähe sind zwei Rassen der Art „Aaskrähe". Die ursprüngliche **Krähen-Population** wurde durch den großen Festlandgletscher, der während der Eiszeit von Skandinavien her nach Mitteleuropa vordrang, in eine westliche und eine östliche Teilpopulation getrennt. In den Teilpopulationen verlief die Evolution unterschiedlich, es entstanden zwei verschiedene Formen von Krähen, die **Raben- und die Nebelkrähe** mit unterschiedlicher Gefiederfärbung. Nachdem das Eis abgeschmolzen war, kam es zu einer Überschneidung des Verbreitungsgebietes der beiden Krähen-Populationen. Die Individuen beider Populationen können sich heute im Überschneidungsgebiet fruchtbar

miteinander fortpflanzen. Es entstehen fruchtbare „**Bastarde**" (Hybride). Die Bastardierungszone liegt etwa im Gebiet der Elbe. Raben- und Nebelkrähen sind daher trotz ihrer deutlich verschiedenen Gefiederfärbung nur zwei Rassen derselben Art „Aaskrähe".

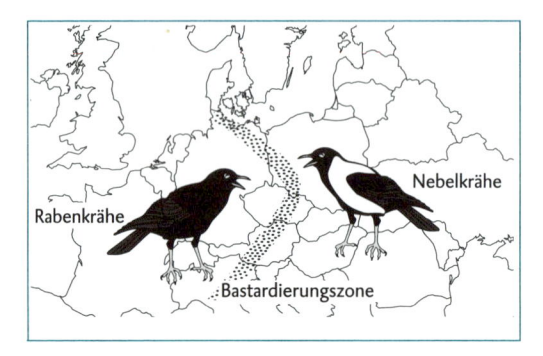

Abb. 46: Bildung von Rassen bei der Aaskrähe

Die **Kohlmeise** tritt in drei Rassen auf, die westliche, die chinesische und die südasiatische Rasse. Alle Meisenrassen gehören zu derselben Art, obwohl sich die chinesische und die westliche Rasse nicht miteinander paaren, also keine fruchtbaren Bastarde bilden. Die westliche und die chinesische Rasse können aber über die südasiatische, die mit beiden bastardiert, Allele austauschen. Wenn die südasiatische Rasse aussterben würde, könnte man die chinesische und die westliche Rasse als zwei Arten betrachten.

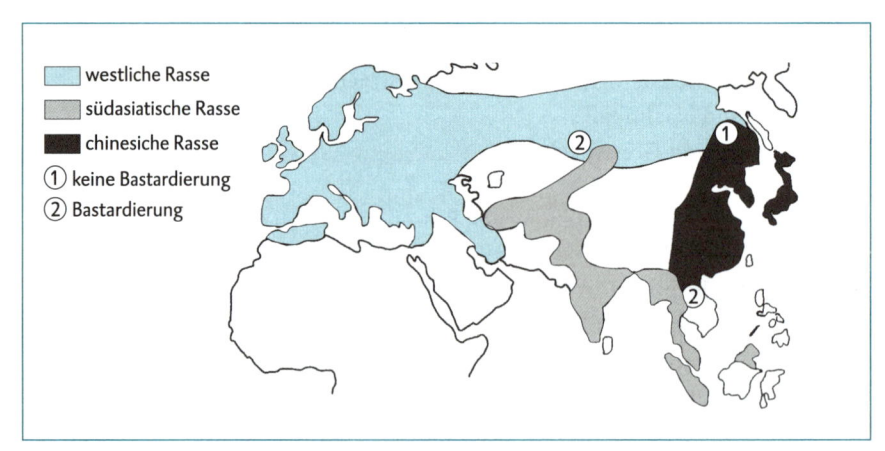

Abb. 47: Rassenbildung bei der Kohlmeise

Mechanismen der reproduktiven Isolation
In der Natur sind viele verschiedene Merkmale zu finden, die zwei Arten fortpflanzungsmäßig gegeneinander isolieren, die also den Genfluss auch dann verhindern, wenn zwei Arten im selben Gebiet leben. Solche Isolationsmechanismen können sein:
- **Zeitliche Isolation:** Einige einheimische Frosch- und Krötenarten paaren sich zu verschiedenen Zeiten im Jahr. Roter und Schwarzer Holunder blühen in unterschiedlichen Monaten, Pollen der einen Art kann also nicht in die Blüte der anderen gelangen.
- **Ethologische Isolation:** Fitis und Zilpzalp sowie andere Geschwisterarten haben ein unterschiedliches Balz- und Paarungsverhalten. Ähnliches gilt für viele Heuschreckenarten. Leuchtkäferarten können unterschiedliche Blinkrhythmen und verschiedenfarbige Leuchtorgane haben, durch die sich die Paarungspartner finden.
- **Anatomische und physiologische Isolation:** Viele Insektenarten unterscheiden sich durch komplizierte Kopulationsorgane, die wie „Schlüssel und Schloss" zusammenpassen. Kleinste Änderungen machen die Paarung unmöglich. Bei Pflanzen können artfremde Pollen häufig auf der Narbe keinen Pollenschlauch bilden, was Voraussetzung für die Befruchtung ist.
- **Isolation durch Sterilität oder Polyploidie:** Aus der Paarung von Pferd und Esel gehen zwar Maultier und Maulesel hervor, die aber nicht fortpflanzungsfähig sind. Bei Pflanzen kann eine Polyploidisierung die fruchtbare Kreuzung unmöglich machen.

> Isolationsmechanismen sind Faktoren, die den Genfluss zwischen Populationen verhindern, die im **gleichen Gebiet** leben.

5.2 Artentstehung ohne geografische Trennung

Ob sich Arten auch **ohne** geografische Trennung (Separation) in Teilpopulationen bilden können, ist unter Fachleuten umstritten. Sicher ist nur die Artentstehung durch **Polyploidisierung** (siehe S. (1) 51). Diese Form der Genommutation kommt fast nur bei Pflanzen vor. Wenn in einer Population diploider Pflanzen (2n) ein Individuum durch Genommutation tetraploid (4n) wird, kann es keine fruchtbaren Nachkommen mit den übrigen Pflanzen der Population erzeugen, da Nachkommen aus einer Kreuzung von diploiden und tetraploiden Pflanzen (2n × 4n) triploid (3n) sind. Triploide Genotypen aber sind steril. Die ungerade Zahl der Chromosomen verhindert eine erfolgreiche

Meiose (siehe S. 29). Es können keine Keimzellen (Ei- und Pollenzellen) entstehen, damit ist die Fortpflanzung auf sexuellem Wege ausgeschlossen.

Durch eine einzige Genommutation können also bei Pflanzen Individuen auftreten, die reproduktiv isoliert sind. Eine tetraploide Pflanze kann sich aber durch Selbstbestäubung oder auf ungeschlechtlichem (vegetativem) Wege über Ableger u. ä. vermehren und so eine eigene, **neue Population** bilden. In den durch Polyploidisierung getrennten 2n- bzw. 4n-Populationen kann die Evolution dann durch unterschiedliche Wirkung der Evolutionsfaktoren in verschiedene Richtungen laufen und zu unterschiedlichen Merkmalen führen.

> Bei **Pflanzen** können neue Arten ohne vorangehende Separation entstehen, wenn in einer Population einzelne Individuen durch **Polyploidisierung** reproduktiv isoliert werden.

5.3 Artumwandlung

Evolutionsfaktoren wirken immer auf eine Population ein, sodass sich ihr Genpool ständig verändert. Wenn sich Umweltbedingungen **über lange Zeit in eine bestimmte Richtung** verlagern, ändert sich auch die Selektionsrichtung dauerhaft. Infolgedessen kommt es zu einer fortschreitenden Verschiebung der Allelhäufigkeiten des Genpools in eine Richtung (transformierende Selektion; siehe S. 100 f.) und damit zur Änderung von Merkmalen der Art. Man bezeichnet solche Veränderungen als **Artumwandlung**.

> Bei einer **Artumwandlung** ändern sich die Merkmale einer Art über lange Zeit, ohne dass dabei neue Arten entstehen.

Bei einigen Fossilien ist die Artumwandlung in beeindruckender Weise erkennbar, so etwa bei der Veränderung des Gehäuses der Wasserschnecke *Viviparus (Paludina)* in aufeinander folgenden Schichten aus dem Tertiär.

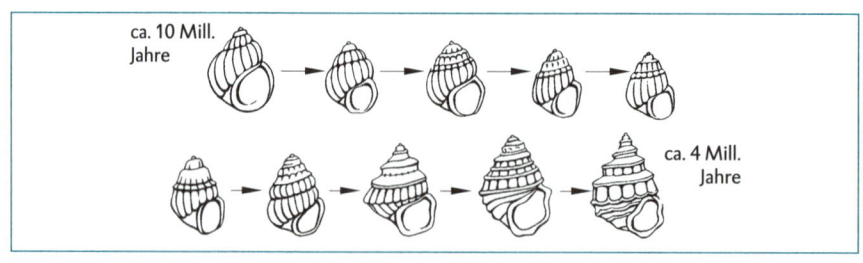

Abb. 48: Abwandlung der Gehäuseform der Schnecke *Viviparus*

Schwierig ist in solchen Fällen die Abgrenzung der Arten. Es ist nicht zu klären, ab wann eine der in der vorangegangenen Abbildung dargestellten Schnecken eine neue Art bildet.

Umgekehrt führt eine **ständig gleich bleibende Umwelt** zu stabilisierender Selektion. Dadurch können Arten oder deren einzelne Merkmale über sehr lange Zeit hinweg unverändert bleiben. „Lebende Fossilien" (siehe S. 71 f.) lassen sich auf diese Weise erklären.

5.4 Einnischung

Ökologische Nische und Konkurrenz zwischen Arten

Verschiedene Arten nutzen ihre Umwelt in unterschiedlicher Weise, sie sind an verschiedene **ökologische Nischen** (siehe S. (1) 132 ff.) angepasst.

Durch die Anpassung an verschiedene ökologische Nischen können **mehrere Arten** den **gleichen** Lebensraum nutzen, ohne miteinander in Konkurrenz zu treten. Ihre ökologischen Nischen können sich z. B. in der Art der Nahrung, im Nistplatz oder in der Zeit, in der der Lebensraum genutzt wird (tagaktive, nachtaktive Tiere) unterscheiden.

Nach der Regel des Konkurrenzausschlusses (siehe S. (1) 175 f.) können zwei Arten mit identischer ökologischer Nische, also mit identischen Ansprüchen an ihre Umwelt, nicht nebeneinander im gleichen Lebensraum überleben. Die Konkurrenz zwischen den beiden Arten führt dazu, dass entweder eine Art verdrängt wird, oder dass sie sich durch evolutive Prozesse an eine freie ökologische Nische anpasst und auf diese Weise die Konkurrenz vermindert. Das Phänomen der Anpassung an verschiedene ökologische Nischen nennt man **Einnischung**.

> Im **gleichen** Lebensraum können auf Dauer nur Arten nebeneinander existieren, die unterschiedliche ökologische Nischen besetzen.

5.5 Adaptive Radiation

Im Laufe der Erdgeschichte traten Situationen auf, in denen einer Art oder einer kleinen Gruppe von Arten viele verschiedene freie ökologische Nischen zu Verfügung standen, z. B. wenn sie neue, bisher nicht oder nur von wenigen Arten bewohnte Gebiete besiedelten. In solchen Fällen konnten aus der Stammart viele neue, an verschiedene ökologische Nischen angepasste Arten entstehen. Man nennt dieses Phänomen **adaptive Radiation**.

> Zur **adaptiven Radiation** kommt es, wenn sich aus einer Stammart oder einer kleinen Artengruppe viele neue Arten bilden, die unterschiedliche ökologische Nischen besetzen.

Darwin-Finken

Das bekannteste Beispiel für eine adaptive Radiation sind die **Darwin-Finken** auf Galapagos, einer Gruppe vulkanischer Inseln, die im Tertiär entstand und heute etwa 1 000 km vor der Westküste Südamerikas liegt. Schon Charles Darwin nahm an, die Arten der Darwin-Finken, die nur hier zu finden sind, seien aus einer einzigen Stammart entstanden. Wenige Individuen der Art seien vom amerikanischen Kontinent her in einem Sturm oder auf Treibholz auf die Inseln gelangt. Im Folgenden ist eine mögliche Erklärung dargestellt, wie die heutigen Arten von Darwin-Finken (siehe Abb. 50, S. 128), im Zuge einer adaptiven Radiation entstanden sein könnten:

Wenige Finken – wenigstens ein bereits befruchtetes Weibchen – wurden vom südamerikanischen Kontinent her auf eine der Galapagos-Inseln „verschlagen". Die Gründerindividuen, vermutlich bodenbewohnende, körnerfressende Finken, konnten sich vermehren, da sie auf der Insel keine Konkurrenten vorfanden. Sie bildeten eine **Gründerpopulation** (siehe Abb. 49 A).

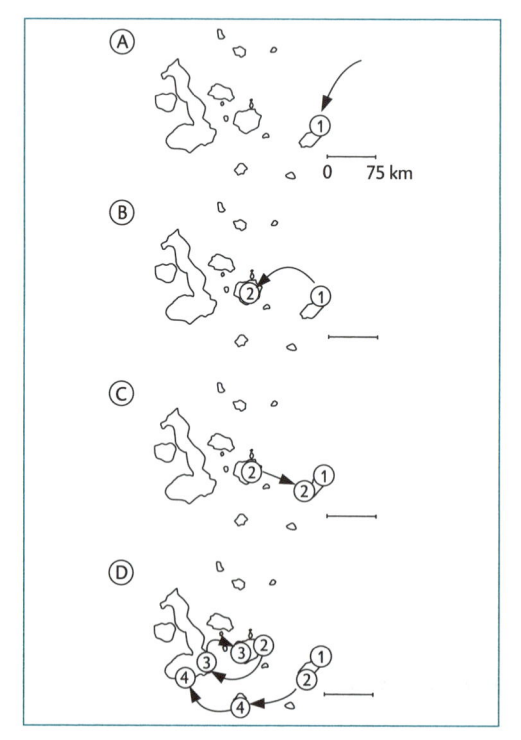

Abb. 49: Die adaptive Radiation der Darwin-Finken.

Einige Individuen dieser Ursprungspopulation (1) gelangten auf eine weitere, damals ebenfalls finkenfreie Insel. Es entstand eine Teilpopulation (2) (**Separation**; Abb. 49 B). In der isolierten Teilpopulation und in der Ursprungspopulation (1) verlief die Evolution in verschiedene Richtungen. Die Ursachen dafür können sein:
- **Zufällige Auswahl der Allele** bei der Abtrennung der Teilpopulation, die als neue Gründerindividuen die zweite Insel besiedelten (Flaschenhalseffekt, siehe S. 106 f.)
- **Gendrift:** zufällige Veränderung des Genpools (möglich, da die Population (2) klein war)
- Unterschiedliche **Mutationen und Rekombinationen**
- Unterschiedliche **Richtung der Selektion**, da die Umweltbedingungen auf den beiden Inseln verschieden waren.

Die in unterschiedliche Richtungen verlaufende Evolution konnte zur reproduktiven Isolation der beiden Populationen führen. Damit hatte sich die ursprüngliche Art in zwei Arten gespalten. Individuen der abgetrennten Population (2) kehrten auf die ursprüngliche Insel zurück. (Abb. 49 C). Durch die getrennte Entwicklung hatten sich Merkmale gebildet, die die fruchtbare Fortpflanzung zwischen den Individuen der beiden Populationen unmöglich machten (reproduktive Isolation, Verhinderung des Genflusses). Dies könnte zwei mögliche Folgen für den Verlauf der **Einnischung** gehabt haben:

1 Die Individuen der Teilpopulation 2 hatten sich während der Trennungszeit an eine andere ökologische Nische angepasst. Sie konkurrierten daher nicht mit den Individuen der Population 1 und konnten als zweite Art neben der ursprünglichen auf der gleichen Insel leben.
2 Die Individuen der Teilpopulation 2 waren zwar reproduktiv von der Teilpopulation 1 isoliert, aber weiterhin an die gleiche ökologische Nische angepasst. Entweder wurde eine der beiden Populationen verdrängt (Konkurrenz), oder die zwischenartliche Konkurrenz zwischen der Ursprungspopulation (1) und der neuen Art (2) führte zur Besetzung einer freien Nische. In einem solchen Fall konnten dann beide Arten nebeneinander auf der gleichen Insel leben.

Die Separation und die Einnischung wiederholten sich mehrmals, sodass mehrere Arten entstanden, die aufgrund ihrer Anpassung an jeweils andere ökologische Nischen nebeneinander auf gleichen Inseln existieren konnten (**adaptive Radiation**; Abb. 49 D).

Ebenso wie die Darwin-Finken auf Galapagos entstanden die Kleidervögel auf Hawaii.

Abb. 50: Vertreter einiger der insgesamt 13 Arten von Darwin-Finken auf den Galapagos-Inseln.

Weitere Beispiele für eine adaptive Radiation

Eine adaptive Radiation lief auch in der Stammesgeschichte der **Säugetiere** ab. Am Ende der Kreidezeit starben in verhältnismäßig kurzer Zeit viele Reptilien aus, v. a. die Dinosaurier. Dadurch wurden zahlreiche der bisher besetzten ökologischen Nischen frei. Die Säugetiere, die bis dahin vermutlich nur eine kleine Gruppe darstellten, konnten die frei gewordenen ökologischen Nischen besetzen. In der Folge stieg, entsprechend der Zahl der ökologischen Nischen, die Zahl der Säugetierarten. Es entstanden viele an verschiedene ökologische Bedingungen angepasste Arten. In einigen Fällen bildeten die Säugetiere konvergente Formen zu den Reptilien, da beide ja die gleichen ökologischen Nischen besetzten, allerdings in geologisch verschiedenen Zeiten.

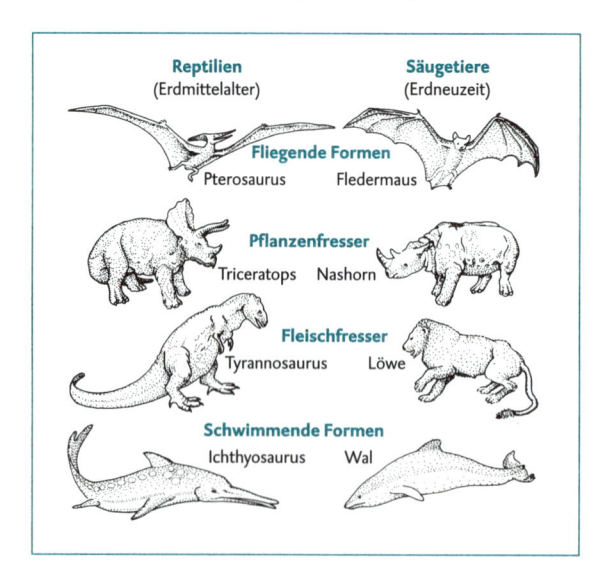

Abb. 51: Konvergente Formen bei Säugetieren und ausgestorbenen Reptilien

Zusammenfassung

- Die Bildung von Arten ist abgeschlossen, wenn zwischen ihren Populationen kein Genfluss mehr möglich ist. Dadurch sind sie voneinander reproduktiv isoliert.
- Die Separation (geografische Isolation) ist ein Ereignis, das die Bildung neuer Arten auslösen kann.
- Bei Geschwisterarten geschah die Artspaltung erst vor geologisch kurzer Zeit.
- Auf dem langen Weg zur Artbildung kommt es zunächst zur Entstehung von Rassen.
- Durch Polyploidisierung können Arten auch ohne vorangegangene Separation entstehen.
- Die Artentstehung ist mit der Anpassung an eine ökologische Nische (Einnischung) verbunden.
- Wenn zahlreiche freie ökologische Nischen zur Verfügung stehen, kann es zur adaptiven Radiation kommen. Sie geht von einer Art oder einer größeren systematischen Gruppe aus.

Aufgaben

116 In der folgenden tabellarischen Darstellung ist die Wirkung von Evolutionsfaktoren in knapper Form zusammengefasst.
Ergänzen Sie die mit Kennziffern versehenen, fehlenden Teile des Textes. Entscheiden Sie, ob der jeweilige Evolutionsfaktor zu einer Erhöhung der Anpassung führt oder nicht und streichen Sie entsprechend in der dritten Spalte das „ja" oder „nein".

Evolutionsfaktor	Wirkung auf den Genpool	verbessert die Anpassung an die jeweilige Umwelt
Selektion	unterschiedlicher Fortpflanzungserfolg erhöht oder verringert die Frequenz einiger (1)	ja/nein
Mutation und Rekombination	Veränderung der Allelhäufigkeiten und Erhöhung der Zahl unterschiedlicher (2)	ja/nein
(3)	Veränderung der Allelhäufigkeiten in einem kleinen Genpool aufgrund von Zufallsereignissen	ja/nein
Separation	zufällige Zusammenstellung der Allele bei der (4) von Populationen	ja/nein

Tab. 5: Wirkung von Evolutionsfaktoren

117 Wie ist der populationsgenetische Artbegriff definiert?

118 Welche Kriterien müssen erfüllt sein, um zwei Gruppen von Individuen als Rassen bezeichnen zu können?

119 Der Myrtenwaldsänger und der Audubonwaldsänger sind kleine Singvögel Nordamerikas. Früher galten sie als zwei Arten. Fachleute halten sie heute für zwei Rassen, eine westliche und eine östliche, einer einzigen Art, die der Kronwaldsänger.
Kreuzen Sie an, welche der unten angegebenen Erkenntnisse zu dieser Änderung der systematischen Einordnung geführt haben könnte.
Myrtenwaldsänger und Audubonwaldsänger
- [ ] kommen im selben Gebiet vor.
- [ ] kreuzen sich in der Natur fruchtbar miteinander.
- [ ] sehen sich ähnlich genug, um in dieselbe Art gestellt zu werden.
- [ ] sind voneinander reproduktiv (fortpflanzungsmäßig) isoliert.
- [ ] leben in vollständig voneinander getrennten Gebieten.

120 Beschreiben Sie in Stichworten Ereignisse, die zur Separation (geografische Isolation) von Populationen führen können.

121 Einige Jahre, nachdem ein Grasland durch breite, stark befahrene Straßen in mehrere Gebiete zerteilt wurde, verglich man den Genpool von Populationen aus verschiedenen, durch die Straßen getrennten Gebieten.
Die Unterschiede zwischen den Populationen der verschiedenen Gebiete waren je nach Art der Organismen unterschiedlich stark ausgeprägt.
Kreuzen Sie an, bei welchen der unten genannten Arten man die stärksten Unterschiede zwischen den Populationen der Gebiete fand, die durch Straßen voneinander getrennt wurden.
- [ ] Mäuse
- [ ] windbestäubte Gräser
- [ ] Schnecken
- [ ] Fliegen
- [ ] Krähen
- [ ] Kaninchen

Begründen Sie Ihre Antwort.

122 Die Individuen zweier voneinander getrennter Populationen der gleichen Art verändern in der Regel über Generationen hinweg ihre Merkmale.
Welche Bedingungen und Vorgänge können dafür verantwortlich sein, dass sich die Merkmale in den beiden Populationen in unterschiedliche Richtungen verändern?

123 a Erklären Sie, wie es zur Entstehung von Geschwisterarten kommt.
  b Nennen Sie zwei Beispiele für Geschwisterarten.

124 Angenommen, es bestehen drei Populationen A, B und C.
- Die Individuen der Population A pflanzen sich fruchtbar mit denen der Population B fort.
- Die Individuen der Population B pflanzen sich fruchtbar mit denen der Population C fort.
- Die Individuen der Population C können sich nicht fruchtbar mit denen der Population A fortpflanzen, obwohl beide im gleichen Gebiet vorkommen.

  a Wie viele Arten liegen vor? Begründen Sie Ihre Antwort.
  b Wie viele Arten liegen vor, wenn:
  - die Population B restlos ausstirbt?
  - die Population C restlos ausstirbt?

  Begründen Sie Ihre Antwort.

125 Arten können auf verschiedene Weise voneinander reproduktiv isoliert sein. Nennen Sie drei Formen der reproduktiven Isolation und geben Sie jeweils ein Beispiel an.

126 Welche der folgenden Aussagen sind richtig? Kreuzen Sie an.
- ☐ Einnischung verhindert Konkurrenz zwischen den Arten eines Lebensraums.
- ☐ Konvergenz kann die Folge der Einnischung zweier Arten in ähnliche ökologische Nischen in voneinander getrennten Gebieten sein.
- ☐ Zwei ähnliche ökologische Nischen können nicht auf verschiedenen Kontinenten vorkommen.
- ☐ Die Zahl der Arten eines Lebensraums steht in einem ursächlichen Zusammenhang mit der Zahl seiner ökologischen Nischen.
- ☐ Für die Entstehung von konvergenten Formen sind ausschließlich Zufallsereignisse verantwortlich.
- ☐ Nach der Einnischung verschwindet die entsprechende ökologische Nische aus dem jeweiligen Lebensraum.

127 Beschreiben Sie die Vorgänge, die zu einer Einnischung führen können, wenn folgende Situation vorliegt:
- Durch Separation sind zwei Arten entstanden.
- Nach der Aufhebung der geografischen Trennung beanspruchen die beiden entstandenen Arten die gleiche ökologische Nische.
- Es sind freie ökologische Nischen vorhanden.

128 Kreuzen Sie an, welche der folgenden Aussagen den Begriff „adaptive Radiation" am besten beschreibt?
- ☐ Aktives Umherstreifen von Tieren auf der Suche nach einer freien ökologischen Nische
- ☐ Vermehrung von Individuen, die eine ökologische Nische besetzt haben
- ☐ Aussterben von Arten
- ☐ Trennung der Population einer Art in mehrere Teilpopulationen
- ☐ Aufspaltung einer Stammart in zahlreiche neue Arten
- ☐ Erhöhung der Mutationsrate durch radioaktive Strahlung

129 Nennen Sie ein Beispiel für eine adaptive Radiation, die vermutlich nicht von einer einzigen Stammart ausging, sondern von einer kleinen Artengruppe.

130 Nehmen Sie Stellung zu der Aussage:
„*Die heutigen Pferde, z. B. die Zebras, sind besser angepasst als die Urpferde im Tertiär (z. B. Hyracotherium = Eohippus)*".

131 Beutelwolf und Dingo kamen eine Zeit lang nebeneinander in Australien vor. Beide ernähren sich von den gleichen Beutetieren. Der Beutelwolf gehört zur ursprünglichen Fauna (Tierwelt), der Dingo, ein Wildhund, der nicht zu den Beuteltieren zählt, wanderte vor einigen Tausend Jahren aus Asien nach Australien ein. Der Beutelwolf ist dem Dingo an Körperkraft überlegen, der Dingo allerdings ist beim Nahrungserwerb erfolgreicher.
  a Erläutern Sie, wie im Sinne Darwins der „*struggle for life*" zwischen Beutelwolf und Dingo zu verstehen ist.
  b Geben Sie eine mögliche Erklärung dafür, dass heute in Australien keine Beutelwölfe, sondern nur noch Dingos vorkommen.
  c Die Dingos gelangten nie bis nach Tasmanien, einer großen Insel vor Australien. Beutelwölfe lebten allerdings dort, bis die weißen Siedler sie ausrotteten. Das letzte Tier wurde dort noch vor etwa 50 Jahren gesehen. Auf dem australischen Kontinent starb der Beutelwolf schon lange Zeit vor der Entdeckung Australiens durch die Europäer aus.
  Erläutern Sie, ob die bei Punkt b gegebene Erklärung durch die Tatsache, dass der Beutelwolf sich in Tasmanien sehr viel länger halten konnte als auf dem australischen Festland, bestätigt oder widerlegt wird.

6 Verhalten, Fitness und Anpassung

In seinem Lehrbuch „Vergleichende Verhaltensforschung. Grundlagen der Ethologie" aus dem Jahr 1978 definiert Konrad LORENZ diesen Teilbereich der Biologie wie folgt: „Sie besteht darin, auf das **Verhalten** von Tieren und Menschen alle jene Fragestellungen und Methoden anzuwenden, die in allen Zweigen der Biologie seit Charles Darwin selbstverständlich sind." Damit verdeutlicht der Verhaltensforscher, dass evolutionsbiologische Überlegungen Grundlage einer vergleichenden Erforschung von Verhalten sein müssen. Fitness und Anpassung sind hier Schlüsselbegriffe in der Verhaltensanalyse. Der Terminus der **Fitness** wird dabei allgemein auch mit den Begriffen Eignung, Anpassungs- bzw. Adaptions- und Selektionswert oder relative Überlebensrate gleich gesetzt oder beschrieben. Gemeint ist stets der gleiche Sachverhalt: Je „fitter" ein Individuum ist, desto häufiger kommt sein Genotyp im Genpool (siehe S. 92 f.) seiner Art in der folgenden Generation vor. Um dies zu erreichen, muss das Individuum eine optimale **Anpassung** besitzen. Mit diesem Begriff ist zweierlei gemeint. Zum einen meint Anpassung den Prozess, in dem ein Lebewesen von seiner genetischen Ausstattung her an die herrschenden Umweltverhältnisse angepasst wird. Zum anderen ist damit aber auch das erreichte Ergebnis gemeint, der Zustand, in dem ein Lebewesen optimal in seinem Lebensraum existieren kann.

6.1 Kosten-Nutzen-Prinzip bei Konkurrenz um Ressourcen

Das Überleben einer Art und auch einzelner Individuen wird von der Existenz unterschiedlicher **Ressourcen** und der **Konkurrenz** darum bestimmt. Wohnraum, Nistmöglichkeit und geeignete Geschlechtspartner sind ebenso überlebenswichtig für eine Art wie die Menge und Qualität an Nahrung, die unter den gegebenen Umweltbedingungen für die einzelnen Tiere zur Verfügung steht. Tiere, die an ihren Lebensraum optimal angepasst sind, verhalten sich – beispielsweise bei der Auswahl ihrer Nahrung – nach dem **Kosten-Nutzen-Prinzip**. Je nach ihren Bedürfnissen verfolgen sie eine spezifische Strategie bei ihrer Ernährung. Untersuchungen zum Zusammenhang zwischen der aufgenommenen Nahrung und der Körpergröße einer gleichwarmen Tierart erbrachten interessante Erkenntnisse. Die BERGMANN'sche Regel (siehe S. (1) 169) liefert dabei erste Anhaltspunkte für das erwartete Nahrungsverhalten. Größere Säugetiere strahlen über ihre im Vergleich zum Volumen (cm^3) relativ geringe Körperoberfläche (cm^2) weniger entwertete Energie in Form von Wärme ab als kleinere.

Bei Tieren kleinerer Arten ist das Verhältnis von abgestrahlter Wärmeenergie pro Gramm Körpergewicht und Zeiteinheit deutlich höher. Dies hat Auswirkungen auf das Verdauungssystem, die Art der Nahrung und die aufgenommene Menge an Nahrung, die zum Überleben benötigt wird. Bei kleineren Arten muss die Nahrung das Verdauungssystem möglichst schnell passieren, damit in relativ kurzer Zeit viel Energie für die Lebensprozesse gewonnen und damit dem erhöhten Energieverlust entgegen gewirkt werden kann.

Beispiel

Als Beispiel soll hier die Kosten-Nutzen-Strategie verschiedener Antilopenarten dienen. Das Verdauungssystem kleiner Antilopen ist darauf ausgelegt, die aufgenommene Nahrung schnell zu verdauen. Aus diesem Grund nehmen die Tiere fast nur Nahrung auf, die zum einen sehr reich an Nährstoffen und zum anderen auch leicht verdaulich ist. Kleine Antilopenarten können es sich deshalb auch leisten, ihren Magen selbst bei einem Nahrungsüberangebot nur halb zu füllen. Dies ist größeren Antilopenarten nicht möglich. Sie müssen bei ihrem höheren absoluten Nahrungsbedarf auch Blätter- und Gräser-Nahrung verwerten können, deren Qualität und Energiegehalt gering ist. Den Ausgleich schaffen diese Tiere aber durch den Aufbau ihres Verdauungssystems. Ein großer, gekammerter Pansen gewährleistet bei ihnen eine langsame aber höchst effektive Umsetzung der aufgenommenen Nahrung.

Diese Erkenntnis wird im JARMAN-BELL-Prinzip zusammengefasst: Bei Tierarten mit einem geringeren Körpergewicht muss das Futter, von dem sie sich bevorzugt ernähren, von hochwertiger Qualität und hohem Energiereichtum sein.

> Bei Konkurrenz um begrenzte Ressourcen verhalten sich die Tierarten nach dem **Kosten-Nutzen-Prinzip**. Als Nahrung wird dabei nur das Futter aufgenommen, welches die **effektivste Energieausbeute** gewährleistet.

6.2 Fortpflanzungsstrategien

Die einem Individuum zu Verfügung stehenden Mittel und die gegebenen Möglichkeiten, diese Ressourcen einzusetzen, sind im Allgemeinen begrenzt. Trotzdem strebt jedes Individuum danach, seine **Fitness** zu optimieren, indem es **Strategien** verfolgt, die seinen **Fortpflanzungserfolg verbessern**. Diese

Strategien können zum einen darin liegen, möglichst viele Nachkommen zu produzieren. Eine derartige Vorgehensweise wird als **r-Strategie** bezeichnet. Sie zeichnet sich dadurch aus, dass bei günstigen Umweltbedingungen sehr viele Nachkommen erzeugt werden, eine Absicherung gegen ungünstige Umwelteinflüsse aber meistens unterbleibt. Zur r-Strategie greifen meist kurzlebige Individuen, die oftmals auch ein geringes Körpergewicht aufweisen. Als Beispiele wären Mikroorganismen, Muscheln, Blattläuse und andere Parasiten aber auch Mäuse und Sperlinge zu nennen. Zum anderen kann eine Fortpflanzungsstrategie darin bestehen, möglichst viel in eine geringe Nachkommenschaft und deren Aufzucht zu investieren, ein Vorgehen, welches man als **K-Strategie** bezeichnet. Vor allem langlebige Arten mit einem hohen Körpergewicht wie Elefanten, Wale und große Greifvögel bedienen sich dieser Strategie. K-Strategen nutzen dabei alle ihre Ressourcen vollständig aus. Ob der Mensch ausschließlich den K-Strategen zugerechnet werden kann, ist umstritten.

Die folgende Zusammenstellung verdeutlicht die beiden Strategien für jeweils idealisierte r- und K-Typen:

Merkmal	r-Strategen	K-Strategen
Konkurrenzfähigkeit	gering	größer
Fähigkeiten zur Selbstregulation	begrenzt	häufig ausgeprägt
Lebensdauer	kurz	lang
Mortalitätsrate	oft hoch	meist gering
Zeit bis zur Geschlechtsreife	kurz	lang
Anzahl der Reproduktionen pro Lebensdauer	gewöhnlich eine	häufig mehrere
Zeitpunkt der ersten Reproduktion	früh	spät
Nachkommenzahl pro Reproduktionsereignis	viele	wenige
Größe der Nachkommen oder Eier	klein	groß
elterliche Fürsorge	keine	oft sehr ausgeprägt

Tab. 6: Vergleich zwischen idealisierten r- und K-Strategen

Fortpflanzungsstrategien sollen die Fitness verbessern, z. B. durch die Erzeugung vieler Nachkommen **(r-Strategie)** oder eine optimale Förderung weniger Nachkommen **(K-Strategie)**.

Partnerwahl

Der Partnerwahl geht oftmals eine Balz mit Imponiergehabe und ritualisierten Verhaltenselementen voraus. Dabei ist vorausgesetzt, dass es mehrere potenzielle Sexualpartner gibt (**„Wahl"**), aber nicht jedes Individuum einer Art mit einem andersgeschlechtlichen Individuum derselben Art kompatibel ist. Nicht immer kommt dabei dem Weibchen die Wahlmöglichkeit zu. Beispielsweise haben die Männchen vieler Arthropoden-Arten eine Vorliebe für große Weibchen. Hier wird die Größe der weiblichen Gliederfüßler gleichgesetzt mit Fruchtbarkeit bzw. möglicher Größe und/oder Anzahl der vom Weibchen produzierten Eier. Meist sind es aber die **männlichen Individuen** einer Art, die um die „Gunst" der Weibchen **balzen**. Hierbei kommt oftmals ein **Imponierverhalten** zum Einsatz, welches zum Anlocken eines Weibchens dient und das Männchen als möglichst potenten Sexualpartner erscheinen lassen soll. Dabei präsentiert das balzende Männchen entweder seine Geschlechtsorgane oder seine Waffen (z. B. Zähne, Geweih, Schnabel) oder auch – wie der Pfau – sein prächtiges Gefieder. Die Balz soll vor der Begattung das umworbene Weibchen auf die Paarung einstimmen und es hierfür bereit machen. Viele Elemente des von den Männchen eingesetzten Imponierverhaltens sind – vor allem bei Fischen, Reptilien und Vögeln – deutlich **ritualisiert**. Die spezifischen Handlungen haben dann die Aufgabe, als **sexuelle Auslöser** (Schlüsselreize) zu wirken und das Weibchen auf die Paarungen einzustimmen. Derartige Schlüsselreize können Signale darstellen, die ursprünglich aus einem ganz anderen Verhaltensbereich stammen. So wird bei den Haubentauchern Nistmaterial präsentiert aber nicht zum Nestbau verwendet. Diese **ritualisierte Handlung** aus dem Verhaltenskreis des Nestbaus ist im Laufe der Evolution dieser Vogelart zu einem **Signal** geworden, das im Rahmen der Balz die Paarungsbereitschaft signalisieren soll. Ritualisierte Signale werden bei der Balz von sehr vielen Tierarten eingesetzt und aus ganz unterschiedlichen Verhaltenskreisen entlehnt. So kann auch ursprüngliches Aggressionsverhalten in das Balzverhalten aufgenommen werden (z. B. beim Dreistachligen Stichling). Selbst das Bettelverhalten von Jungtieren wird während der Balz gezeigt und von erwachsenen Möwen und einigen Singvogelarten als Signal beim Umwerben des Partners eingesetzt.

> Die **Wahl eines Sexualpartners** geht meist mit **Balzverhalten** einher, zu dem auch **ritualisierte Handlungen als sexuelle Auslöser** gehören.

Paarungssysteme

Die Anzahl der Sexualpartner und das Verhältnis der an einer Paarung beteiligten Individuen untereinander können von Art zu Art sehr unterschiedlich sein. Die Palette der **Fortpflanzungssysteme** im Tierreich reicht von der lebenslangen Paarbildung bis zur Polygamie. Grundsätzlich können Paarungssysteme in zwei Gruppen eingeteilt werden: So gibt es monogame und polygame Arten. **Monogamie** liegt dann vor, wenn ein Weibchen mit einem Männchen über eine Fortpflanzungsperiode hinweg **(saisonale Monogamie)** oder bis zum Tod des Partners verpaart ist **(Dauerehe)**. Biber, Füchse, Weißstörche, Kolkraben und Graugänse leben in einer solchen Einehe. Die zweite Möglichkeit für ein Paarungssystem ist die **Polygamie**. Bei dieser „Vielehe" lebt ein Weibchen mit mehr als einem Männchen der gleichen Art zusammen oder umgekehrt. In polygamen Beziehungen können drei Formen unterschieden werden:

- **Polyandrie** („Vielmännerei"):
  Diese seltene Paarbildung liegt dann vor, wenn ein Weibchen mit mehreren Männchen zusammen lebt. Zu finden ist sie z. B. bei Insekten wie *Drosophila* und dem Wasserläufer.
- **Polygynie** („Vielweiberei"):
  Sie ist die am häufigsten vorkommende Form eines Paarungssystems. Bei ihr lebt ein Männchen mit mehreren Weibchen zusammen, wie z. B. im Löwenrudel.
- **Polygynandrie** („Promiskuität"):
  Bei dieser Form der Polygamie existiert keine sexuelle Bindung zwischen den Partnern. Weibchen und Männchen bilden eine Fortpflanzungsgruppe, wobei jedes der Mitglieder des einen Geschlechts sich mehrfach mit verschiedenen Gruppenmitgliedern des anderen Geschlechts paart. Diese Form des Paarungssystems ist bei den Großen Menschenaffen, Vögeln sowie Fischen und Reptilien verbreitet.

Für die Aufzucht der Nachkommen in polygamen Beziehungen ergeben sich deutliche Präferenzen. Während bei der Polyandrie vornehmlich die männlichen Individuen für die Brutpflege zuständig sind, sind dies bei der Polygynie zumeist die Weibchen. Bei der Polygynandrie kann es dazu kommen, dass sich Weibchen und Männchen das Brutpflegegeschäft teilen.

> Partner **monogamer Arten** bleiben über einen langeren Zeitraum in Einehe zusammen. Bei **polygamen Arten** lebt ein Männchen mit mehreren Weibchen zusammen und umgekehrt. Auch promiskuitive Paarungssysteme sind möglich.

Sozialsysteme

Das Zusammenleben verschiedener Individuen einer Art kann ganz unterschiedlich gestaltet sein, bis hin zu komplizierten Sozialsystemen mit vielfältigen Interaktionen ihrer Mitglieder. An der Basis derartiger **Sozialsysteme** steht die zufällige **Aggregation** einzelner Individuen einer Art, ohne dass dabei erkennbare Interaktionen zu beobachten sind. Dies kann durch besondere Gegebenheiten bedingt sein, wie z. B. eine Lampe, um die sich an Sommerabenden Insekten versammeln. Die nächst höhere Stufe im Zusammenleben der Individuen einer Art ist ein **anonymer Verband**, bei dem man zwei Formen unterscheiden kann. Viele Fischarten leben in Schwärmen. Einzelne Tiere können dabei den einen Schwarm verlassen und sich einem anderen Schwarm von Artgenossen anschließen. Ein individuelles Verhältnis der einzelnen Verbandsmitglieder untereinander besteht dabei nicht. Derartige Verbände bieten „Schutz in der Masse", sodass sich Fressfeinde nicht auf einzelne Beute-Individuen konzentrieren können, sondern einer Masse gegenüber stehen, deren Individuen zu jagen deutlich schwieriger ist. Man spricht bei einem solchen Zusammenschluss von einem **offenen, anonymen Verband**. Neben dieser Form existiert der **geschlossene, anonyme Verbandes**. Die Mitglieder eines solchen Verbandes erkennen sich untereinander aufgrund spezifischer Signale, die jedes Mitglied aussendet. Auch hier liegt kein individuelles Erkennen vor. Ein bekanntes Beispiel ist der Bienenstock, in dem ein Volk zusammen lebt. Fremde Bienen können nicht in den Stock gelangen und werden am Flugloch aufgehalten, da ihnen der stockeigene Duft fehlt, den jedes Stockmitglied an sich trägt. Ein **individualisierter Verband** ist erst dann gegeben, wenn sich die Mitglieder einer Gruppe als Einzelpersönlichkeiten kennen und miteinander sozial interagieren, wie dies bei sehr vielen Säugetier- und Vogelarten der Fall ist. Innerhalb individualisierter Verbände herrscht oft eine abgestufte Stellung der einzelnen Gruppenmitglieder; es bildet sich eine **Rangordnung** aus. Diese Form des Zusammenlebens bietet den einzelnen Gruppenmitgliedern enorme Vorteile nicht nur bei der gemeinsamen Nahrungssuche und Feindabwehr, sondern auch bei der Aufzucht des Nachwuchses, an der sich die gesamte Gruppe beteiligen kann. Evolutive Anpassungen innerhalb einer Art haben hier zu einem Sozialverhalten geführt, das bis zum menschlichen Zusammenleben als Möglichkeit der Interaktion innerhalb der Gesellschaft beibehalten und ausgebaut wurde. Daneben existieren aber auch Anpassungen hin zu Interaktionen zwischen unterschiedlichen Arten, die in der Evolution begünstigt sind (siehe hierzu auch Symbiose S. (1) 177 f.).

> **Sozialsysteme** können je nach Art sehr unterschiedlich ausgeprägt sein und von einem bloßen Nebeneinander bis zu einem sozial interagierenden Miteinander reichen.

Koevolution

Neben intraspezifischen (innerartlichen) Selektionswerten existieren aber auch Anpassungen bezüglich Interaktionen zwischen unterschiedlichen Arten, die von der Evolution begünstigt sind. Eine besondere Form derartiger Anpassungen stellt die **Koevolution** dar. Hier beeinflussen sich unterschiedliche Organismengruppen so stark, dass es zu einer gegenseitigen Abhängigkeit in der Evolution dieser Lebensformen kommt. Bei der Interaktion koevolutiv lebender Organismen erfolgt eine wechselseitige Anpassung, man spricht bei diesen Arten-Interaktionen von „reziprokem evolutionärem Sichändern". Zu den bekanntesten Beispielen zählt die Arten-Interaktion zwischen Blütenpflanzen und ihren Bestäubern:

Beispiel

Die Langzungen-Flughunde der Gattung *Macroglossus* sind dunkelaktive Fledermäuse mit gut ausgeprägtem Riechvermögen, kleinen, leichten Körpern und sehr langen Köpfen. Ihre Zungen sind ebenfalls äußerst lang, extrem beweglich und mit Haarpapillen versehen, die gut zur Nektaraufnahme dienen. Darüber hinaus besitzen sie Berührungsflächen am Kopf. Ihre Nahrungsquellen sind die Fledermausblumen *(Tacca chantrieri)*. Die großen, kräftigen Blüten weisen eine besondere, weil oberhalb liegende, Stellung der Staubgefäße und der Narbe auf. Ihre starke Nektarabsonderung und ihr intensiver Duft sind charakteristisch für diese Nachtblüher. So wird aufgrund der spezifisch angepassten Anatomie sowohl der Flughunde als auch der Fledermausblumen immer dann Pollen aufgenommen, wenn die Fledermäuse sich vom Nektar der Pflanzen ernähren. Beim Besuch der nächsten Futterpflanze kann der Pollen übertragen und so die Fremdbestäubung bei den Fledermausblumen sichergestellt werden.

Das Beispiel zeigt deutlich, wie die beiden Arten in ihrer Lebensweise aufeinander abgestimmt und angewiesen sind. Beide Arten können so zusammen ihre Existenz sichern und eine Fortpflanzung gewährleisten. Stellt *Macroglossus* allerdings den einzigen Bestäuber der Fledermausblumen – von denen sie ausschließlich ihre Nahrung beziehen – dar, so kann die eine Art nicht ohne die andere existieren.

> **Koevolution** ist die wechselseitige Anpassung bei der sich gegenseitig beeinflussenden Evolution unterschiedlicher Arten.

6.3 Verhaltensbeobachtungen

Um tierische (oder auch menschliche) Verhaltensäußerungen analysieren und im Zusammenhang mit der der jeweiligen Situation bewerten zu können, ist es notwendig, das jeweils gezeigte Verhalten so genau wie möglich zu dokumentieren. Zu diesem Zweck werden Protokolle erstellt, in denen das beobachtbare Verhalten möglichst genau aufgezeichnet wird. Solche **Ethogramme** schildern dann den Ablauf von Handlungsweisen in allen Einzelheiten und liefern so in der Summe ein **Verhaltensinventar** möglichst vieler Verhaltensweisen einer Tierart. Einen derartigen Katalog **unter natürlichen Bedingungen** aufzustellen ist meist nur unter Zuhilfenahme technischer Hilfsmittel möglich.

Beispiel — Die nächtlichen Wanderbewegungen von Füchsen können durch elektronische Halsbänder aufgezeichnet oder direkt übermittelt werden. Auf diese Weise ist es dann möglich, Bewegungsprofile der Tiere zu erstellen, die viele Funktionskreise des Verhaltens wie Beutefang, Nahrungsaufnahme, Revierverteidigung oder Brutpflege erfassen.

Ergänzend liefern die bildlichen Aufzeichnungen direkter Verhaltensbeobachtungen der Tiere in ihrem angestammten Lebensraum Hinweise auf die Interaktion eines Lebewesens mit seiner Umwelt. Komplexe Verhaltensweisen können so in einzelne Teilschritte zerlegt und vergleichend analysiert werden.

Beispiel — Als Beispiel soll hier das Balzverhalten verschiedener männlicher Entenarten dienen. Die einzelnen Ausdrucksbewegungen der verschiedenen Entenarten können so identifiziert und anschließend vergleichend analysiert werden.

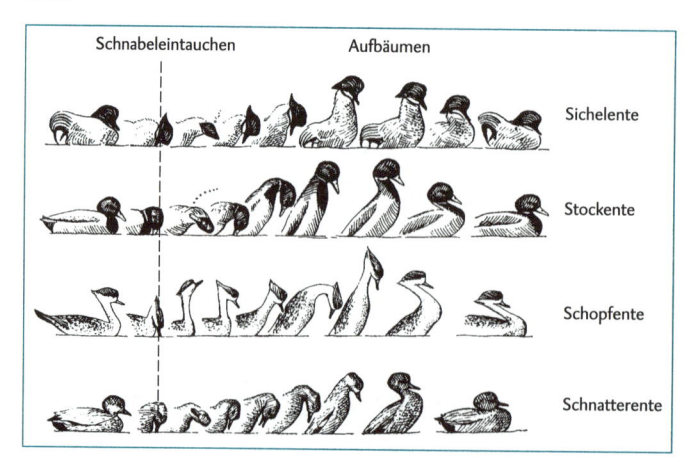

Abb. 52: Balzbewegungen verschiedener männlicher Entenarten

Der **Vergleich von Ethogrammen** sich entsprechender Verhaltensäußerungen unterschiedlicher Arten kann so nicht nur **Rückschlüsse** auf die Fitness und Anpassung dieser Arten zulassen, sondern auch dabei helfen, **Verwandtschaftsbeziehungen** und evolutionäre Parallelen in der Stammesgeschichte dieser Tiere aufzuzeigen.

> **Ethogramme** sind Verhaltensinventare, die alle **Lebensäußerungen** einer Tierart unter natürlichen Bedingungen umfassen und im zwischenartlichen Vergleich Verwandtschaftsbeziehungen aufzeigen können.

Zusammenfassung

- Nach dem JARMAN-BELL-Prinzip muss das Futter umso energiereicher und hochwertiger sein, je geringer das Gewicht der entsprechenden Tierart ausfällt.
- K- und r-Strategie sind Fortpflanzungsstrategien, die entweder auf die optimale Betreuung weniger Nachkommen oder auf möglichst viele Nachkommen setzen.
- Partnerwahl und Paarung gehen meist Balzverhalten mit ritualisierten Handlungen (sexuelle Schlüsselreize als Auslöser) voraus.
- Bei Paarungssystemen unterscheidet man zwischen Monogamie (Einehe) und Polygamie (Vielehe).
- Je nach Tierart können Sozialsysteme in unterschiedlicher Weise vom anonymen Verband bis zu Gruppen mit individuellen Sozialstrukturen reichen.
- Die wechselseitige Anpassung einzelner Arten, bedingt durch gegenseitige Abhängigkeiten voneinander bezeichnet man als Koevolution.
- Mithilfe von Verhaltensprotokollen können in Ethogrammen Verhaltensinventare erstellt werden.

Aufgaben 132 Die nachfolgende Tabelle gibt die Grundaussagen des JARMAN-BELL-Prinzips wieder. Erläutern Sie dieses Prinzip anhand der Aussagen in der Tabelle.

	Nährstoffbedarf insgesamt	Nährstoffbedarf pro kg Körpergewicht
großes Tier	große Menge (reichliche Futteraufnahme)	geringe Menge (geringe Nahrungsqualität)
kleines Tier	geringe Menge (seltene Futteraufnahme)	große Menge (hohe Nahrungsqualität)

133 Welche der folgenden Aussagen sind richtig? Kreuzen Sie an.
☐ Eine Fitness-Optimierung besteht darin, den eigenen Fortpflanzungserfolg zu verbessern.
☐ K-Strategen besitzen meist eine geringe Konkurrenzfähigkeit.
☐ Elterliche Brutpflege ist vor allem bei r-Strategen ausgeprägt.
☐ Menschliches Verhalten lässt sich der K-Strategie zuordnen.
☐ Langlebige Arten verfolgen vor allem die K-Strategie.
☐ K- und r-Strategien sind darauf ausgerichtet, möglichst viele Nachkommen zu haben.

134 Der menschliche Kuss wird sowohl beim Werben um den Partner als auch zur Festigung und Bekräftigung der getroffenen Wahl eingesetzt. Erklären Sie, aus welchem Verhaltenskreis diese ritualisierte Handlung stammen könnte.

135 Welche der folgenden Aussagen sind falsch? Kreuzen Sie an.
☐ Polygynie ist die häufigste Form der seriellen Monogamie.
☐ Vielehen stellen polygame Fortpflanzungssysteme dar.
☐ In polygynandrischen Gruppen kümmern sich vor allem Männchen um die Brutpflege.
☐ Dauerehen sind monogame Paarungssysteme.
☐ Bei den polygamen Fortpflanzungsstrategien ist die Polygynie im Tierreich am wenigsten verbreitet.

136 Erläutern Sie, warum es biologisch sinnvoll ist, dass in individualisierten Verbänden eine Rangordnung besteht.

137 1862 schrieb Charles DARWIN in seinem Orchideenbuch über *Angraecum sesquipedale*, deren Nektarsporn zwischen 25 und 30 cm lang ist, dass es sich bei dem bis dahin unbekannten Bestäuber der Orchidee um ein Insekt handeln müsse, dessen Saugrüssel diese Länge besitzt. Der entsprechende Schwärmer wurde Anfang des 20. Jahrhunderts entdeckt und erhielt den Namen *Xanthopan morgani praedicta* (lat. *praedictus*: der Vorhergesagte).
Erläutern Sie, wie Darwin diese Vorhersage machen konnte und bewerten Sie den Sachverhalt evolutionsbiologisch.

138 Als auf Mauritius die letzten dort lebenden Dronten, flugunfähige, ca. 100 cm große Vögel, ausgestorben waren, keimten auf der Insel keine Samen des Kalvarienbaumes mehr aus. Die Nüsse waren Nahrungsgrundlage der Dronten. Man stellte fest, dass die Keimfähigkeit der Baumsamen nur nach einer Darmpassage durch das Verdauungssystem der Dronten gegeben war.
Erläutern Sie den hier zugrunde liegenden evolutionsbiologischen Tatbestand.

139 Erläutern Sie, warum es bei der Erstellung von Ethogrammen darauf ankommt, dass die einzelnen zu beobachtenden Verhaltensweisen eines Tieres zum einen exakt definiert und zum anderen klar gegeneinander abgegrenzt sind.

7 Stammesgeschichte des Menschen

Grundlage der naturwissenschaftlichen Erklärung der Herkunft des Menschen ist der Vergleich seiner Merkmale mit denen bestimmter Fossilien und heute noch lebender Affen.

7.1 Stellung des Menschen im natürlichen System

System der Primaten

Der Mensch lässt sich zwanglos in das System der Tiere einordnen. Innerhalb der Wirbeltiere gehört er zu den Säugetieren, und dort bildet er zusammen mit den Affen und Halbaffen die Ordnung der **Primaten**. Seine nächsten Verwandten sind die Menschenaffen:
- Orang-Utan (Asien)
- Gorilla (Afrika)
- Schimpansen (Afrika, zwei Arten)

Abb. 53: Menschenaffen. Von links nach rechts: Orang-Utan, Gorilla und Schimpanse

> Die nächsten Verwandten des Menschen sind Orang-Utan, Gorilla und die Schimpansen.

Die Verwandtschaftsbeziehungen zwischen Menschenaffen und Mensch sind nicht ganz geklärt. Der **anatomische Vergleich** und die **DNA-Analyse** ergeben unterschiedliche Stammbäume:

Stammesgeschichte des Menschen | 145

Stammbaum der Primaten nach Daten aus der DNA-Analyse
Altweltaffen, Orang-Utan, Gorilla, Schimpansen, Mensch

Stammbaum der Primaten nach anatomischen Merkmalen
Altweltaffen, Orang-Utan, Gorilla, Schimpansen, Mensch

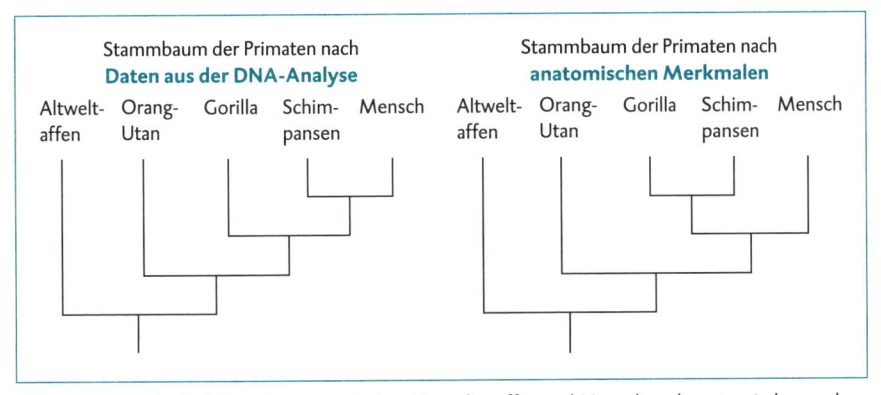

Abb. 54: Verwandtschaftsbeziehungen zwischen Menschenaffen und Mensch nach anatomischen und biochemischen Analysen

Alle heutigen Menschen gehören zur selben Art und Unterart, zum *Homo sapiens sapiens*. Die nächsten Verwandten des Menschen und der Menschenaffen sind die **Altweltaffen**. Das sind die Affen Afrikas und Asiens, z. B. Paviane, Meerkatzen, Makaken. Nach anatomischen Merkmalen ist der Mensch am nächsten verwandt mit einer Gruppe von Menschenaffen, die von Schimpansen und Gorillas gebildet wird. Aus den Daten des DNA-Vergleichs ergibt sich dagegen, dass der Mensch mit den Schimpansen näher verwandt ist als mit den übrigen Menschenaffen.

In den dargestellten Stammbäumen sind die Gibbons und die Neuweltaffen nicht berücksichtigt. Gibbons sind kleine, den Menschenaffen nahe verwandte Arten, die in den tropischen Wäldern Asiens leben. Die systematische Gruppe der Neuweltaffen ist auf Süd- und Mittelamerika beschränkt. In Australien gibt es weder rezente noch fossile Affen. In Europa sind heute alle Affen ausgestorben, außer einer sehr kleinen Population in Gibraltar.

Veränderung von Merkmalen in der frühen Stammesgeschichte der Affen

Affen entstanden in der adaptiven Radiation der Säugetiere (siehe S. 45) aus bodenbewohnenden Insektenfressern, die einen guten Geruchssinn, aber nur wenig leistungsfähige Augen hatten. Mit der Anpassung an das Leben auf Bäumen traten Merkmale und Fähigkeiten auf, die sich später als wichtige Voraussetzungen (Prädispositionen, Präadaptationen; siehe S. 103, 162) bei der stammesgeschichtlichen Entwicklung zum Menschen erwiesen.

Mit dem Lebensraum „Baum" sind einige Besonderheiten verbunden. Er ist dreidimensional (die Bodenregion ist zweidimensional), birgt die Gefahr, abzustürzen und hat viele Lücken zwischen Zweigen und Ästen, die ständig Entscheidungen über die Wahl des Weges erfordern.

Im Folgenden sind einige **Anpassungstendenzen der Primaten** an den Lebensraum „Baum" und ihre spätere Bedeutung für den Menschen dargestellt:

- Die **Augen vergrößern** sich. Für die Orientierung im Geäst sind sie günstiger als der Geruchssinn. Beim Menschen sind die Augen die wichtigsten und leistungsfähigsten Sinnesorgane.
- Die **Augen verlagern** sich weiter nach vorne, sodass sich die beiden Sehfelder stark überlappen. Das verbessert die Fähigkeit zum räumlichen Sehen. Überlappende Sehfelder sind günstig für das Abschätzen von Entfernungen beim Klettern und Greifen im Geäst. Das sehr gute räumliche Sehen erlaubt u. a. ein geschicktes und feines Hantieren unter Augenkontrolle.
- Das **Großhirn wird größer** und seine Rinde faltet sich stärker. Dadurch erhält seine Oberfläche mehr Furchen. Die vergrößerte Großhirnrinde ist günstig, um schnell entscheiden zu können, welcher Weg im Geäst eingeschlagen werden soll. Beim Menschen ermöglicht sie eine hohe Planungsfähigkeit (Intelligenz).
- Der Daumen und die große Zehe können abgespreizt und der Hand- bzw. Fußfläche gegenübergestellt (opponiert) werden. Die Hände und Füße werden zu **Greiforganen**, die das Klettern sicherer machen. Durch den opponierbaren Daumen erhält der Mensch seine große handwerkliche Geschicklichkeit.
- Das **Gleichgewichtsorgan** und die Hirnbereiche, die die Körperlage kontrollieren und steuern, werden leistungsfähiger. Die feine Kontrolle der Körperlage ist günstig für Bewegungen im dreidimensionalen Lebensraum. Die Fortbewegung im Geäst stellt hohe Anforderungen an die Gleichgewichtssteuerung. Die genannten Anpassungen sind erforderlich für die komplizierte Kontrolle des Gleichgewichts im instabilen, zweibeinigen Stand, Lauf oder Sprung.

7.2 Vergleich der Anatomie von Menschenaffen und Mensch

Menschen und Menschenaffen ähneln sich in ihrem Körperbau sehr stark, jedoch bewegen sich Menschenaffen vorwiegend vierbeinig; der Mensch ist ein zweibeinig aufrecht laufender Bodenbewohner. Viele Merkmale, durch die sich der heutige Mensch von den Menschenaffen unterscheidet, stehen im Zusammenhang mit dem **aufrechten Gang**. Im Folgenden sind einige Unterschiede zwischen Menschenaffen und dem heutigen Menschen mit einer möglichen Erklärung dargestellt.

Körperhaltung und Körperproportionen

Bei Menschenaffen ist der Oberschenkel im aufrechten Stand gegen die Wirbelsäure abgeknickt, beim Menschen dagegen bildet er mit der Wirbelsäule eine gerade Linie. In aufrechter Körperhaltung liegt der **Schwerpunkt** beim Menschen günstiger, sodass ein geringerer Kraftaufwand beim zweibeinigen Gang erforderlich ist.

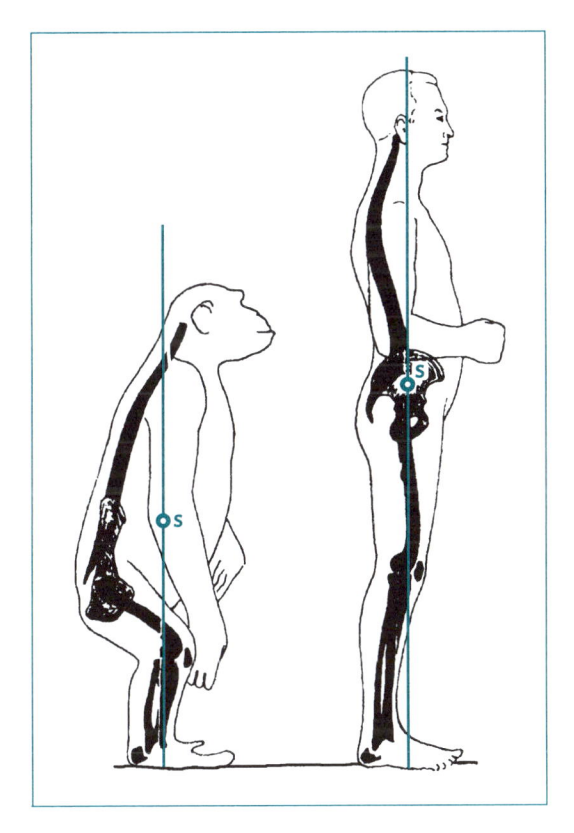

Abb. 55: Lage des Schwerpunktes bei aufrechter Körperhaltung

Die Arme der Menschenaffen sind länger als die Beine. Beim Menschen dagegen sind die Größenverhältnisse umgekehrt. Die langen Beine ermöglichen eine große Schrittweite beim Menschen, beim Menschenaffen lassen die langen Arme eine größere Greifweite beim Hangeln in den Bäumen zu.

Abb. 56: Körperproportionen bei Menschenaffen und Mensch

(Orang-Utan, Schimpanse, Gorilla, Mensch)

Wirbelsäule und Becken

Die **Wirbelsäule** der Menschenaffen ist gerade oder bogenförmig, beim Menschen dagegen **doppelt S-förmig** gebogen. Dadurch kann sie beim aufrechten Gang und beim Sprung die Last des Kopfes und Rumpfes abfedern (siehe Abb. 55, S. 147).

Das **Becken** der Menschenaffen ist lang und schmal, das der Menschen ist breit und schüsselförmig. Beim Menschen wirkt das Becken wie eine tragende Schüssel für die beim aufrechten Stand in Körperlängsachse nach unten gerichtete Last der Eingeweide. Beim Menschenaffen trägt die Bauchdecke den größten Teil der Eingeweide. Die Öffnung im Becken, die den **Geburtskanal** darstellt, ist beim Menschen viel weiter als bei den Menschenaffen. Die weite Beckenöffnung des Menschen stellt eine Anpassung an den großen Kopfdurchmesser des Kindes dar, der durch das große Gehirnvolumen bedingt ist.

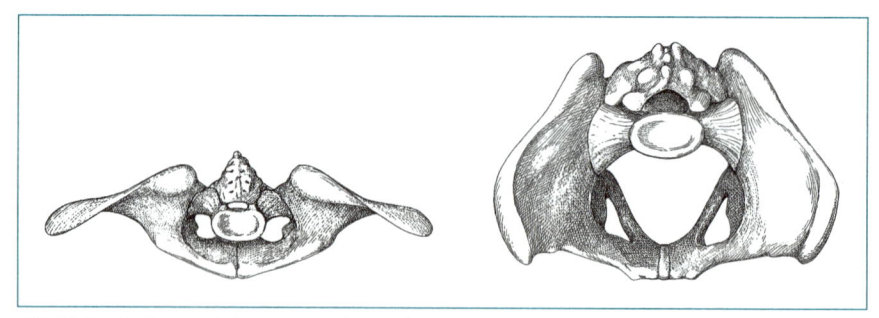

Abb. 57: Das Becken von Schimpanse und Mensch (Ansicht von oben).

Hände und Füße

Bei Menschenaffen liegt die Last des Körpers im zweibeinigen Stand auf der äußeren Fußkante (Zwei-Punkt-Stand). Die erste Zehe auf der Innenseite, die große Zehe, ist abgespreizt und opponierbar. Der Fuß des Menschen hat drei Auflagepunkte **(Drei-Punkt-Stand)**. Außerdem ist er gewölbt. Seine erste Zehe ist nicht abgespreizt und auch nicht opponierbar.

Durch die opponierbare erste Zehe können Menschenaffen mit den Füßen greifen. Das erleichtert ihnen die Bewegung im Geäst der Bäume. Beim Menschen bringt der Stand auf drei Punkten des Fußes mehr Stabilität. Vor allem ist es leichter möglich, auf nur einem Bein zu stehen. Das bringt eine höhere Standsicherheit in der Phase des Gangs, in der der Körper nur auf einem Fuß ruht. Das Fußgewölbe federt die Last des Körpers beim Gehen und Springen ab.

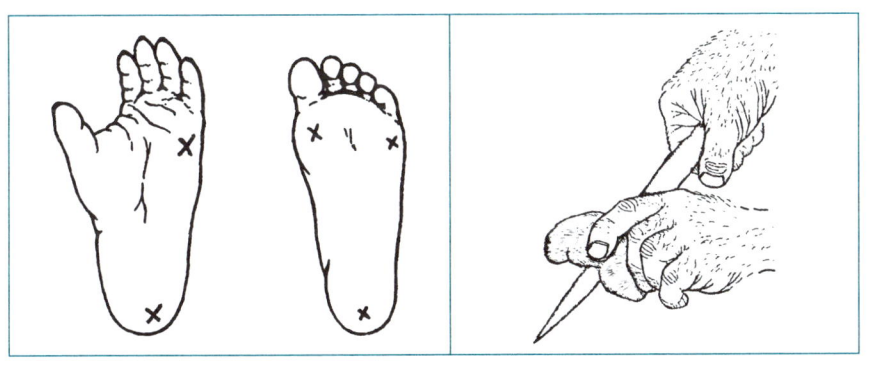

Abb. 58: Fuß eines Gorillas und eines Menschen mit Auflagepunkten

Abb. 59: Der Präzisionsgriff des Menschen ist die Voraussetzung für sein großes handwerkliches Können

Menschenaffen haben nur einen kurzen Daumen. Er kann daher den übrigen Fingern nur unvollkommen gegenübergestellt werden. Der Daumen des Menschen ist lang und sehr gut gegen alle Finger opponierbar. Dieser sehr bewegliche, kräftige Daumen erlaubt durch seine vollständige Opponierbarkeit zu allen Fingern, fest, aber gefühlvoll zuzugreifen. Dadurch wird der **Präzisionsgriff** möglich, der u. a. für die große handwerkliche Geschicklichkeit des Menschen verantwortlich ist. Die leistungsfähige, geschickte Hand ist besonders vorteilhaft, weil sie durch den aufrechten Gang für die Fortbewegung nicht erforderlich und daher für andere Aufgaben frei ist. Sie kann zu jeder Zeit, sowohl in Ruhe als auch beim Laufen eingesetzt werden.

Schädel

Der **Schädelinnenraum** der Menschenaffen ist mit ca. 500 ml viel kleiner als der des Menschen mit ca. 1 500 ml. Das große Gehirn, das das Innere des Schädels fast ganz ausfüllt, ermöglicht eine hohe Intelligenz. Bemerkbar wird das u. a. in einer stark ausgebildeten Fähigkeit, zu planen und differenziert und flexibel auf verschiedene Situationen zu reagieren.

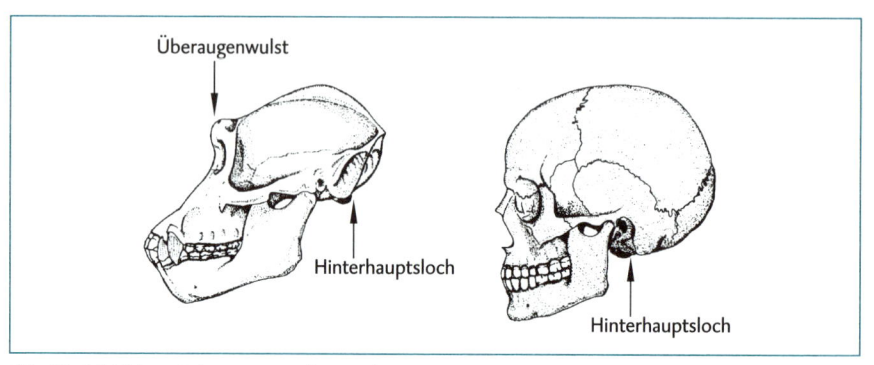

Abb. 60: Schädel von Schimpanse und Mensch

Das **Hinterhauptsloch**, die Eintrittstelle des Rückenmarks am Auflagepunkt des Schädels auf der Wirbelsäule, liegt bei Menschenaffen im hinteren Bereich des Schädels, beim heutigen Menschen dagegen im Zentrum der Schädelunterseite. Beim Mensch ruht der Schädel bei aufrechter Körperhaltung gut ausbalanciert auf der Wirbelsäule. Daher ist nur eine geringe Nackenmuskulatur erforderlich, um den Schädel aufrecht zu halten. Menschenaffen brauchen eine stärkere Nackenmuskulatur, um den Schädel in Position zu halten.

Menschenaffen haben eine sehr flache, **fliehende Stirn**, der Mensch eine steile und hohe (siehe Abb. 60). Die hohe Stirn des Menschen ist als Erweiterung des Hirnraums nach vorne zu verstehen, als Raum für die Vergrößerung des Gehirns durch „Überbauung" des Hirnschädels über den Augenbereich.

Der **Gesichtsschädel** der Menschenaffen wölbt sich in Form einer **Schnauze** vor. Beim Menschen ist der Gesichtsschädel flach. Der Oberkiefer (Schnauzenteil) ist beim Menschen unter den Hirnschädel verlagert. So rückt der Schwerpunkt des Kopfes näher zur Schädelmitte, also näher zum Auflagepunkt und kann bei aufrechter Körperhaltung besser ausbalanciert werden. Ein vorspringender Gesichtsschädel würde dem Schädel ein Übergewicht nach vorne geben, sodass eine stärkere Nackenmuskulatur erforderlich wäre, um zu verhindern, dass der Kopf nach vorne zur Brust hin kippt.

Menschenaffen haben starke **Überaugenwülste**. Beim Menschen sind sie sehr schwach ausgebildet. Die Überaugenwülste der Menschenaffen stellen Verstrebungen des Schädels dar, die den auf den Gesichtsschädel wirkenden Kaudruck auffangen. Beim Menschen sind die Überaugenwülste reduziert, da der Kaudruck durch die Verlagerung des Oberkiefers unter den Hirnschädel besser auf den Schädel abgeleitet werden kann. Außerdem verdeckt der Knochen des Hirnschädels im Stirnbereich einen Teil der reduzierten Überaugenwülste.

Gebiss

Die **Backenzahnreihen** der Menschenaffen verlaufen parallel **U-förmig**, die des Menschen **parabel**förmig. Durch die Verlagerung des Oberkiefers unter den Hirnschädel wird der Platz für die Backenzähne knapp (wie eng der Raum ist, zeigen die Schwierigkeiten, die uns Weisheitszähne bereiten können). Die Parabelform bietet mehr Raum als geradlinige Zahnreihen.

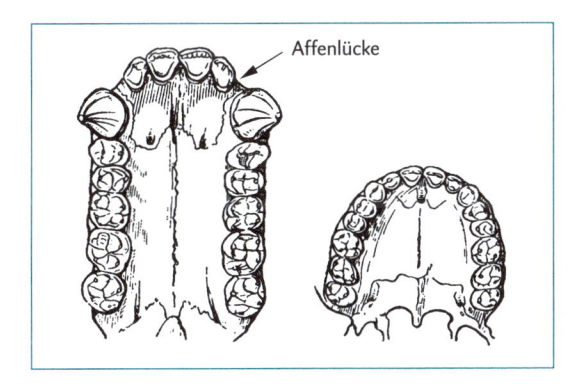

Abb. 61: Oberkiefer von Menschenaffe und Mensch.

Die Zahnreihen der Menschenaffen werden von einer charakteristischen Lücke unterbrochen, die man als **Affenlücke** bezeichnet. Sie liegt im Oberkiefer zwischen Schneide- und Eckzähnen, im Unterkiefer zwischen Eck- und Backenzähnen. Der Mensch hat keine Zahnlücke, seine Zahnreihen sind geschlossen. Bei Menschenaffen ist diese Zahnlücke erforderlich, um das Maul trotz der großen Eckzähne vollständig schließen zu können. Die Eckzähne liegen bei geschlossenem Maul in den Zahnlücken. Beim Menschen sind die Zahnlücken überflüssig, da die Eckzähne kaum größer sind als die Schneidezähne. Die **Eckzähne** sind bei Menschenaffen sehr groß und dolchartig, beim Menschen ragen sie nur wenig über die Schneidezähne hinaus. Die Reduktion der Eckzähne beim Menschen bringt Vorteile, da kleine Eckzähne beim Schließen der Kiefer keine Zahnlücke erfordern. Der nicht mehr beanspruchte Raum kann von Backenzähnen besetzt werden. Günstig ist dies, da durch die Verlagerung des Oberkiefers unter den Hirnschädel „Platzmangel" herrscht.

Unterkiefer

Die beiden Unterkieferhälften sind bei Menschenaffen durch einen breiten, horizontal liegenden Bereich, die „**Affenplatte**", miteinander verbunden. Der Mensch dagegen hat nur eine vertikal liegende Verbindung, allerdings verstärkt durch ein vorspringendes Kinn.

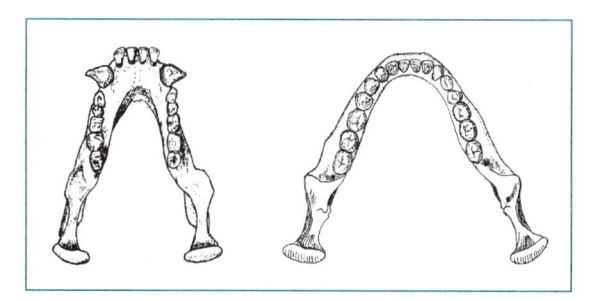

Abb. 62: Unterkiefer von Schimpanse und Mensch

Beim Kauen können sehr starke, einseitig wirkende Kräfte auftreten (Scherkräfte), die die Unterkieferäste belasten. Um zu verhindern, dass sie bei einseitigem Kaudruck gegeneinander verschoben werden, muss die Verbindung zwischen den beiden Hälften des Unterkiefers sehr fest sein. Bei Menschenaffen dient dazu neben der vertikalen Verbindung auch noch eine horizontale, die Affenplatte. Beim Menschen würde eine Affenplatte nach der Rückverlagerung des Kiefers unter den Hirnschädel zu viel Platz in Anspruch nehmen. Das **vorspringende Kinn**, ein charakteristisches Merkmal des menschlichen Unterkiefers, ist als Leiste zu verstehen, die die beim Menschen fehlende Affenplatte ersetzt. Es erhöht die Festigkeit der Verbindung zwischen den beiden Unterkieferästen. Den Menschenaffen fehlt diese Knochenleiste, sie haben ein **fliehendes** Kinn.

7.3 Zytologische und molekularbiologische Merkmale

Die enge Verwandtschaft zwischen Menschen und Menschenaffen, die trotz der zuvor besprochenen Unterschiede besteht, lässt sich auch durch zytologische und biochemische Merkmale belegen: Menschenaffen haben **48 Chromosomen** (2n = 48), der Mensch **46** (2n = 46). Alle Chromosomen der Menschenaffen stimmen in ihrer Feinstruktur mit der des Menschen überein. Sehr wahrscheinlich sind zwei kleine Chromosomen der Menschenaffen beim

Menschen zu einem großen „verschmolzen". So lässt sich die unterschiedliche Chromosomenzahl erklären.

Serologische Untersuchungen (siehe S. 79 f.) und die **Aminosäuresequenzanalyse** (siehe S. 77 ff.) vergleichbarer Proteine von Menschenaffen und Mensch, z. B. aus dem Hämoglobin, ergeben nur sehr geringe Unterschiede. Menschen und Menschenaffen sind in ihrer **immunologischen Ausstattung**, z. B. in der Art der Antigene ihrer Zellen, sehr ähnlich. Auch die Blutgruppen des AB0-Systems sind gleich. Die Ergebnisse der Analyse der **Basensequenz der DNA**, wie auch die der DNA-Hybridisierung (siehe S. 80 f.), ergeben eine enge Verwandtschaft des Menschen zu den afrikanischen Menschenaffen (Schimpansen und Gorilla), am nächsten sehr wahrscheinlich zu den Schimpansen (siehe Abb. 54, S. 145). Untersucht wurde u. a. eine Basensequenz des Hämoglobin-Gens, aber auch die DNA der Mitochondrien. Alle Daten weisen daraufhin, dass die letzten gemeinsamen Vorfahren von Menschenaffen und Mensch vor ca. **5 Millionen Jahren** im oberen Tertiär lebten.

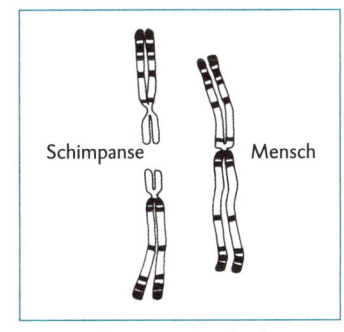

63: Einander entsprechende Chromosomen des Schimpansen und des Menschen

7.4 Fossilgeschichte des Menschen

Aus Fossilfunden geht hervor, dass die stammesgeschichtliche Entwicklung, die zur Entstehung des heutigen Menschen führte, vor etwa 5 Mio. Jahren begann. Die Fossilien lassen sich so anordnen, dass Entwicklungstendenzen und Abstammungsverhältnisse deutlich werden. Wegen der geringen Zahl und des häufig schlechten Erhaltungszustands der Fossilien sind die Verwandtschaftsbeziehungen in einigen Bereichen des Stammbaums noch nicht geklärt. Alle Stammbaumschemata haben Lücken und sind als vorläufig zu betrachten. Neue Funde machen häufig Änderungen erforderlich.

Alle fossilen Arten der Gattungen *Australopithecus* und *Homo* hatten parabelförmige Backenzahnreihen und kleine Eckzähne. Sie liefen ständig aufrecht auf zwei Beinen und lebten in offenen und halboffenen Graslandschaften Afrikas, die von Bäumen und Büschen durchsetzt waren, ähnlich den heutigen Savannen.

Schema der stammesgeschichtlichen Entwicklung des Menschen

Ein Stammbaumschema, das zurzeit von vielen Fachleuten anerkannt wird, ist in vereinfachter Form in der folgenden Abbildung dargestellt:

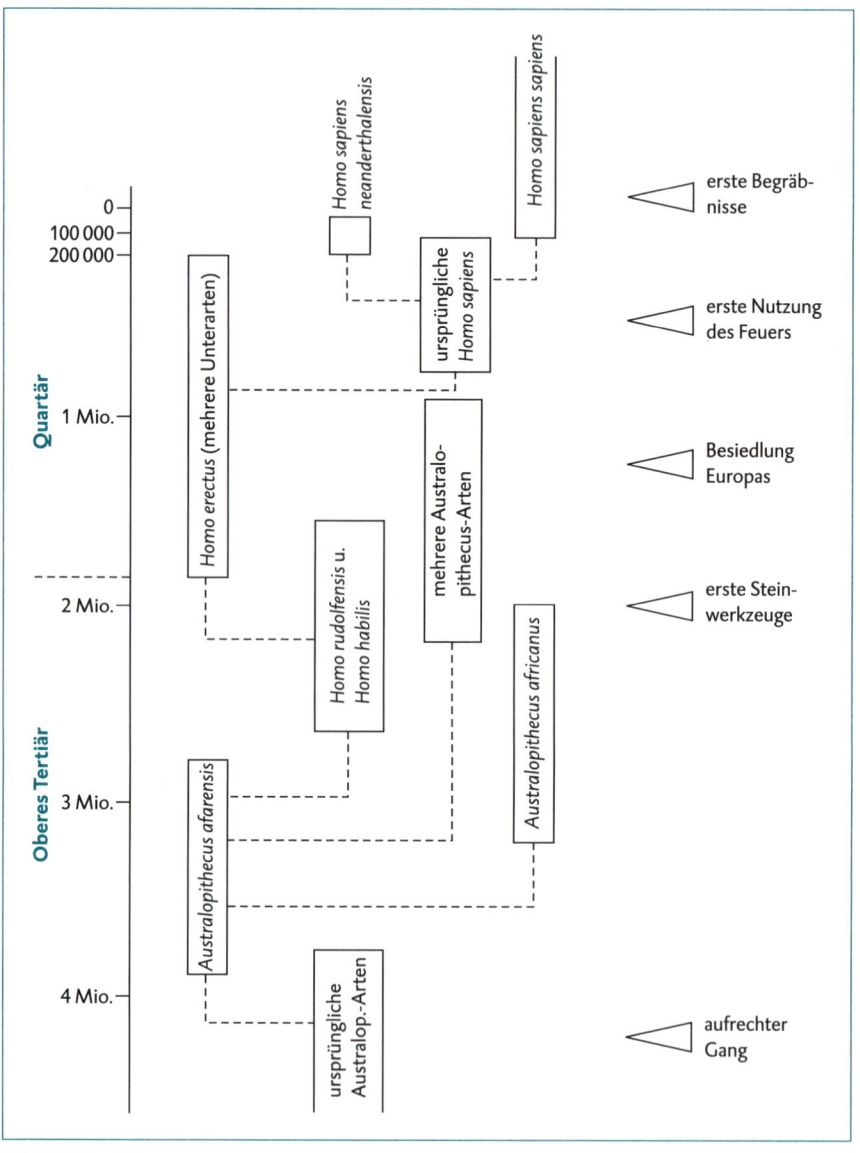

Abb. 64: Stammbaum des Menschen auf der Basis von Annahmen, die zurzeit von vielen Fachwissenschaftlern unterstützt werden

Australopithecus-Gruppe (Vormenschen)

Vor etwa 4 bis 1 Millionen Jahren lebten mehrere *Australopithecus*-Arten auf der Erde. Das geht aus Fossilien hervor, die fast ausschließlich in Süd und Ostafrika gefunden wurden. Dort durchstreiften diese **„Vormenschen"** offene und halboffene Landschaften, die Savannen, auf der Suche nach pflanzlicher Nahrung und Kleintieren. Im Bau des Schädels zeigen die *Australopithecinen* noch viele Merkmale von Menschenaffen (siehe Tab. 7, S. 160 f.), im Skelett unterhalb des Halses dagegen ähneln sie schon der Gattung *Homo*. Einige Arten gehören zu blind endenden Seitenzweigen des menschlichen Stammbaums. Sie starben aus, ohne Nachfahren hinterlassen zu haben. Andere dagegen bilden Gruppen, aus denen Vorfahren des heutigen Menschen hervorgingen.

Besonders aufschlussreich waren die zum Teil ungewöhnlich umfangreichen Funde von *Australopithecus afarensis* in Tansania und Äthiopien. Ihr Alter liegt bei 3,7 bis 2,9 Mio. Jahren. Reste von über 100 Individuen stehen den Fachleuten heute zur Verfügung. Ein Glücksfall für die Wissenschaft war der Fund von **„Lucy"** in Äthiopien, da nicht nur der Schädel, sondern auch sehr viele Teile des Körper- und Extremitätenskeletts erhalten waren. Die Beinknochen und das Becken ließen z. B. den Schluss zu, dass *Australopithecus afarensis* ständig aufrecht auf zwei Beinen lief. Diese Annahme konnte durch einen erstaunlichen Fund in Laetoli (Tansania) bestätigt werden. Dort sind in vulkanischer Asche die später versteinerten **Fußspuren** von *Australopithecus afarensis* erhalten. Die Abdrücke zeigen, dass er nicht auftrat wie ein Menschenaffe, sondern dass seine Füße denen des Menschen sehr ähnelten.

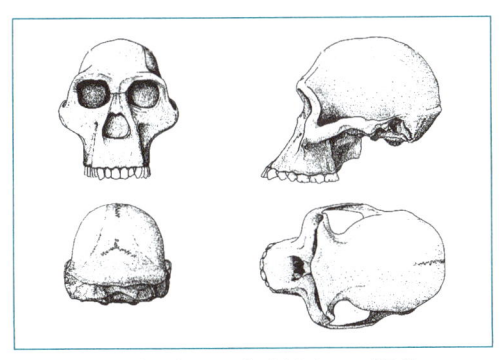

Abb. 65: *Australopithecus*: Schädelskelett und Fußspuren von Laetoli

Nach Ansicht einiger Fachleute entstanden aus *Australopithecus afarensis* durch Artspaltung (siehe Gendrift S. 107, Separation S. 118 ff.) sowohl weitere *Australopithecus*-Arten, als auch die ersten Vertreter der Gattung *Homo*. Diskutiert wird aber auch die Entstehung von *Homo*-Arten durch eine Artumwandlung.

Homo rudolfensis-Gruppe

Die ältesten Vertreter der Gattung *Homo* stammen aus Ostafrika (Kenia, Tansania). *Homo rudolfensis* (2,5 bis 1,8 Mio. Jahre alt) und *Homo habilis* (2 bis 1,5 Mio. Jahre alt) lebten in der Savanne und ernährten sich von Pflanzen, Kleintieren und vermutlich auch von Aas. Sie waren bereits in der Lage, einfache Steinwerkzeuge herzustellen. Dazu zerschlugen sie Kieselsteine, sodass scharfkantige Bruchstücke entstanden. Man bezeichnet sie als **„pebble tools"**.

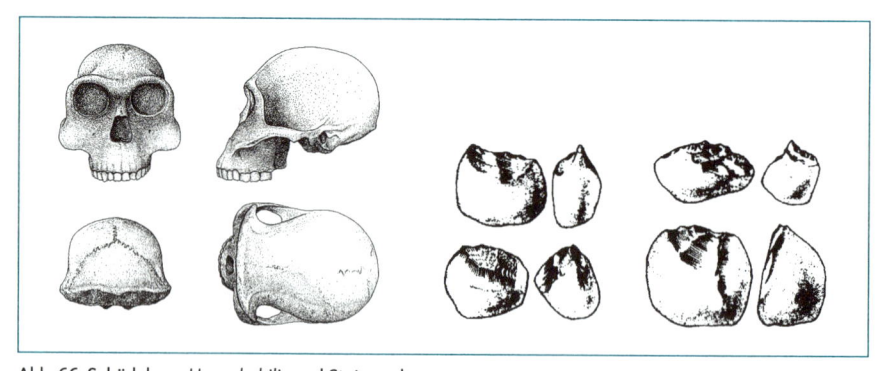

Abb. 66: Schädel von *Homo habilis* und Steinwerkzeuge

Diese Geröllgeräte waren dazu geeignet, große Säugetiere zu zerlegen. Mit ihren scharfen Kanten ließ sich die zähe Haut öffnen, um an die Innereien und das Muskelfleisch heranzukommen. Vermutlich handelte es sich dabei aber um bereits tote Tiere, da man mit pebble tools keine großen Beutetiere erlegen kann. Wegen der Möglichkeit, Aas zu nutzen, lag der Fleischanteil der Nahrung bei *Homo rudolfensis* und seinen nahen Verwandten wahrscheinlich höher als bei *Australopithecus*. *Homo rudolfensis* entstand wahrscheinlich aus *Australopithecus afarensis*, entweder durch Artspaltung oder Artumwandlung. *Homo habilis* ging vermutlich durch Artspaltung aus *Homo rudolfensis* hervor.

Homo erectus-Gruppe (Frühmenschen)

Die wichtigsten Fundorte von Fossilien des *Homo erectus* liegen in Ostafrika, Südasien (Java), Ostasien (China) und Europa (z. B. Heidelberg). Diese „**Frühmenschen**" stellten Faustkeile her, das sind Steinwerkzeuge, die in mehreren Arbeitsgängen gezielt auf ihre Verwendung hin bearbeitet wurden.

Homo erectus lebte als Sammler und machte **Jagd** auf große Säugetiere. Möglich wurde das durch die leistungsfähigen Steinwerkzeuge und die ersten Fernwaffen wie Speere und Lanzen. Sehr wahrscheinlich führte das dazu, dass er sich in noch stärkerem Maße von Fleisch ernährte als *Homo rudolfensis*. Zumindest einige Unterarten, eventuell sogar alle, nutzten das **Feuer**.

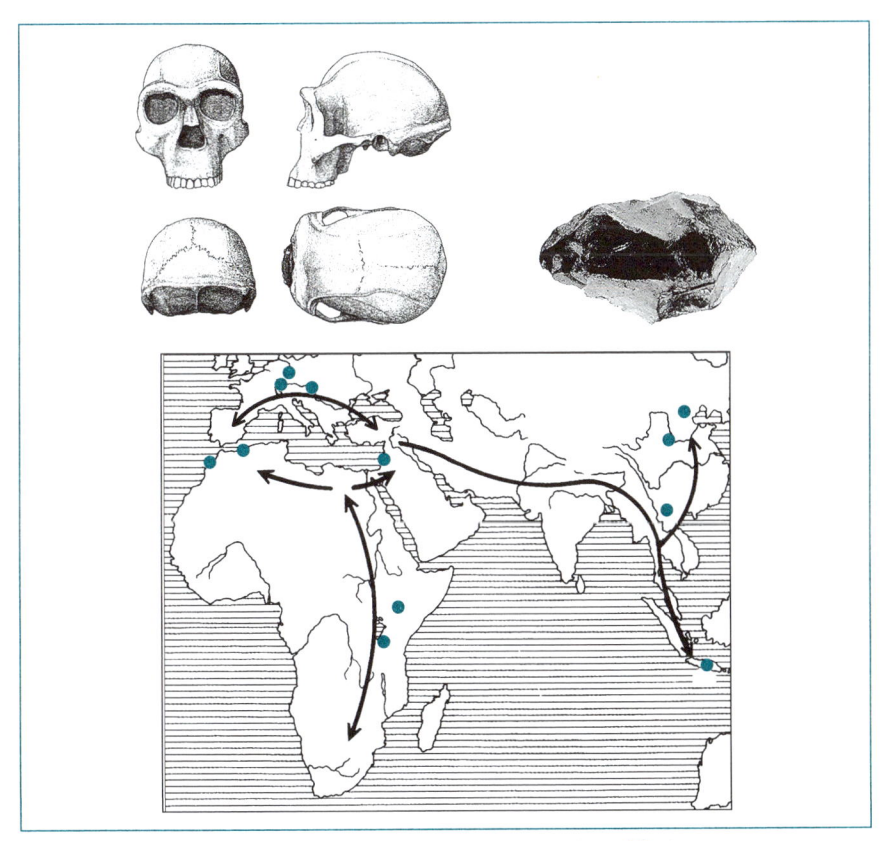

Abb. 67: *Homo erectus*: Schädel, Steinwerkzeug, Verbreitung und Fundorte **(blau)**.

Homo erectus trat in mehreren lokalen Unterarten auf. Nicht geklärt ist, ob er sich durch Artumwandlung oder Artspaltung aus *Homo rudolfensis* gebildet hat. Gesichert aber ist, dass er in Ostafrika entstand und sich von dort aus nach

Asien und Europa ausbreitete (erste Auswanderung der Gattung *Homo* aus Afrika). Wie sich der *Homo sapiens* aus *Homo erectus* entwickelt hat, wird zurzeit kontrovers diskutiert. Einige Fachleute nehmen an, dass sich aus der europäischen Unterart (*Homo erectus heidelbergensis*) der Neandertaler (*H. sapiens neanderthalensis*) bildete.

Homo sapiens-Gruppe

Zur Art *Homo sapiens* gehören unter anderem die Unterarten *Homo sapiens neanderthalensis*, der Neandertaler, und *Homo sapiens sapiens*, der heutige moderne Mensch.

Die Fossilien des **Neandertalers** haben ein Alter zwischen 200 000 und 30 000 Jahren. Die Fundorte liegen in Europa, u. a. im Neandertal bei Düsseldorf, und in Vorderasien. *Homo sapiens neanderthalensis* war ein kompakt und gedrungen gebauter Mensch mit dickwandigen Knochen und sehr starker Muskulatur. Sein Körpergewicht lag deutlich höher als bei gleich großen heutigen Menschen, es betrug etwa 80 kg bei einer Größe von ca. 1,60 m. Er lebte in Mitteleuropa in den Kältesteppen der Eiszeit als Jäger und Sammler. An das Leben im kalten Eiszeitklima war er gut angepasst. Einen Selektionsvorteil brachte v. a. die geringe Oberfläche des kleinen, aber massigen Körpers, da sie die Wärmeabgabe reduzierte (siehe Klimaregeln S. 169 ff.). Vielfältige, fein bearbeitete Geräte lassen auf eine hohe Werkzeugkultur schließen. Die Steinwerkzeuge sind häufig von denen des *Homo sapiens sapiens* nicht zu unterscheiden. An einigen Fundorten konnte man die Bestattung von Toten nachweisen. Man darf daher vermuten, dass die Neandertaler an ein Leben nach dem Tode glaubten, dass sie also bereits religiöse Vorstellungen hatten.

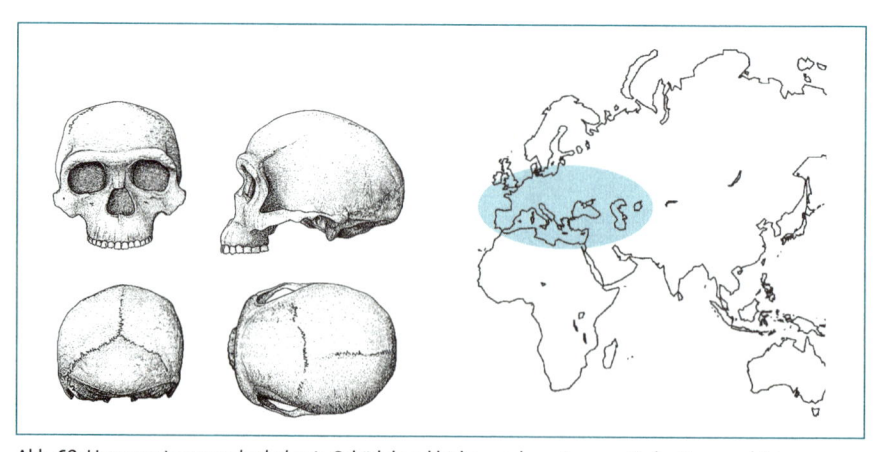

Abb. 68: *Homo sapiens neanderthalensis*: Schädel und bisher nachgewiesenes Verbreitungsgebiet.

Vorfahren des Neandertalers waren vermutlich Vertreter einer Gruppe von ursprünglichen *Homo sapiens*-Typen, zu der auch der in Baden-Württemberg (Steinheim an der Murr) gefundene *Homo sapiens steinheimensis* gehört. Sie hatten einen ähnlich geformten, jedoch kleineren Schädel als die Neandertaler. Diskutiert wird aber auch die Artumwandlung aus *Homo erectus*.

Als **Vorfahre des heutigen Menschen** kommt der Neandertaler nicht in Betracht, da beide Unterarten des *Homo sapiens* für wenigstens einige Tausend Jahre nebeneinander im gleichen Verbreitungsgebiet gelebt haben. Was zum Aussterben des Neandertalers geführt hat, ist unklar. *Homo sapiens sapiens* könnte ihn aus seiner ökologischen Nische verdrängt haben. Beide Unterarten könnten sich aber auch vermischt haben, sodass der Neandertaler in eine gemeinsame Population mit *Homo sapiens sapiens* aufging.

Die ältesten, ca. 150 000 Jahre alten Funde des *Homo sapiens sapiens* stammen aus Afrika. Dort lebte er als Jäger und Sammler in offenen und halboffenen Landschaften, ähnlich den heutigen Savannen. Von Afrika aus hat er sich über die ganze Erde verbreitet (zweite Auswanderung der Gattung *Homo* aus Afrika). Nach Auffassung einiger Fachleute war er wendiger, geistig beweglicher und kreativer und konnte daher den Neandertaler aus seiner ökologischen Nische verdrängen, obwohl dieser mit seinen massigen Muskelpaketen dem grazilen *Homo sapiens sapiens* an Körperkraft vermutlich überlegen war. Mit ca. 40 000 Jahren ist der *Cro-Magnon-Mensch* die älteste Form des *Homo sapiens sapiens* in Europa. Von seiner hohen Kultur zeugen die ältesten bekannten Kunstwerke des Menschen, die Höhlenmalereien in Südfrankreich und Nordspanien sowie Kleinplastiken aus Elfenbein in Süddeutschland, z. B. in der Nähe von Ulm (siehe kulturelle Evolution, S. 165).

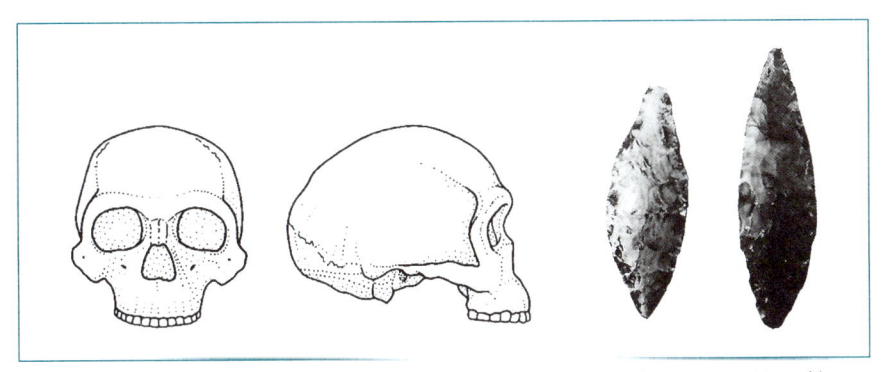

Abb. 69: *Homo sapiens sapiens:* Schädel und Steinwerkzeuge früher Vertreter (Cro-Magnon-Mensch)

Alle heute lebenden Menschen gehören zur Unterart *Homo sapiens sapiens*. Er hat als einziger Vertreter des menschlichen Stammbaums bis in die Gegenwart überlebt. Erstaunlich ist die kurze Zeit von etwa 150 000 Jahren, nach anderen Schätzungen auch 200 000 oder sogar nur 100 000, in der er aus einer Unterart des *Homo erectus* in Afrika entstand (siehe multiregionales Modell und „Out-of-Africa"-Hypothese, S. 164 f.).

Die folgende Tabelle gibt einen Überblick über die Veränderung ausgewählter Merkmale in der Stammesgeschichte des Menschen.

	Australopithecus-Gruppe	Homo rudolfensis-Gruppe	Homo erectus-Gruppe	Homo sapiens neanderthalensis	Homo sapiens sapiens
Alter [Jahre]	4 bis 1 Mio.	2 bis 1,5 Mio.	1,8 Mio. bis 300 000	200 000 bis 30 000	150 000
Größe [m]	bis 1,50	ca. 1,50	ca. 1,65	ca. 1,60	meist mehr als 1,60
Form des Hirnschädels	**klein (ähnlich Menschenaffen)**	Schädeldach höher als bei Australopithecus	**lang gestreckt**, Schädeldach **niedrig**	**groß, lang gestreckt** („Brotlaibform") Schädeldach **höher** als bei H. erectus	**hoch, rundlich** (weniger lang als beim Neandertaler)
Volumen des Hirnschädels [cm³]	ca. 400 bis 500 (ähnlich Menschenaffen)	ca. 600 bis 800 (Homo habilis: 500 bis 650)	ca. 800 bis 1 200 (durchschnittlich 1 000)	ca. 1 500 (höher als der Durchschnitt bei heutigen Menschen)	ca. 1 400
Stirn	sehr flach (fliehend)	flach (fliehend)	flach (fliehend)	fliehend	**steil, hoch**
Überaugenwülste	stark ausgebildet	deutlich ausgebildet, aber weniger massiv als bei Australopithecus	stark ausgebildet	stark ausgebildet	**sehr schwach ausgebildet**
Gesichtsschädel	deutlich vorspringend **(Schnauze)**	deutlich vorspringend, aber weniger als bei Australopithecus	vorspringend, aber nicht schnauzenartig	leicht vorspringend	flach, nicht vorspringend

Lage des Hinterhauptslochs	näher am Zentrum der Schädelunterseite als bei Menschenaffen, aber weiter hinten als beim heutigen Menschen	vermutlich ähnlich wie bei *Australopithecus*	weiter der Mitte des Schädels genähert als bei *Australopithecus* und vermutlich auch als bei *H. rudolfensis*	im Zentrum der Schädelunterseite	im Zentrum der Schädelunterseite
Kinn	fliehend	vermutlich fliehend	fliehend	fliehend	**vorspringend**

Tab. 7: Veränderung ausgewählter Merkmale in der Stammesgeschichte des Menschen (Erkennungsmerkmale des Schädels sind **blau** hervorgehoben)

Weitere Erläuterungen zu fossilen Vorfahren und Verwandten des Menschen

Die stammesgeschichtliche Entwicklung, an deren Ende der heutige Mensch steht, verlief nicht geradlinig, sondern in einer Art „Zickzack-Kurs" mit zahlreichen Verzweigungen und blind endenden Sackgassen, von denen nur einige wenige im Stammbaumschema (siehe Abb. 64, S. 154) eingetragen sind. Eine gezielt auf den heutigen Menschen hin ausgerichtete Entwicklung ist aus dem Stammbaum nicht ablesbar.

Zumindest in einigen Abschnitten hatte die Evolution des Menschen eine ungewöhnlich hohe Geschwindigkeit. Erklärbar wird dies, wenn man annimmt, dass die Populationen oder Teilpopulationen für gewisse Zeiten sehr klein waren, sodass die Gendrift Bedeutung erhielt. Eventuell traten auch Flaschenhalseffekte auf (siehe S. 106 f.). Angenommen wird das z. B. für die Auswanderung von *Homo sapiens sapiens* aus Afrika (siehe S. 164).

Innerhalb der Entwicklungslinie, an deren Ende der *Homo sapiens* steht, lassen sich mehrere **Evolutionstendenzen** beobachten: So wird das Gehirn größer, der Geschichtsschädel flacher, die Überaugenwülste schwächer, das Hinterhauptsloch verlagert sich in Richtung zur Mitte der Schädelbasis und die geistigen Fähigkeiten und die handwerkliche Geschicklichkeit nehmen zu.

Über sehr lange Zeit lebten *Australopithecus*-Arten und *Homo*-Arten nebeneinander im gleichen Verbreitungsgebiet (Ostafrika). Frühe *Homo*-Arten, wie *Homo rudolfensis* und *Homo habilis*, besetzten möglicherweise eine andere ökologische Nische als die gleichzeitig im selben Gebiet lebenden *Australopithecinen*. Durch die Fähigkeit zur Herstellung von Steingeräten konnten sie größere Tiere zerlegen. Daher war vermutlich der Fleischanteil ihrer Nahrung höher als bei *Australopithecinen*, die vorwiegend pflanzliche Kost und Kleintiere zu sich nahmen.

Die Gattung *Homo* entstand während des Übergangs vom Tertiär zum Quartär (Pleistozän). Als Kriterium für die **Definition des Menschen** verwenden viele Fachleute die Fähigkeit zur Herstellung von Werkzeugen, verbunden mit einem ständig aufrechten Gang. Der Übergang vom Tier zum Menschen geschah nicht plötzlich, sondern während eines langen Zeitraums (**Tier-Mensch-Übergangsfeld** = TMÜ).

Weitere Erläuterungen zu den Merkmalsänderungen des Menschen

Das Schlüsselereignis, das die Änderung von vielen Merkmalen und den Erwerb einiger Fähigkeiten erklären kann, ist der **Wechsel des Lebensraums** von tropischen Wäldern zu Savannen, also offenen Landschaften. Vermutlich hatten frühe Vorfahren und Verwandte des Menschen, die in der Lage waren, auch in der Savanne zu leben, einen Selektionsvorteil, als die Wälder infolge einer Klimaveränderung schrumpften und offene Landschaften entstanden.

Die ersten Formen, die die Savanne besiedelten, brachten Anpassungen an den Lebensraum „Baum" mit (siehe S. 145 f.). Sie hatten z. B. sehr **leistungsfähige Augen**, eine hervorragende Fähigkeit, **räumlich zu sehen**, und **Greifhände**. Diese Anpassungen, die sich im Wald gebildet hatten, erwiesen sich als **Präadaptationen** an das Leben in der Savanne. So konnten die leistungsfähigen Augen Feinde oder auch Beutetiere in der offenen Landschaft erkennen. Die Greifhände, die unter der Kontrolle der räumlich sehenden Augen geschickt arbeiteten, konnten Steinwerkzeuge herstellen, die zur Zerlegung großer Säugetiere erforderlich waren *(Homo rudolfensis)*.

Nach neueren Erkenntnissen waren schon die ersten Besiedler der Savanne in der Lage, ständig oder vorwiegend **aufrecht auf zwei Beinen** zu laufen. Das brachte in der offenen Landschaft einige Vorteile:

- Die Landschaft konnte ständig **weit überblickt** werden (Orientierung und Feindvermeidung auch im hohen Gras).
- Der Körper ließ sich leichter **vor Überhitzung schützen**, da er eine geringere Fläche besitzt, die der Sonneneinstrahlung ausgesetzt ist.
- Die **Hände** waren zur Fortbewegung nicht erforderlich und konnten **andere Aufgaben** übernehmen, z. B. gesammelte Nahrung über weite Strecken tragen, mit Werkzeugen oder Waffen auch während des Laufs hantieren und kleine Kinder auf den Wanderungen mitnehmen.

Im Laufe der Stammesgeschichte veränderten sich viele Merkmale derart, dass sich der aufrechte Gang immer weiter verbesserte.

> Der **Mensch** entstand in den Savannen Afrikas. Schlüsselmerkmale, die zur Entwicklung typisch menschlicher Merkmale und Fähigkeiten führten, waren der **aufrechte Gang**, der die Hände für andere Aufgaben frei machte und die **Fähigkeit, räumlich zu sehen**, die das geschickte Hantieren unter Kontrolle der Augen ermöglichte.

Die **Fähigkeit zu sprechen** ist ein wesentliches Kennzeichen des Menschen. Über die Ursachen der Entstehung der Sprache kann nur spekuliert werden. Möglicherweise erhielten diejenigen unserer Vorfahren einen Selektionsvorteil, die in der Lage waren, sich untereinander **differenzierter** zu verständigen, z. B. anderen mitzuteilen, wo ergiebige Plätze zum Sammeln von Nahrung liegen, oder sich bei der Jagd abzusprechen, evtl. sogar Strategien zu entwickeln und bei vielen anderen Tätigkeiten fein abgestimmt zu kooperieren. Nach Ansicht vieler Fachleute lag der Selektionsvorteil auch darin, mithilfe einer differenzierten Sprache das **Zusammenleben in der Gruppe** zu regeln, Bindungen zu festigen und Konflikte zu vermeiden (s. kulturelle Evolution, S. 165).

Über die Ursache der **Vergrößerung des Gehirns** besteht in der Fachwelt keine Einigkeit. Diskutiert werden v. a. zwei Hypothesen:

1 Die Zunahme der Gehirngröße geschah im Zusammenhang mit der Fähigkeit, **verbesserte Werkzeuge** herzustellen, was einen Selektionsvorteil bedeutet. Bessere Werkzeuge sind dann besonders vorteilhaft, wenn sie nach einem durchdachten Plan eingesetzt werden. Voraussetzung für die Fähigkeit, planend zu handeln, ist ein leistungsfähiges Gehirn. Auch zur Verbesserung der Koordination der Finger, Hände und Arme ist die Vergrößerung des Gehirns erforderlich. Je leistungsfähiger das Gehirn, desto besser die Werkzeuge. Herstellung und Gebrauch von Werkzeugen und die Gehirngröße bedingen und verstärken sich daher gegenseitig.

2 Die Zunahme der Gehirngröße brachte einen Selektionsvorteil durch die damit verbundene Fähigkeit zur **differenzierten Sprache**, die eine bessere Organisation, Planung und Absprache in der Gruppe ermöglichte, z. B. vor und bei der Jagd, der Sammeltätigkeit usw.

Da der Proteingehalt von Nervenzellen hoch ist, soll nach Ansicht einiger Fachleute die Zunahme der Gehirngröße erst möglich gewesen sein, als die Nahrung **eiweißreicher** wurde. So ließe sich erklären, warum sich in der Entwicklungslinie zum *Homo rudolfensis* das Hirnvolumen in kurzer Zeit von ca. 500 auf ca. 800 cm^3 vergrößerte: Steinwerkzeuge ermöglichten es dem Menschen erstmalig, das Fleisch großer Säugetiere als Eiweißquelle zu nutzen.

Hypothesen zur Entstehung des heutigen Menschen

Zur Entstehung des heutigen Menschen werden **zwei Hypothesen** diskutiert:

1 **„Out-of-Africa"-Hypothese** (= „Eva"- oder „Arche-Noah"-Hypothese). Der Jetztmensch, *Homo sapiens sapiens*, entstand in Afrika und wanderte von dort aus nach Asien und Europa ein (zweite Auswanderung aus Afrika; siehe *Homo erectus* S. 157 f.). Vermutlich geschah das in einer oder mehreren kleinen, evtl. nur sehr wenige Individuen umfassenden Gruppen. Dort verdrängte er die *Homo erectus*-Unterarten durch Konkurrenz um die gleiche ökologische Nische. Sein größeres Gehirn brachte ihm wahrscheinlich einen Selektionsvorteil. Dies geschah vermutlich vor etwa 100 000 Jahren. Der heutige Mensch hat sich seit dieser Zeit entwickelt. Von Asien aus besiedelte er Australien und über die damals trockene Beringstraße Nordamerika, später Mittel- und Südamerika. Nach dieser Hypothese sind also die heutigen Menschentypen innerhalb einer sehr kurzen Zeit von ca. 100 000 Jahren entstanden.

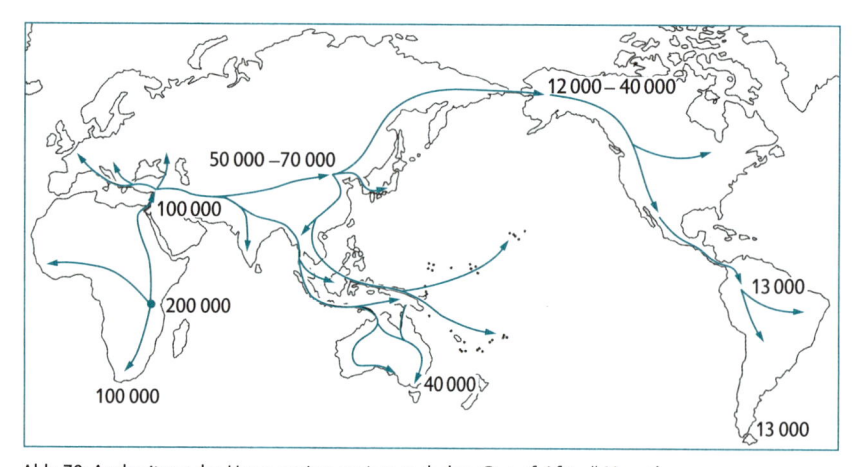

Abb. 70: Ausbreitung des *Homo sapiens sapiens* nach der „Out-of-Africa"-Hypothese

2 **Multiregionaler Ursprung**. Die verschiedenen Formen des heute lebenden Menschen entstanden jeweils getrennt aus den verschiedenen Unterarten des *Homo erectus*. Sie verbreiteten sich weiter nach Amerika (ostasiatisch Unterart) und Australien (südasiatische Unterart). Nach dieser Hypothese haben sich die heutigen Menschentypen in weitgehend getrennten Populationen über lange Zeit hinweg unabhängig voneinander entwickelt.

Die erste Hypothese lässt sich weit besser belegen als die zweite. Durch den Vergleich der DNA vieler verschiedener Menschengruppen konnte man feststellen, dass die genetischen Unterschiede zwischen den heutigen Typen von Menschen nur sehr gering sind. Das ist leichter zu erklären, wenn man **einen gemeinsamen Vorfahren** aller heute auf der Erde lebenden Menschen annimmt, aus dem sich erst vor kurzem die heutigen Menschentypen entwickelt haben. Nach dem jetzigen Erkenntnisstand gibt es keinen Grund dafür, die heutigen Menschen in Unterarten (Rassen) einzuteilen. Verschiedene Menschenrassen waren z. B. der Neandertaler oder der Steinheimer. Die zweite Hypothese wird von einigen Leuten **missbraucht**, denen daran gelegen ist, möglichst große Unterschiede zwischen den heutigen Menschentypen nachzuweisen, z. B. um **rassistischen Ideologien** eine pseudo-wissenschaftliche Grundlage zu verschaffen.

> Alle heute auf der Erde lebenden Menschen gehören zur **Unterart** Homo sapiens sapiens. Die Einteilung der heutigen Menschen in **Rassen** ist aus biologischer Sicht unsinnig.

7.5 Kulturelle Evolution

Die starke Zunahme des Hirnvolumens und die daraus resultierende hohe Intelligenz ermöglichte dem Menschen als einzigem Lebewesen eine **kulturelle Evolution**. Grundlagen dafür sind der besondere **Bau der Hand**, die zu sehr feinen Manipulationen fähig ist und deren Bewegungen durch sehr leistungsfähige Gehirnfelder gesteuert werden sowie die artikulierende **Wortsprache**, die die detaillierte Weitergabe erworbener Kenntnissen möglich macht.

Biologische und kulturelle Evolution laufen nach ähnlichen Prinzipien ab. In beiden Fällen geht es um Änderung, Weitergabe und Speicherung von Information. Neuen kulturellen Ideen z. B. entsprechen **Mutationen** und die Prüfung auf Brauchbarkeit eines neuen Gedankens durch die Individuen einer Gruppe ist mit der **Selektion** vergleichbar.

> Die **Sprache** erlaubt die Weitergabe erworbener Eigenschaften. Sie ermöglicht die Ansammlung bewährter Ideen, Kenntnisse und Fähigkeiten zum Kulturgut und ist für die **hohe Geschwindigkeit** kultureller Evolution verantwortlich.

Zusammenfassung

- Die Primaten sind aus einer Gruppe bodenbewohnender Insektenfresser entstanden. Viele Merkmale der Primaten sind als Anpassung an das Leben auf Bäumen zu erklären.
- Einige Anpassungen an das Baumleben dürfen als Präadaptationen betrachtet werden, aus denen sich die evolutionäre Grundlage für die Entstehung des aufrechtes Gangs, der hohen manuellen Geschicklichkeit und des sehr leistungsfähigen Gehirns bildete.
- Das Skelett von Menschenaffen ist nur in seinen Proportionen von dem des heutigen Menschen verschieden.
- Viele anatomische Unterschiede zwischen Menschenaffen und Mensch stehen im Zusammenhang mit dem ständig aufrechten, zweibeinigen Gang des Menschen sowie mit seiner großen Fähigkeit zur Herstellung und Nutzung von Werkzeugen.
- Zytologisch und molekularbiologisch sind sich Menschenaffen und heutige Menschen sehr ähnlich.
- *Australopithecus*-Arten zweigen an der Basis des Stammbaums ab, an dessen jüngsten Zweigen auch der heutige Mensch steht.
- *Australopithecus*-Arten liefen ständig zweibeinig, hatten aber noch eine Gehirngröße, die die von Menschenaffen kaum überstieg.
- Die Vorfahren des Menschen, die zweibeinig liefen und Geräte anfertigen konnten, ordnet man heute der Gattung *Homo* zu.
- Die Gattung *Homo* entstand in Afrika. Vertreter von *Homo erectus* verließen als erste diesen Kontinent und drangen bis nach Europa, Süd- und Ostasien vor.
- Die Besiedlung Australiens, sowie Nord- und Südamerikas gelang erst einigen Gruppen von *Homo sapiens sapiens*.
- Neandertaler und Steinheimer sind Unterarten (Rassen) des *Homo sapiens*. Sie lebten v. a. in Europa.
- Nach der „Out-of-Africa"-Hypothese entstand der heutige Mensch in Afrika. Die Hypothese des „multiregionalen Ursprungs" nimmt an, dass die heutigen Menschentypen weitgehend unabhängig voneinander aus jeweils anderen Unterarten des *Homo erectus* entstanden.
- Grundlage für die kulturelle Evolution ist die zu sehr feinen Bewegungen fähige Hand, die artikulierende Wortsprache und das sehr leistungsfähige Gehirn.
- Durch die Möglichkeit der sprachlichen und schriftlichen Tradition erhält die kulturelle Evolution eine sehr hohe Geschwindigkeit.

Stammesgeschichte des Menschen | 167

Aufgaben

140 Nennen Sie die drei nächsten Verwandten des Menschen innerhalb der Gruppe der heutigen Primaten und geben Sie jeweils ihr Verbreitungsgebiet an.

141 Die Primaten entwickelten zu Beginn ihrer Stammesgeschichte Merkmale, die sich später für die Entstehung des *Homo sapiens* als wichtige Präadaptationen (Prädispositionen) erwiesen.
   a Wodurch wurde die Bildung dieser Merkmale zu Beginn der Stammesgeschichte der Primaten ausgelöst?
   b Nennen Sie vier solcher Merkmale oder Evolutionstendenzen, und erläutern Sie in Stichworten ihren Anpassungswert in der frühen Stammesgeschichte der Primaten.
   c Nennen Sie Merkmale und Fähigkeiten des heutigen Menschen, die sich auf die genannten Präadaptationen zurückführen lassen.

142 a Nennen Sie in Stichworten fünf Merkmale des heutigen Menschen, die in der Stammesgeschichte nach dem Übergang vom Leben auf Bäumen zum Bodenleben entstanden und die in einem direkten Zusammenhang mit dem ständig aufrechten, zweibeinigen Gang stehen.
   b Nennen Sie Merkmale, durch die sich der heutige Mensch von den übrigen Primaten unterscheidet und die nicht in direktem Zusammenhang mit dem ständig aufrechten, zweibeinigen Gang stehen.

143 In der folgenden Abbildung sind die Halswirbel von Mensch (A) und Gorilla (B) in Seitenansicht dargestellt.
Erklären Sie die unterschiedliche Größe der Wirbelfortsätze bei den beiden Arten.

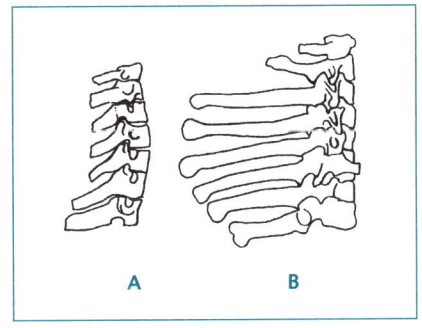

Abb. 71: Halswirbel von Mensch (A) und Gorilla (B) in Seitenansicht

144 Kreuzen Sie an, welche der folgenden Paare von Merkmalen und Veränderungen in einem direkten, ursächlichen Zusammenhang stehen.
   ☐ Zunahme der Gehirngröße – aufrechter Gang
   ☐ Verlagerung des Ober- und Unterkiefers weit unter den Hirnschädel – parabelförmige Backenzahnreihen

☐ Reduktion der Chromsomenzahl von 48 auf 46 – ständig aufrechter, zweibeiniger Gang
☐ Lage des Hinterhauptsloches im Zentrum der Schädelunterseite – Reduktion der Nackenmuskulatur
☐ Zunahme der Gehirngröße – steile und hohe Stirn
☐ Reduktion der Überaugenwülste – Geburtskanal weit

145 In den folgenden Abbildungen sind verschiedene Primatenschädel von hinten gezeigt. Die Ansatzflächen der Nackenmuskulatur sind dunkler gezeichnet.

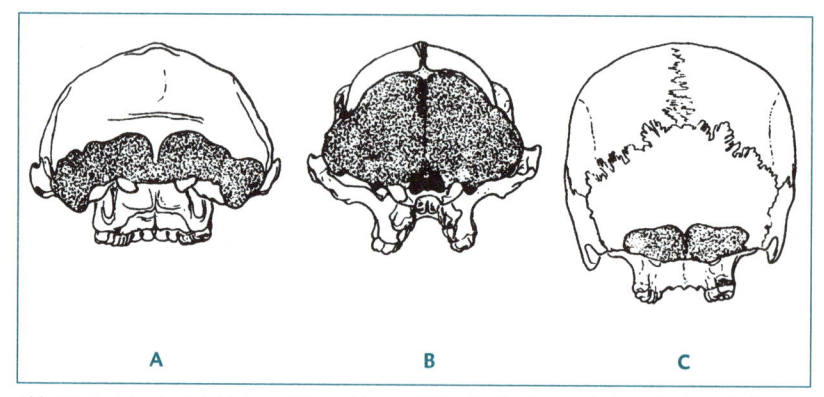

Abb. 72: Ansicht des Schädels von hinten (Ansatzfläche der Nackenmuskulatur dunkel gefärbt)

a Welcher der Schädel stammt von
  • *Homo sapiens sapiens*?
  • *Homo erectus*?
  • Gorilla?
b Begründen Sie die Zuordnung über die Größe der dargestellten Muskelansatzfläche.

146 Nennen Sie drei Ergebnisse molekularbiologischer und zytologischer Untersuchungen, die für eine nahe Verwandtschaft von Mensch und Menschenaffen sprechen.

147 Nennen Sie drei Merkmale, die *Australopithecus*-Arten und Vertretern der Gattung *Homo* gemeinsam sind und die sie von den Menschenaffen unterscheiden.

148 Welchen Nachweis für den aufrechten Gang früher *Australopithecinen* kennen Sie außer dem, der durch die Anatomie der Fossilien geführt wird?

149 Nennen Sie die Kriterien, die heute von vielen Fachleuten zur Definition der Gattung *Homo* verwendet werden.

150 Im Folgenden sind die Umrisse einiger Schädel abgebildet. Alle stammen von Primaten, die ständig aufrecht auf zwei Beinen liefen. Die Abbildungen sind nicht maßstabsgetreu.
  a Ordnen Sie die Schädel den richtigen Gruppen von Vertretern aus der Stammesgeschichte des Menschen zu. Geben Sie dabei jeweils die vollständigen wissenschaftlichen Bezeichnungen an.
  b Welcher der Schädel kann nur von Fundorten in Afrika stammen, welcher kann nicht in Afrika gefunden worden sein?
  c In welcher der angegebenen Gruppen ist die Nutzung von Feuer nachgewiesen?

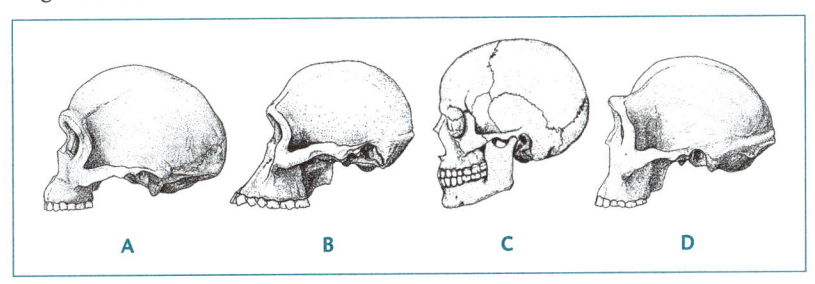

Abb. 73: Schädel rezenter und fossiler Vertreter des menschlichen Stammbaums

151 Welcher der abgebildeten Unterkiefer gehört zu
  • einem Schimpansen?
  • *Homo erectus*?
  • *Homo sapiens sapiens*?

Bitte beachten Sie, dass die Unterkiefer nicht im gleichen Maßstab abgebildet sind.

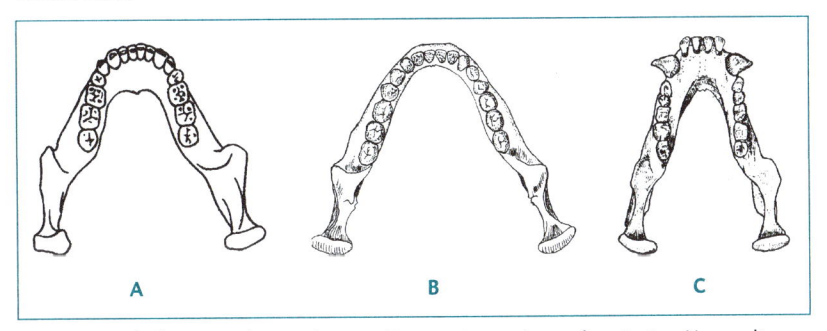

Abb. 74: Unterkiefer in Ansicht von oben von *Homo sapiens sapiens* und zwei seiner Verwandten

152 In der folgenden Abbildung sind die Schädel von zwei frühen Verwandten des Menschen dargestellt. Beide Schädel sind etwa im gleichen Maßstab abgebildet.
  a Welcher der beiden Schädel stammt von einem Vertreter der Gattung *Homo*? Welche Arten kommen infrage?
  b Zu welcher Gattung gehört der andere Schädel?
  Begründen Sie Ihre Antwort.

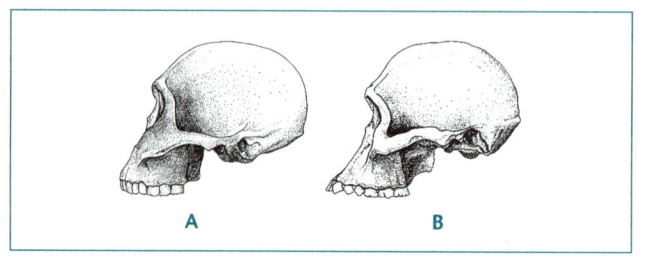

Abb. 75: Primatenschädel aus der frühen Stammesgeschichte des Menschen

153 a Füllen Sie die mit Buchstaben gekennzeichneten Stellen im auf der nächsten Seite abgebildeten, stark vereinfachten Stammbaumschema durch sinnvolle Begriffe aus. Beachten Sie, dass es sich bei dem Schema nur um eine mögliche, aber nicht um die einzig begründbare Annahme der Stammesgeschichte handelt.
  b Mit welchem Faktor sind die Zahlen der Zeitleiste zu multiplizieren?
  c Welche wichtigen Fähigkeiten sind von den Zeitpunkten an, die mit römischen Ziffern gekennzeichnet sind, nachzuweisen?
  d Welche der im Stammbaum eingetragenen Gruppen besiedelte als erste
  • Europa?
  • Nordamerika?
  • Südamerika?
  • Australien?
  e Aus welchen der im Stammbaum berücksichtigten, ausgestorbenen Gruppen hat man Fossilien in Deutschland gefunden?
  Nennen Sie jeweils einen Fundort.

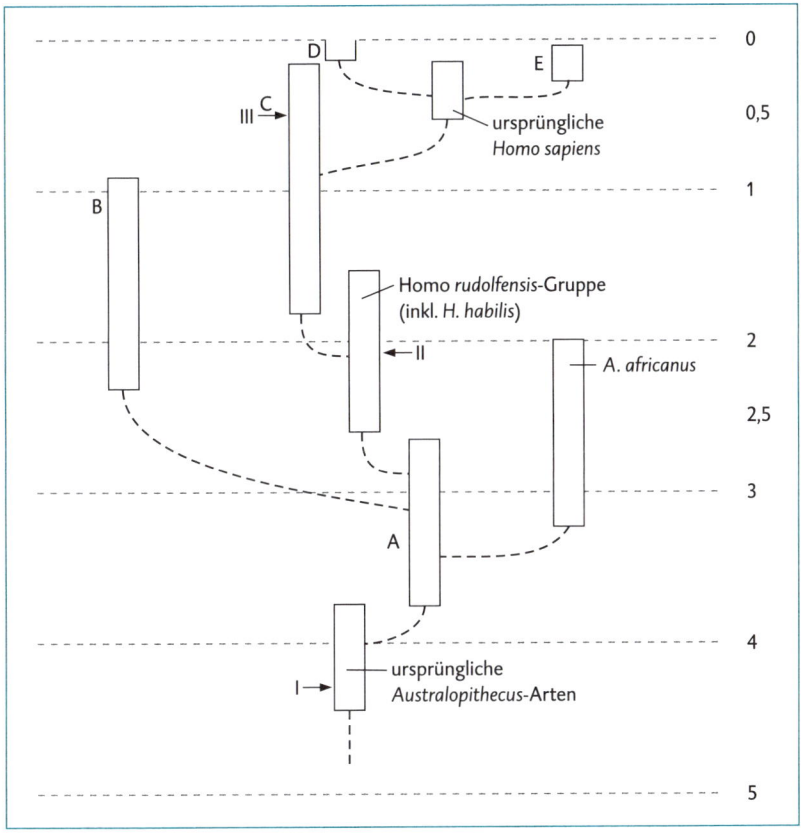

Abb. 76: Stark vereinfachtes Stammbaumschema des Menschen.

154 Nehmen Sie Stellung zu der Aussage:
„Der Mensch stammt von einem der heute lebenden Menschenaffen ab."

155 Wie lässt sich aus evolutionsbiologischer Sicht erklären, dass verschiedene *Australopithecus*-Arten und Vertreter der Gattung *Homo* für lange Zeit im gleichen Gebiet leben konnten?

156 Neandertaler galten zu Beginn der anthropologischen Forschung als Vorfahren des heutigen Menschen *(Homo sapiens sapiens)*.
Welche Befunde kennen Sie, die dieser Auffassung widersprechen?

157 Welche Vorteile haben in den Savannen Afrikas solche Primaten-Formen, die ständig aufrecht auf zwei Beinen laufen, gegenüber ihren sich vierbeinig fortbewegenden Verwandten?

158 a Nennen Sie den frühesten Vertreter aus dem Stammbaum des Menschen, bei dem man die Fähigkeit zur Herstellung von Werkzeugen nachweisen konnte.
b Um welche Art von Werkzeugen handelt es sich?
c Zu welchen Zwecken eigneten sich diese Geräte?

159 Welche der folgenden Aussagen geben sehr wahrscheinlich zutreffende Erklärungen dafür, wie es zur starken Zunahme der Gehirngröße bis zu der des heutigen Menschen kommen konnte? Kreuzen Sie an.
☐ Ein größeres Gehirn macht eine stärker differenzierte Sprache und die Weitergabe komplexer Informationen möglich und führt dadurch zu einem Selektionsvorteil.
☐ Der stärkere Gebrauch der Sinnesorgane, v. a. der Augen, beim Leben in der Savanne führte dazu, dass die Gehirnbereiche, die die Reize verarbeiten, ständig trainiert wurden und dadurch an Größe zunahmen.
☐ Das große Gehirn diente ursprünglich als Protein-Speicher, um Zeiten extremen Nahrungsmangels überstehen zu können, und hat im Laufe der Evolution einen Funktionswechsel erfahren.
☐ Durch positive Rückkopplung verstärken sich die Fähigkeit zur Herstellung effektiver Werkzeuge (motorische Felder des Großhirns) und die Hirnbereiche, die für den planvollen Einsatz der Werkzeuge erforderlich sind, gegenseitig.
☐ Als das Hinterhauptsloch im Laufe der Stammesgeschichte in das Zentrum der Schädelunterseite gewandert war, konnte die Versorgung des Schädels mit Blut so weit verbessert werden, dass ein großes Gehirn möglich wurde.
☐ Ohne das große Gehirn wäre der ständig aufrechte, zweibeinige Gang nicht möglich.
☐ Ein großes Gehirn ermöglicht die vorausschauende Planung komplexer Sachverhalte und bietet daher einen Selektionsvorteil.

160 Welches sind die ältesten Vertreter aus dem Stammbaum des Menschen, bei denen man nachweisen konnte, dass sie
a Jagd auf größere Säugetiere machten?
b Feuer nutzen konnten?
c ihre Toten bestatteten?
d Tiere und Menschen in Malereien und Kleinplastiken darstellen konnten?

161 LINNÉ unterteilte die heute auf der Erde lebenden Menschen in sechs Rassen, in Amerikaner, Europäer, Asiaten, Afrikaner, Wilde und Scheusale. Erläutern Sie die heutige Auffassung zu den Rassen des Menschen.

162 Kreuzen Sie die richtigen Aussagen an.
Die beiden Auffassungen über den Ursprung der heute lebenden Menschen *(Homo sapiens sapiens)*, die Hypothese des multiregionalen Ursprungs und die „Out-of-Africa-Hypothese" stimmen darin überein, dass
- [ ] der moderne Mensch *(Homo sapiens sapiens)* nur einmal und zwar in Afrika entstand.
- [ ] der Neandertaler ein später Vorfahre des heutigen Menschen ist.
- [ ] eine Gruppe von *Australopithecinen* aus Afrika nach Asien und Europa einwanderte.
- [ ] *Homo erectus* in Afrika entstand.
- [ ] *Homo erectus* aus Afrika nach Europa und Asien einwanderte.
- [ ] nur der moderne Mensch nach Nord- und Südamerika einwanderte.
- [ ] die ersten modernen Menschen in Europa auftraten.
- [ ] die verschiedenen regionalen Formen des modernen Menschen aus verschiedenen Unterarten (Rassen) des *Homo erectus* entstanden.

163 Welche beiden Hypothesen zum Aussterben des Neandertalers werden zurzeit in der Wissenschaft diskutiert?

164 Die Ergebnisse genetischer Analysen legen die Ansicht nahe, dass während der letzten Eiszeit, vor etwa 100 000 Jahren, die Zahl der Menschen um etwa 90 % zurückging. Infolgedessen lebten vermutlich insgesamt nicht mehr als 10 000 Individuen auf der Erde. Heute würde diese Populationsgröße ausreichen, um einen Eintrag in die „Rote Liste" der bedrohten Arten zu rechtfertigen. Solche Einbrüche der Individuenzahlen kamen im Laufe der Stammesgeschichte des Menschen wahrscheinlich mehrfach vor.
Welche Bedeutung für die Entstehung des heutigen Menschen könnte dieses Schrumpfen der Populationen gehabt haben?

Lösungen

1 a Restriktionsenzyme spalten die DNA nach spezifischen Basenfolgen. Dadurch lässt sich festlegen, an welchen Stellen ein DNA-Molekül zerschnitten werden soll. Die meisten in der Gentechnik verwendeten Restriktionsenzyme zerschneiden die Einzelstränge eines DNA-Moleküls versetzt, sodass an den Enden spezifische und in ihrer Basenfolge bekannte Stücke der Einzelstränge überstehen. An diesen „sticky ends" lassen sich leicht fremde DNA-Stücke mit komplementärer Basenfolge anfügen. Auf diese Weise können Fremd-Gene in ein DNA-Molekül (z. B. in das Plasmid einer Bakterienzelle) eingefügt werden.

  b Restriktionsenzyme kommen im Zytoplasma von Bakterien vor. Unter natürlichen Bedingungen zerstückeln sie eingedrungene, fremde DNA und machen sie so unwirksam. Auf diese Weise können die Bakterien sich vor der Zerstörung, z. B. durch die DNA von Bakteriophagen schützen.

2 Wenn man das gleiche Restriktionsenzym für beide Vorgänge benutzt, tragen sowohl die Enden der fremden DNA-Stücke als auch die Enden der aufgetrennten Plasmidringe die gleichen *sticky ends*. So wird es möglich, dass sich ein fremdes DNA-Stück mit den Enden der Plasmid-DNA verbindet und sich der Ring danach wieder schließt.

3 Plasmide lassen sich als Vektoren nutzen. Mit ihrer Hilfe kann man Fremd-Gene nicht nur in Bakterien, sondern auch in Hefezellen einschleusen. Bakterien sind Prokaryoten. Sie sind als Empfänger von Eukaryoten-Genen, z. B. Genen des Menschen weniger geeignet als Hefezellen, da sie das Fremdgen zwar aufnehmen, aber das entsprechende Genprodukt nicht bilden. Ihr Transkriptions- und Translationsapparat arbeitet anders als der von Eukaryoten. Hefezellen haben die gleichen oder ähnliche Enzyme und Regulationsmechanismen wie alle anderen Eukaryoten. Wenn sie ein Eukaryoten-Gen aufgenommen haben, ist die Chance, dass das übertragene Gen auch abgelesen und realisiert wird, höher als in Bakterienzellen.

4 a Pflanzenzellen sind von einer Zellwand aus Cellulose umgeben, die das direkte Eindringen von DNA erschwert.

  b Durch Enzyme, u. a. durch Cellulase, lässt sich die Zellwand beseitigen. Der dann übrig bleibende Protoplast ist nur noch von der Zellmembran umgeben, durch die mit bestimmten Techniken DNA in die die Zelle eingeschleust werden kann.

5   ☒ DNA-Polymerase – Zerschneiden der DNA
    ☒ Vektor – Transport von mRNA aus dem Zellkern in das Zytoplasma
    ☒ Restriktionsenzym – komplementäre Anlagerung von RNA-Nukleotiden an einen DNA-Einzelstrang
    ☐ Hybridplasmid – Übertragung fremder DNA-Stücke auf eine Bakterienzelle
    ☐ Virus – Übertragung von Fremdgenen auf Zellen von Eukaryoten

6   Verwendung von Plasmiden, die ein Resistenzgen als Marker haben, das die Resistenz gegen ein bestimmtes Antibiotikum, z. B. Ampicillin, bewirkt. Kultur der Bakterien auf einem Nährboden, der Ampicillin enthält; es bilden nur solche Bakterien Kolonien, die ein Plasmid aufgenommen haben, denn damit haben sie das Resistenzgen erhalten, das sie unempfindlich gegen Ampicillin macht. Ergebnis der Suche: Es wurden alle Bakterien gefunden, die ein Plasmid aufgenommen haben. Das Plasmid kann aus reiner Bakterien-DNA bestehen oder auch aus Bakterien-DNA, der ein Stück Fremd-DNA eingefügt wurde (Hybrid-Plasmid).

7   Das Muster der Kolonien der Kulturschale A wird mit einem Samtstempel auf einen Nährboden B übertragen, der Tetracyclin enthält. Alle sich auf dem Nährboden B bildenden Kolonien bestehen aus Bakterien des Typs I. Sie enthalten kein fremdes DNA-Stück. Bakterien, die ein Plasmid mit eingebautem fremdem DNA-Stück besitzen (Typ II), können nicht resistent gegen Tetracyclin sein, weil die fremde DNA durch ihre Lage das Resistenzgen in zwei Bereiche trennt und damit unwirksam macht.
    Die Stellen des Nährbodens B, an denen sich keine Kolonien gebildet haben, lassen darauf schließen, dass die Kolonien, die in der ursprünglichen Kulturschale A an entsprechender Stelle liegen, aus Bakterien des Typs II bestehen. Sie enthalten in ihrem Plasmid ein Stück fremder DNA. Aus ihnen lassen sich Kulturen heranziehen, die nur aus transgenen Zellen bestehen.

8 a Folgende Typen von Bakterien mit unterschiedlicher genetischer Information entstehen beim Versuch des Gentransfers:
    Typ 1: Bakterien, die kein Plasmid aufgenommen haben. Sie tragen nur die genetische Information ihres Bakterienchromosoms.

Typ 2: Bakterien, die ein Plasmid aufgenommen haben, das aus reiner Bakterien-DNA besteht. Sie haben die genetische Information des Bakterienchromosoms und zusätzlich die des aufgenommenen Plasmids.

Typ 3: Bakterien, die ein Hybridplasmid aufgenommen haben, das zwar ein fremdes DNA-Stück, aber nicht das gewünschte Gen enthält. Sie tragen neben der genetischen Information des Bakterienchromosoms und des Plasmids auch die des fremden DNA-Stücks.

Typ 4: Bakterien, die ein Hybridplasmid aufgenommen haben, in dem das zu übertragende Gen enthalten ist. Sie haben neben der genetischen Information des Bakterienchromosoms und des Plasmids auch die des gewünschten Gens.

b Am seltensten entstehen Bakterien, die ein Plasmid aufgenommen haben, das das gewünschte Gen enthält. Beim Versuch, ein DNA-Stück in ein Plasmid einzufügen, nehmen nur wenige Plasmide ein DNA-Fragment auf. Unter ihnen sind nur wenige, deren aufgenommenes DNA-Stück aus dem gewünschten Gen besteht. Außerdem nehmen nur wenige Bakterienzellen überhaupt ein Plasmid auf und unter denen, die zur Aufnahme angeboten werden, sind nur sehr wenige, die ein Stück fremder DNA enthalten, und unter diesen wiederum sind es nur sehr wenige, deren Fremd-DNA aus dem gewünschten Gen besteht.

9 Bakterienkolonien stellen Klone dar, d. h. es sind Anhäufungen von vielen gleichartigen Zellen. Sie gehen auf eine einzige Bakterienzelle zurück, die beim Ausplattieren an eine bestimmte Stelle der Petrischale gelangt ist und sich dort durch Zweiteilungen vermehrt hat. Allgemein lässt sich sagen: Je höher die Verdünnungsstufe ist, desto wahrscheinlicher ist es, dass nur noch einzelne Bakterienzellen in die Petrischale gelangen und sich dort getrennt zu einem Klon vermehren können.

10 Die Anzahl der Bakterienkolonien auf den bebrüteten Petrischalen entsprechen deswegen nicht dem Titer-Wert, weil sie nicht das Mengenverhältnis der Zellen in der Verdünnungsstufe wiedergeben. Da auf die Platte nur 0,1 mL Suspension ausplattiert wurden, sich der Titer-Wert aber auf Bakterienzellen pro mL bezieht, muss das erzielte Ergebnis mit 10 multipliziert werden.

11   ☐ Restriktionsenzyme
     ☒ Primer
     ☒ vier Arten von DNA-Nukleotiden
     ☐ vier Arten von RNA-Nukleotiden
     ☒ DNA-Polymerase
     ☒ der zu vermehrende DNA-Bereich
     ☐ Zellkerne
     ☐ Ribosomen

12 a Als Primer erforderlich sind: $^{5'}$T C C G$^{3'}$ und $^{3'}$C C A G$^{5'}$

   b DNA-Einzelstränge mit angelagerten Primern
     $^{3'}$G G T A T C A G G C C A T A G T C C C A G C G G T T A$^{5'}$
     　　　　　$_{5'}$T C C G$_{3'}$
     　　　　　　　　　　　　　　　　　　$^{3'}$C C A G$^{5'}$
     $_{5'}$C C A T A G T C C G G T A T C A G G G T C G C C A A T$_{3'}$

   c nach dem ersten PCR-Zyklus liegt vor:
     $^{3'}$A G G C C A T A G T C C C A G C G G T T A$^{5'}$
     $_{5'}$T C C G G T A T C A G G G T C G C C A A T$_{3'}$
     und:
     $^{3'}$G G T A T C A G G C C A T A G T C C C A G$^{5'}$
     $_{5'}$C C A T A G T C C G G T A T C A G G G T C$_{3'}$
     nach dem zweiten PCR-Zyklus liegt vor:
     $^{3'}$A G G C C A T A G T C C C A G C G G T T A$^{5'}$
     $_{5'}$T C C G G T A T C A G G G T C G C C A A T$_{3'}$
     und:
     $^{3'}$A G G C C A T A G T C C C A G$^{5'}$
     $_{5'}$T C C G G T A T C A G G G T C$_{3'}$
     und:
     $^{3'}$A G G C C A T A G T C C C A G$^{5'}$
     $_{5'}$T C C G G T A T C A G G G T C$_{3'}$
     und:
     $^{3'}$G G T A T C A G G C C A T A G T C C C A G$^{5'}$
     $_{5'}$C C A T A G T C C G G T A T C A G G G T C$_{3'}$

13 Die drei Arbeitsphasen eines PCR-Zyklus laufen bei unterschiedlichen Temperaturen ab. Eine Phase bei ca. 50 °C, eine bei ca. 70 °C und eine bei ca. 90 °C. Eine Temperatur von 90 °C ist erforderlich, um den DNA-Doppelstrang zuverlässig in Einzelstränge zu spalten. Normale DNA-Polymerase würde bei so hohen Temperaturen denaturiert, sie müsste zu Beginn jedes PCR-Zyklus neu zugegeben werden. Die hitzebeständige Polymerase aus *Thermus aquaticus* bleibt dagegen über alle Arbeitsphasen der PCR stabil. Einmal zugegeben, arbeitet sie in jedem PCR-Zyklus, sobald der passende Temperaturbereich von 70 °C erreicht ist.

14 Mithilfe der PCR lässt sich nicht nur DNA vermehren, sondern auch auswählen, welcher Abschnitt vervielfältigt werden soll. Die Vervielfältigung betrifft nur den Abschnitt der DNA, der durch die Primer markiert ist. Wenn man Primer wählt, die komplementär zum Beginn und Ende des zu übertragenden Gens sind, ist dieser DNA-Abschnitt nach Ende der PCR sehr viel häufiger als andere. Wenn also anschließend der gentechnische Transfer eine DNA-Stücks gelungen ist, dann ist dieses übertragene Stück mit höherer Wahrscheinlichkeit das gewünschte Gen als ein anderes DNA-Stück.

15 Die DNA-Stücke einer Bande sind gleich oder ähnlich lang.

16
- menschliches Insulin: Behandlung von Diabetes
- Interferon: Stärkung des Immunsystems, Krebstherapie
- Spezieller Blutgerinnungsfaktor: Behandlung der Bluterkrankheit (Hämophilie)
- Impfstoff gegen Hepatitis B: Aktive Immunisierung (vorbeugende Impfung)

17 Bereiche, in denen sich Chancen eröffnen:
- Herstellung von Medikamenten, Impfstoffen u. ä.
- Effektivitätssteigerung bei der Herstellung von Lebensmitteln
- effektivere Ausnutzung von Rohstofflagerstätten
- Beseitigung von Umweltschäden
- Steigerung der Effektivität bei Verfahren der Abfallbeseitigung und Kompostierung

Risiken, die mit der Herstellung und Nutzung transgener Mikroorganismen verbunden sind:
- unbeabsichtigte Herstellung schwer kontrollierbarer Krankheitserreger

- ungewollte Genübertragung auf andere Stämme und Bildung unvorhersagbarer, neuer, eventuell gefährlicher Genkombinationen
- versehentliche Freisetzung gefährlicher Stämme aus Forschungslabors
- Nutzung transgener Mikroorganismen als biologische Kampfmittel

18 Wenn die polymorphen Bereiche repetitive Sequenzen enthalten, ist nur eine Gensonde erforderlich, um alle Banden sichtbar zu machen. Bei einer Basenfolge in einem solchen polymorphen Bereich von z. B. …GGATCGGATCGGATCGGATC… benötigt man nur die Gensonde CCTAG, da alle Stücke der DNA dieses Bereichs dieselbe Basenfolge, allerdings in unterschiedlich häufiger Wiederholung, aufweisen.

19 Die meisten Gene sind bei allen Menschen identisch. Man müsste eine große Zahl von Genen vergleichen, um so starke Unterschiede feststellen zu können, dass eine eindeutige Identifizierung möglich wäre. Außerdem müsste zur genauen Analyse eines Gens seine Basensequenz festgestellt werden. Die Untersuchung einer ausreichenden Zahl von Genen wäre daher sehr aufwändig.

20 Die Sorge ist unberechtigt. Für den genetischen Fingerabdruck in Reihenuntersuchungen, die zur Aufklärung von Verbrechen durchgeführt werden, benutzt man polymorphe Bereiche der DNA. Sie enthalten keine genetischen Informationen. Außerdem stellt man nur die Länge von DNA-Abschnitten fest, nicht jedoch die Basensequenz. Aus der Länge kann man keine Schlüsse über die in den Stücken enthaltene genetischen Informationen ziehen. Diese liegen allein in der Abfolge der Basen.

21 a Die Banden bestehen aus DNA-Stücken von gleicher Länge (Restriktionsfragmente der DNA), da unterschiedlich lange DNA-Stücke während der Elektrophorese verschieden schnell und weit im elektrischen Feld wandern. Sichtbar gemacht werden sie durch Autoradiografie oder fluoreszierende Farbstoffe.
    b Die Kinder A und C können nicht die leiblichen Kinder der angegebenen Eltern sein. Sowohl die DNA des Kindes A als auch die des Kindes C haben DNA-Stücke von einer Länge, die weder vom Vater noch von der Mutter stammen können. Erkennbar ist das an Banden im Bandenmuster der Kinder, die weder beim Vater noch bei der Mutter vorhanden sind. Alle Banden des Kindes B dagegen, sind auch entweder beim Vater oder bei der Mutter zu finden.

22 ☐ die Aminosäuresequenz aller Proteine der menschlichen Zelle.
☒ die Basensequenz der DNA des Menschen.
☐ der Beginn und das Ende aller Abschnitte der DNA des Menschen, die Gene darstellen.
☐ alle Enzyme der menschlichen Zelle.
☒ die Basensequenz vieler Gene, aber häufig nicht die Funktion der mit ihrer Hilfe entstehenden Genprodukte.
☐ für alle Gene des Menschen die Mechanismen, durch die Gene aktiviert werden können (Mechanismen die erforderlich sind, um die Information der Gene zu realisieren).

23 Mit der Möglichkeit zur Genanalyse verbundene, offene gesellschaftliche Fragen sind u. a.:
- Wer soll berechtigt sein, die Analyse der Gene eines Menschen zu verlangen?
- Darf die Genanalyse verwendet werden, um die Eignung für bestimmte Arbeitsplätze und Berufe zu überprüfen?
- Dürfen Versicherungen genetische Daten verwenden?
- Dürfen Genanalysen zur Auswahl menschlicher Embryonen verwendet werden?

24 Wenn die Gentherapie z. B. durch einen Gentransfer an Keimzellen oder Zellen sehr früher Embryonalstadien durchgeführt wird, entstehen Personen, die in allen Zellen ihres Körpers veränderte Gene tragen.
In der somatischen Gentherapie werden gezielt nur die Zellen des Körpers genetisch verändert, in denen sich das betreffende Gen auswirkt. Das sind in der Regel die Körperbereiche, in denen das Gen aktiv ist und zu Krankheitserscheinungen führt.

25 Problematisch aus ethischer Sicht sind z. B.
- das Schicksal „überzähliger", nach *in-vitro*-Fertilisation nicht in den Uterus eingepflanzter Embryonen.
- die Auswahl von Embryonen durch Genanalyse (PID) vor der Übertragung in den Uterus (Auswahl in Bezug auf Erbkrankheiten, erwünschten Genotyp, erwünschtes Geschlecht).
- Gentransfer auf Embryonen (embryonale Stammzellen).

- Embryotransfer auf eine Frau, die bei künstlicher Befruchtung nicht die Spenderin der Eizelle ist (Leihmutter).
- Erzeugung oder Verbrauch von Embryonen zum Zweck des therapeutischen Klonens.
- Erzeugung von Hybridwesen zwischen Mensch und Tier (Zellverschmelzung, Kernübertragung).

26 [X] therapeutisches Klonen mithilfe embryonaler Zellen
    [ ] Gentransfer menschlicher Gene auf Bakterienzellen
    [X] Übertragung von Zellkernen aus Körperzellen des Menschen auf entkernte Eizellen von Tieren
    [ ] therapeutisches Klonen mithilfe von Stammzellen aus dem Körper erwachsener Menschen
    [ ] künstliche Befruchtung beim Menschen
    [X] Präimplantations-Diagnostik (PID)
    [X] Übertragung von Genen auf embryonale Zellen

27 Mit der geschilderten Methode der Kernübertragung auf embryonale Zellen ist eine andersartige Nutzung von Embryonen als zum Zweck der Fortpflanzung verbunden. Sie kann soweit gehen, dass Embryonen „verbraucht" werden, dass sie also durch diese Nutzung sterben. Ob diese Technik erlaubt sein soll, ist in der Gesellschaft umstritten. Außerdem eröffnet dieses Verfahren die Möglichkeit, Menschen zu klonen, d. h. identische Kopien von Menschen herzustellen. Wie alle Möglichkeiten der gezielten Beeinflussung und Veränderung der genetischen Information von Embryonen (Eingriffe in die Keimbahn), ist auch das Klonen mit den Grundwerten unserer Gesellschaft nicht oder nur schwer vereinbar.

28 Während der 2. Reifeteilung werden die Metaphase-Chromosomen in ihre beiden Chromatiden aufgespalten und an die neu entstehenden Tochterzellen weitergegeben. Dieser Vorgang ähnelt in der Durchführung und im Ergebnis einer mitotischen Zellteilung, bei der ebenfalls Chromatiden an die Tochterzellen weitergegeben werden. Der entscheidende Unterschied ist dabei aber, dass bei der Mitose der diploide Chromosomensatz aufgeteilt wird, bei der 2. Reifeteilung der Meiose aber nur der haploide Chromosomensatz.

29 Eine 2. Reifeteilung ist deswegen unbedingt notwendig, weil es in der Prophase der 1. Reifeteilung bei den Metaphase-Chromosomen zu einem *Crossing-over*-Geschehen zwischen homologen Nichtschwester-Chromatiden kommen kann. Dadurch erhält je eine Chromatide das Teilstück einer anderen. Falls während des Vorgangs unterschiedliche Allele ausgetauscht werden, hat das Metaphase-Chromosom in jedem seiner beiden Chromatiden einen unterschiedlichen allelen Zustand der ausgetauschten Gene. Da Keimzellen von jedem vererbten Gen immer nur eine Anlage enthalten, ist eine Teilung der Metaphase-Chromosomen in ihre beiden Chromatiden unbedingt erforderlich. Hätte ein Crossing-over zwischen unterschiedlichen allelen Zuständen eines Merkmals stattgefunden und gäbe es keine Trennung der Chromatiden, so enthielten die Keimzelle für das betrachtete Merkmal nicht nur zwei, sondern auch noch zwei unterschiedliche Anlagen.

30 Im Vergleich zur sehr plasmareichen Eizelle ist ein Spermium winzig klein. In der Tat gehören beide Zelltypen zu den Größenextremen der Zellen im menschlichen Körper. Aus der Eizelle entwickelt sich nach der Befruchtung durch ein Spermium und der Verschmelzung von Ei- und Spermienkern ein neues Lebewesen. Dabei liefert die Eizelle in ihrem Cytoplasma das komplette „Grundmaterial" für die ersten Teilungs- und Entwicklungsschritte des neuen Lebewesens. Das Spermium steuert zur Zygote lediglich sein genetisches Material bei. Insofern ist – als Ergebnis der Oogenese – **eine** sehr plasmareiche Eizelle für die Entwicklung der Zygote günstiger als **vier**, dann aber wesentlich kleinere Eizellen mit deutlich geringerer plasmatischer Ausstattung.

31 Bei der meiotischen Reifeteilung gibt es sowohl bei der Mutter als auch beim Vater jeweils mehr als 8 Millionen Möglichkeiten für die Kombination der 23 Chromosomen im haploiden Satz. Allein diese Anzahl der Möglichkeiten bei beiden Elternteilen lassen das Entstehen zwei Kinder mit identischem Erbgut schon als nahezu ausgeschlossen erscheinen.

32		Vererbung eines dominanten Merkmals	Vererbung eines rezessiven Merkmals
	Auftreten in den Generationen	Das betrachtete Merkmal erscheint in jeder Generation.	Das betrachtete Merkmal kann einige Generationen „überspringen".
	Häufigkeit im Stammbaum	Es handelt sich um ein Merkmal mit großer Häufigkeit.	Es handelt sich um ein Merkmal mit geringer Häufigkeit.
	Ausprägung der Überträger	Überträger zeigen das Merkmal.	Überträger zeigen das Merkmal nicht.

33 a Beim Albinismus handelt es sich um eine autosomal rezessive Vererbung.

b Eine vernünftige Wahl für die Benennung des betroffenen Gens ist ein Buchstabe, da es sich um eine autosomale Erkrankung handelt: Es sind annähernd gleich viele männliche wie weibliche Individuen von der Krankheit betroffen. Das seltene Auftreten der Erkrankung lässt auf eine rezessive Vererbung schließen. Mit dem Allel „A" wird der nicht mutierten Zustand des Gens und dem Allel „a" die Gen-Ausprägung, welche für Albinismuscodiert, bezeichnet.
1 aa, 2 AA/Aa, 3 AA/Aa, 4 Aa, 5 Aa, 6 Aa, 7 Aa, 8 AA/Aa, 9 AA/Aa, 10 AA/Aa, 11 Aa, 12 Aa, 13 AA/Aa, 14 AA/Aa, 15aa, 16 aa, 17 AA/Aa, 18 Aa, 19 Aa, 20 AA/Aa, 21 aa, 22 aa, 23 AA/Aa,

c Die Kinder aus der Ehe der Individuen 15 und 16 sind alle Albinos mit dem Genotyp aa.

34 Der Vater des weiblichen Individuums mit der Bluterkrankheit, ist selber Bluter. Er vererbt seiner Tochter das X-Chromosom mit der defekten Anlage, die ihn selber erkranken ließ. Da ihre Mutter selber nicht an dieser Krankheit leidet, muss sie Überträgerin sein und ihrer Tochter das X-Chromosom mit der defekten Anlage darauf vererbt haben.

35 Das weibliche Individuum 4 ist die Tochter aus der Ehe von 1 und 2. Von Individuum 2 ist bekannt, dass die Frau Überträger der Bluterkrankheit ist, d. h. ein X-Chromosom mit dem genetischen Defekt besitzt. Individuum 1 ist kein Bluter. Als Vater vererbt er seiner Tochter sein X-Chromosom, das keinen Defekt in Bezug auf die Bluterkrankheit aufweist. Von ihrer Mutter

(2) kann die Tochter nun entweder das X-Chromosom mit dem genetischen Defekt geerbt haben oder dasjenige ohne Defekt. Aus ihrer Ehe mit einem Mann, der kein Bluter ist (3), geht nur ein Sohn (9) hervor. Dieser hat – wie jeder Mann – sein X-Chromosom von der Mutter bekommen. Da nur ein Nachkomme vorhanden ist, kann nicht entschieden werden, ob das Individuum 4 in Bezug auf die Bluterkrankheit Überträger oder homozygot gesund ist.

36 Der erste Begriff gibt die Gattung an, der zweite die Art. Die hinter den beiden Begriffen stehende Abkürzung nennt den Wissenschaftler, der die Art als erster beschrieben hat.

37 a Bakterien, Einzeller, Pflanzen, Pilze, Tiere.
   b Prokaryoten (Prokaryonten) = Bakterien
     Eukaryoten (Eukaryonten) = alle übrigen Reiche
     Eukaryoten haben einen durch eine Doppelmembran vom Zytoplasma abgegrenzten Zellkern. Bei Prokaryoten ist kein Zellkern vorhanden.

38 Wirbeltiere – Säugetiere – Raubtiere – Robben

39 1. Reich; 2. Stamm; 3. Unterstamm; 4. Klasse; 5. Ordnung; 6. Familie; 7. Gattung; 8. Art

40 ☐ Familie
   ☐ Ordnung
   ☒ Stamm
   ☐ Gattung

41 ☒ Milchdrüsen
   ☐ Extremitäten mit fünf Fingern bzw. Zehen
   ☐ Mund mit Ober- und Unterkiefer
   ☐ zwei Paar Extremitäten
   ☒ Haut mit Haaren bedeckt (Fell)

Als Synapomorphie bezeichnet man ein Merkmal, das bei der Stammart einer Gruppe neu aufgetreten ist. Es kommt daher nur bei den Mitgliedern der Gruppe vor, die aus dieser Stammart entstanden ist. Die Stammart der heutigen Säugetiere hatte Milchdrüsen und ein Fell. Daher tragen alle ihre

Nachfahren diese Merkmale. In anderen systematischen Gruppen sind sie nicht zu finden. Synapomorphien können im Laufe der Stammesgeschichte verloren gehen, z. B. haben die heutigen Wale kein Fell mehr.

42 a Durch die Fähigkeit, die Körpertemperatur ständig hoch zu halten, können die Tiere unabhängig von der Außentemperatur aktiv sein. Das bringt viele Vorteile. Durch ihre relative Unabhängigkeit von der Umgebungstemperatur sind sie z. B. in der Lage, auch in kühleren Gebieten zu überleben. Solche Tiere können auch während kühlerer Jahreszeiten oder in der Nacht Nahrung suchen und anderen lebenswichtigen Tätigkeiten nachgehen. Außerdem können sie jederzeit fliehen.

b Eine ständig hohe Körpertemperatur kommt bei allen Vögeln und bei allen Säugern vor. Dieses Merkmal ist bei den beiden Gruppen unabhängig voneinander entstanden, es handelt sich um eine Konvergenz.

43 a Zauneidechse und Buchfink sind näher miteinander verwandt als jede der beiden Arten mit der Hausmaus.

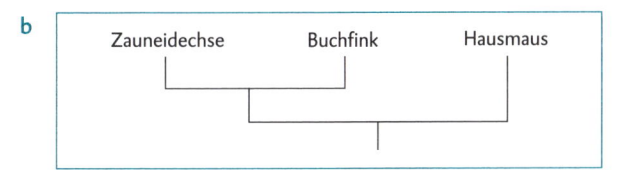

b

| Zauneidechse | Buchfink | Hausmaus |

44 ☐ Knochenfische
   ☐ Reptilien
   ☒ Vögel
   ☐ Primaten (Affen und verwandte Tiere)
   ☐ Amphibien

Vögel haben sich aus einer bestimmten Gruppe von Reptilien entwickelt. Aus einer anderen Reptiliengruppe entstanden die Säugetiere, zu denen auch der Mensch gehört. In der Gruppe der Vögel traten daher nie Arten auf, die Vorfahren der Säugetiere waren.

45 Regressionsreihen sind Rückbildungserscheinungen, d. h. es findet eine Entwicklung statt, bei der Organe oder Organsysteme vom Komplizierten hin zum Einfachen reduziert werden. Dies kann bis zum vollständigen Verlust des Merkmals führen. Die Blindschleiche ist hierfür ein gutes Beispiel, weil bei dieser Echse keine Extremitäten mehr ausgebildet werden.

46 Zuordnen lassen sich:
- zur Theorie Lamarcks: c; f; h; k
- zur Theorie Darwins: b; e; g; l
- sowohl zur Theorie Lamarcks, wie auch zu der Darwins: a; d; i

47 Von Darwin stammen die Zitate a und b, von Lamarck c, d und e.

48
- [X] Die Organismen haben sich im Laufe der Erdgeschichte gewandelt.
- [X] Lebewesen sind in der Regel an die jeweiligen Umweltbedingungen angepasst.
- [X] Lebewesen veränderten sich im Laufe ihrer Stammesgeschichte in kleinen Schritten.
- [ ] Die Anpassung der Lebewesen geschieht durch die Vererbung von Merkmalen, die durch Gebrauch und Nichtgebrauch von Organen erworben wurden.
- [X] Bestimmte Organe eines Individuums können im Laufe seines Lebens durch ihren Gebrauch kräftiger, durch ihren Nichtgebrauch schwächer werden.
- [ ] Jedes Lebewesen besitzt eine in ihm liegende Tendenz zur Verbesserung seiner Anpassung.
- [X] Umwelteinflüsse sind einer der Faktoren, die die Veränderung von Arten und Merkmalen bewirken können.

49 Obwohl der König und die Königin nur kleine Kiefer besitzen, können sie Nachkommen mit sehr großen Kiefern hervorbringen. Bei strenger Anwendung der Theorie Lamarcks ist das nicht möglich. Nach Lamarck hätten die Eltern zunächst die großen Kiefer durch Gebrauch erwerben müssen, um sie an ihre Nachkommen vererben zu können. Die Soldaten haben große Kiefer, können sie aber nicht vererben, da sie steril sind. In ähnlicher Weise lässt sich mit dem Merkmal „kräftige Beine" argumentieren.

50 Darwin beschäftigt sich in seinem Hauptwerk, „Die Entstehung der Arten …" v. a. mit

- [X] der Veränderung von Merkmalen und der Entstehung von Anpassungen bei Pflanzen und Tieren.
- [ ] den Ursachen für das Aussterben von Arten, die nur als Fossilien überliefert sind.
- [ ] den genetischen Grundlagen der Evolution.
- [ ] der Entstehung des Lebens auf der Erde.
- [ ] dem Ursprung des Menschen.

51 a Das Zitat stammt von Charles Darwin.
 b Im Text geht es um „struggle for life".
 c Darwin wollte mit dieser Erläuterung vermeiden, dass „struggle for life" als „Kampf" im Sinne einer direkten, eventuell sogar körperlichen Auseinandersetzung verstanden wird. Er wollte sicherstellen, dass seine Leser den Begriff, der häufig mit dem „Kampf ums Dasein" übersetzt wird, als „Wettbewerb um Lebensbedingungen" auffassen.

52 a Die Ansicht von Wallace entspricht der Evolutionstheorie Darwins.
 b Wallace nimmt Stellung zu
 - Veränderung von Merkmalen durch einen Vervollkommnungstrieb, den Lamarck annahm.
 - der Selektion innerhalb der Varianten einer Art, wie Darwin sie annahm („survival of the fittest").

53 a Erklärung aus der Sicht Darwins: Eine kleine Reptilienart ernährte sich von Insekten, die sie zweibeinig laufend mit den Armen fing. Zufällig traten bei diesen Reptilien Varianten auf, die kleine federartige Schuppen an den Vorderextremitäten hatten. Dadurch waren sie in der Lage, ihre Beute leichter zu fangen als die übrigen Individuen der Art. Diese Varianten konnten sich, weil sie besser ernährt waren, häufiger fortpflanzen. Unter ihren Nachkommen fanden sich zufällig wiederum einige wenige, die noch etwas größere Federn hatten. Über viele Generationen hinweg entstanden durch die ständige Bevorzugung der Individuen, die größere Federn hatten, Vorderextremitäten mit großen Federn, die Tragflächen bildeten und einen Gleitflug ermöglichten. Je besser der Gleitflug war, desto stärker war der Vorteil für das entsprechende Tier, z. B. bei der Flucht. Wiederum über viele Generationen hinweg bevorzugte die Selektion die Individuen mit den jeweils leistungsfähigeren Flügeln. Infolgedessen entstanden im Laufe der Stammesgeschichte Vögel, die aktiv fliegen konnten.

b Entstehung von Straußen u. ä. Laufvögeln nach Lamarck: Die Laufvögel gebrauchten ihre Flügel nicht mehr oder nur noch selten, weil sie für die Flucht immer mehr ihre Beine benutzten. Durch den Nichtgebrauch verkümmerten die Flügel zunehmend von Generation zu Generation bis zur heutigen stark reduzierten Form.

54 ☐ Reste von Lebewesen können als Versteinerungen über viele Millionen Jahre hinweg erhalten bleiben.

☒ Die systematischen Großgruppen der Wirbeltiere unterscheiden sich in ihrem Alter (erstes Auftreten in der Geschichte der Erde) erheblich.

☒ Fast alle Fossilien lassen sich den systematischen Großgruppen heutiger Lebewesen zuordnen.

☐ Vor etwa 70 Millionen Jahren verschwand innerhalb kurzer Zeit ein sehr großer Teil der Reptilienarten auf der Erde. Verantwortlich dafür war vermutlich unter anderem der Einschlag eines großen Meteoriten.

☐ Fossilien kommen nur in Ablagerungsgestein vor.

☒ Je älter Fossilien sind, desto stärker unterscheiden sie sich in der Regel von rezenten Organismen.

☒ Einige, besondere Fossilien vereinen Merkmale in sich, die heute auf unterschiedliche Großgruppen verteilt sind (Brückenformen).

☒ In einigen wenigen Fällen, in denen man viele Fossilien einer Gruppe in aufeinanderfolgenden Schichten findet, kann man die allmähliche Veränderung von Merkmalen feststellen.

☐ Organismen können in Bernstein eingeschlossen sehr lange Zeit erhalten bleiben.

55 a Präkambrium – Kambrium – Ordovizium – Silur – Devon – Karbon – Perm – Trias – Jura – Kreide – Tertiär – Quartär

b Mensch — Quartär
Vögel — Jura
Amphibien — Devon
ursprüngliche Pferde — Tertiär

56 Die Stammesgeschichte der Pferde ist wegen der zahlreichen Fossilien gut zu rekonstruieren. Die allmähliche Änderung vieler Merkmale, z. B. des Beinskeletts, der Zahnform und der Körpergröße lässt sich eindrucksvoll nachweisen. Heutige Pferde weisen Rudimente im Beinskelett auf. Die beiden Griffelbeine lassen sich als Reste eines Handskeletts deuten, das aus mehr als einem Finger bestand. Zuweilen tritt in diesem Bereich auch ein Atavismus auf – ein Griffelbein kann einen überzähligen Huf tragen.

57
- Zunahme der Körpergröße
- Vergrößerung der Backenzähne und Zunahme der Schmelzleisten in den Kauflächen
- Verringerung der Zehen- und Fingerzahl, die auf dem Boden auftreten

58
- Alle fossilen Pferde lassen sich ohne Schwierigkeiten in die heutige systematische Gruppe der Unpaarhufer einordnen.
- Je älter die Fossilien der pferdeartigen Tiere sind, desto stärker unterscheiden sie sich von den heutigen Pferden.
- Die Änderung der Merkmale erfolgte bei den Vorfahren der heutigen Pferde in kleinen Schritten und kontinuierlich.

59 Frühe Vorfahren der Pferde lebten in Wäldern mit vermutlich feuchten Böden. Die späten Vorfahren in offenen, steppenartigen Graslandschaften. Vorteile für das Leben in der Steppe bringen
- ein größerer Körper (mit längeren Beinen) für bessere Übersicht und schnellere Flucht.
- die Reduktion der Zehenzahl für einen effektiveren Lauf.
- große, breitkronige Backenzähne mit vielen Schmelzleisten zum Zermahlen der harten Gräser (härter als Laubblätter).

60 *Archaeopteryx* trägt sowohl Merkmale heutiger Vögel, als auch heutiger Reptilien (Brückenform). Das lässt sich am leichtesten erklären, wenn man annimmt, dass die erdgeschichtlich junge Gruppe der Vögel aus der alten Gruppe der Reptilien entstanden ist. Vogelmerkmale sind z. B.:
- Federn
- nach hinten gerichtete erste Zehe (Greiffuß)
- Gabelbein (verwachsene Schlüsselbeine)

Reptilienmerkmale sind z. B.:
- Kiefer mit Zähnen (kein Hornschnabel)
- Finger- und Mittelhandknochen nicht verwachsen

- lange Schwanzwirbelsäule
- Beckenknochen nicht miteinander verwachsen

61 a Merkmale, die *Archaeopteryx* und *Sinornis* gemeinsam haben:
- Kiefer mit Zähnen
- Mittelhandknochen nicht miteinander verwachsen

b *Sinornis santensis* ist jünger als *Archaeopteryx*. Er trägt bereits Merkmale der heutigen Vögel, die bei *Archaeopteryx* noch nicht vorhanden sind, z. B. ist seine Schwanzwirbelsäule stark verkürzt.

62 a Als anatomische Besonderheiten besitzen Quastenflosser
- außer den Kiemen eine Lunge als Atemorgan.
- kräftige, sehr bewegliche Flossen (Gehflossen)

b Anpassungen an das Landleben bei den ersten Amphibien sind u. a.:
- Rückbildung der Kiemen (Übergang zur reinen Lungenatmung)
- Entstehung echter Arme und Beine (mit fünf Fingern bzw. Zehen)

63 Homologe Organe

☐ bilden sich durch Umwandlung aus analogen Organen.

☒ beruhen auf sehr ähnlicher genetischer Information.

☐ treten nur unter Nachkommen derselben Eltern auf.

☒ beruhen auf gemeinsamer Abstammung.

☐ entstehen durch Konvergenz.

☐ können sich nicht konvergent entwickeln.

☐ sind in ihrer äußeren Form immer sehr ähnlich.

☐ kommen nur bei rezenten (heute lebenden) Arten vor.

☐ sind nur bei Tieren, nicht jedoch bei Pflanzen zu finden.

64 a homologe Organe: Vorderextremitäten der Wirbeltiere
b analoge Organe:
- Vorderbeine der Maulwurfsgrille und des Maulwurfs
- Flügel der Insekten und der Wirbeltiere (Vögel, Fledermaus u. a.)
- unterirdische Speicherorgane von Pflanzen (Sprossknolle der Kartoffel und Wurzel der Möhre)

- c konvergent entstandene Körperformen:
  - Stromlinienform, z. B. bei Haien, Pinguinen, Delfinen
  - Stammsukkulenz (Spross als Speicherorgan v. a. für Wasser bei Kakteen, einigen Wolfsmilchgewächsen u. a.)
- d Rudimente:
  - Steißbein, Achselbehaarung, Schamhaare, Bart, Wurmfortsatz beim Menschen
  - Schulter- und Beckenknochen bei der Blindschleiche
  - Becken und Oberschenkelknochen bei Walen
  - Griffelbeine beim Pferd
  - schuppenförmige, braune Laubblätter bei der Braunwurz und beim Fichtenspargel
- e Atavismen:
  - überzählige Brustwarze, kleine, schwanzähnliche Verlängerung des Steißbeins, fellartige Behaarung des Körpers beim Menschen
  - überzähliger Huf am Griffelbein eines Pferdes
  - voll ausgebildetes hinteres Flügelpaar bei *Drosophila*
  - Löwenmäulchen mit radiärsymmetrischen Blüten

65 Atavismen: a; c; d
Rudimente: b; e; f

66 Verwandtschaft beruht auf der Abstammung von einem gemeinsamen Vorfahren. Nachweisen lässt sich Verwandtschaft nur durch Homologien, weil nur die in Homologien auftretende Ähnlichkeit sich auf die Abstammung von einem gemeinsamen Vorfahren zurückführen lässt.
Die bloße Ähnlichkeit von Merkmalen verschiedener Organismen oder Organismengruppen reicht zum Nachweis von Verwandtschaft nicht aus. Ähnliche Merkmale können auch auf Analogie beruhen. Das heißt, sie können sich im Laufe der Stammesgeschichte auch bei nicht näher miteinander verwandten Organismen gebildet haben, wenn gleichartige Umweltbedingungen zu unabhängig voneinander verlaufenden, gleichgerichteten Veränderungen verschiedenartiger Organe geführt haben.

67 a Analogien sind 3, 5 und 6. Die beschriebenen Organe haben ähnliche Gestalt und Funktion aber unterschiedliche Grundbaupläne. Sie sind jeweils aus verschiedenen Organen entstanden.

b Konvergenz homologer Organe liegt vor bei 1, 2 und 4.
Bei jedem der angeführten Beispiele sind homologe Organe beschrieben, die auf den gleichen Ursprung zurückgehen. Die Zungen aller Säuger sind homolog, ebenso die Arme und Schwänze (verlängerte Wirbelsäule). Unabhängig voneinander sind aus den ursprünglichen Formen der Organe in verschiedenen systematischen Gruppen, d. h. auf verschiedenen Zweigen des Stammbaums, spezialisierte Organe mit ähnlichem Bau und ähnlicher Funktion entstanden. Die Ähnlichkeit der Gestalt und der Einsatz für die gleiche Aufgabe beruht nicht auf der Abstammung von einem gemeinsamen Vorfahren. Aus ursprünglichen Laufbeinen (homologe Organe) sind z. B. bei Robben, Walen, Seekühen und Pinguinen unabhängig voneinander Flossen entstanden.

68 a Lebende Fossilien tragen sowohl Merkmale, die für eine ältere systematische Gruppe typisch sind als auch solche einer jüngeren Gruppe.
b Beispiele für lebende Fossilien:
Schnabeltier:
- Reptilienmerkmale: nur eine hintere Körperöffnung (Kloake); legt große, dotterreiche Eier.
- Säugermerkmale: Haare (Fell); Milchdrüsen.

Latimeria (Quastenflosser):
- Fischmerkmale: Schuppen; Kiemen.
- Amphibienmerkmale: „Gehflossen"; Lunge.

69 Atavismen: b; d: f; g; h
Rudimente: a; c; e
Atavismen: Wenn einzelne Individuen Organe ausbilden, die nur bei mutmaßlichen frühen Vorfahren vorhanden waren, weist das daraufhin, dass die genetische Information dieser Vorfahren bei der jeweiligen Tier- oder Pflanzengruppe noch vorhanden, aber normalerweise blockiert ist. Gleiche genetische Information ist ein starkes, kaum zu widerlegendes Indiz für Verwandtschaft. Die Änderung von den Vorformen zu der jeweils heutigen Art lässt sich am einfachsten durch Evolutionsprozesse erklären (hier durch eine Blockade der jeweiligen Gene im Laufe der Evolution).
Rudimente: Die unvollkommene Ausbildung der Organe lässt sich am leichtesten erklären, wenn man annimmt, dass sie sich durch Evolutionsprozesse im Laufe langer Zeit aus ehemalig vollständigen, bei verwandten Gruppen noch vorhandenen rückgebildet haben.

70 a Rudimente
b Konvergenz

71 Für die Richtigkeit der Endosymbionten-Theorie sprechen:
- Mitochondrien und Chloroplasten (sowie die übrigen Plastiden) sind von einer Doppelmembran umgeben.
- Die innere Membran der Mitochondrien und Chloroplasten (und anderer Plastiden) ähnelt der von Prokaryoten (Bakterien); die äußere ist gleich aufgebaut wie die Membran der Eukaryoten.
- Mitochondrien und Chloroplasten (und die übrigen Plastiden) enthalten als einzige Organellen der Zelle eigene DNA (ringförmig geschlossen wie bei Prokaryoten) und eigene Ribosomen.
- Mitochondrien und Chloroplasten (und die übrigen Plastiden) vermehren sich selbstständig und weitgehend unabhängig von den übrigen Zellbestandteilen (eigener Proteinsynthese-Apparat).

72 Die Übertragbarkeit der an Tieren gewonnenen Testergebnisse auf uns Menschen lässt den Schluss zu, dass in unseren Zellen ähnliche Prozesse ablaufen wie in Tieren. Die Ähnlichkeit des Stoffwechsels bei Tieren und Menschen lässt sich am einfachsten erklären, wenn man annimmt, dass beide miteinander verwandt sind, dass sie von einem gemeinsamen Vorfahren abstammen. Sie darf daher als Beleg für die Evolution der Organismen betrachtet werden.

73
- DNA: Speicherung der genetischen Information
- RNA: Übertragung der genetischen Information während der Proteinbiosynthese
- Aminosäuren: verkettet zu Proteinen und kleineren Peptiden
- ATP: Übertragung und Speicherung von Energie

74 In allen auf der Erde vorkommenden Zellen sind gleich oder sehr ähnlich:
- Transkription
- Translation
- genetischer Code (gleiche Basentripletts für gleiche Aminosäuren)
- Teile der genetischen Information, d. h. der Basensequenz der DNA (und damit auch ein Teil der Proteine in allen Zellen)

75 [X] Für die Änderung der Primärstruktur eines Proteins sind Genmutationen verantwortlich.

☐ Der genetische Code ist degeneriert.

☐ Der genetische Code wird ohne Komma (Pausenzeichen) abgelesen.

[X] Die Zahl der in der Stammesgeschichte einer Art aufgetretenen Mutationen ist zeitabhängig.

[X] Je später in der Stammesgeschichte sich eine Art in zwei aufspaltet, um so geringer sind die Unterschiede in der Proteinstruktur der beiden neu entstandenen Arten.

☐ Die meisten Proteinarten der Zelle arbeiten als Enzyme.

76 ☐ In Präzipitintests (Serodiagnose) werden Versuchstieren Antikörper gespritzt, die gegen bestimmte Antigene wirken.

[X] In Präzipitintests kann der Grad der Ähnlichkeit von Proteinen verschiedener Organismen festgestellt werden.

[X] Der Grad der Ähnlichkeit vergleichbarer Proteine verschiedener Tierarten lässt sich in Präzipitintests feststellen, weil Antikörper ihre volle Wirkung nur gegenüber dem Protein entfalten, gegen das sie gebildet wurden.

☐ In Präzipitintests lässt sich messen, ob zwei Tierarten das gleiche Immunsystem besitzen.

☐ Je ähnlicher zwei Protein-Moleküle sind, um so geringer ist ihre Ausfällung im Präzipitintest.

[X] Bei naher Verwandtschaft zwischen zwei Tierarten ist die Ausfällung ihrer Proteine im Präzipitintest hoch.

☐ Für einen Präzipitintest benutzt man am häufigsten die Proteine von Leberzellen.

☐ Präzipitintests sind geeignet, um die Abfolge der Aminosäuren eines Proteins festzustellen.

[X] Die Ausfällung des Eiweißes im Präzipitintest beruht auf einer Antigen-Antikörper-Reaktion.

77 Die Möglichkeiten, die 20 Aminosäuren aus denen die Proteine aller heutigen Organismen bestehen in verschiedenen Abfolgen zu Ketten zu verbinden, sind außerordentlich groß. Die Gleichartigkeit der Abfolge der Aminosäuren bei so unterschiedlichen Organismen wie Hefe und Mensch

ist daher nur mit extrem geringer Wahrscheinlichkeit durch Zufall aufgetreten. Viel leichter ist die Übereinstimmung zu erklären, wenn man annimmt, dass Hefe und Mensch einen gemeinsamen Vorfahren hatten.

78 [X] Bei der DNA-Hybridisierung werden DNA-Einzelstränge verschiedener Organismenarten dazu gebracht, sich zu Polynukleotid-Doppelsträngen zu paaren.

[ ] Um eine DNA-Hybridisierung durchführen zu können, benötigt man die DNA von Artbastarden (Mischlinge, die aus der Kreuzung zwischen zwei Arten hervorgehen).

[X] Als Maß für die Ähnlichkeit der DNA gilt in der DNA-Hybridisierung die Temperatur, die erforderlich ist, um einen hybriden DNA-Doppelstrang zu trennen.

[ ] Je ähnlicher sich zwei DNA-Einzelstränge verschiedener Arten sind, die in der DNA-Hybridisierung dazu gebracht wurden, sich zu einem Doppelstrang zu paaren, desto geringer ist die Temperatur, die erforderlich ist, um diesen Doppelstrang zu trennen.

[X] Bei der Trennungstemperatur (Schmelztemperatur) lösen sich bei der DNA-Hybridisierung die H-Brücken zwischen den Polynukleotid-Einzelsträngen der DNA.

[ ] Die Schmelztemperatur löst im Verfahren der DNA-Hybridisierung die Bindungen zwischen den Nukleotiden eines DNA-Einzelstranges.

[ ] DNA-Hybridisierung ist ein Verfahren, mit dem man im Labor heterozygote Individuen erzeugen kann.

[ ] Zur DNA-Hybridisierung werden Chromosomen verschiedener Organismenarten durch künstliche Befruchtung neu kombiniert.

79 *Drosophila melanogaster* ist mit *Drosophila simulans* näher verwandt als mit *Drosophila funebris*.
Die DNA von *D. melanogaster* ist der von *D. simulans* ähnlicher als der von *D. funebris*. Um hybride DNA, die aus Einzelsträngen von *D. melanogaster* und *D. simulans* besteht, zu trennen, ist eine höhere Temperatur erforderlich als bei hybrider DNA von *D. melanogaster* und *D. funebris*. Die Basensequenzen der Einzelstränge von *D. simulans* und *D. melanogaster* stimmen in mehr Abschnitten überein. Es können sich daher mehr komplementäre Basen paaren als bei den Hybridsträngen von *D. melanogaster* und *D. funebris*. Da mehr Abschnitte mit komplementäre Basen vorhan-

den sind, liegen auch mehr H-Brücken vor. Die beiden DNA-Einzelstränge sind daher stärker miteinander verbunden, und deshalb ist eine höhere Temperatur erforderlich, um sie voneinander zu trennen.

80 a Ablauf des Präzipitintests:
- Blutserum des Kondors (Neuweltgeier) wird in ein Kaninchen oder ein anderes Versuchstier eingespritzt.
- Das Kaninchen bildet Antikörper, die spezifisch gegen die Proteine des Kondors wirken.
- Das Blutserum des Kaninchens wird mit dem Serum eines Storches und in einem zweiten Ansatz mit dem eines Altweltgeiers gemischt.
- Die im Serum des Kaninchens enthaltenen Anti-Kondor-Antikörper fällen die Bluteiweiße umso stärker aus, je ähnlicher sie dem Eiweiß des Kondors sind.

Die Ausfällung des Bluteiweißes des Storches ist stärker als die des Altweltgeiers, die vermuteten Verwandtschaftsverhältnisse sind bestätigt.

b Die starke äußere Ähnlichkeit von Neuwelt- und Altweltgeiern war der Grund dafür, eine nahe Verwandtschaft anzunehmen und beide in die gleiche systematische Gruppe zu stellen. Durch die Ergebnisse der neuen Untersuchungen wurde jedoch klar, dass die Ähnlichkeit zwischen den beiden Geiergruppen auf Konvergenz beruht.

81 Zunächst muss die fossile DNA mithilfe der PCR vermehrt werden, um eine genügend große Menge für die weitere Untersuchung zur Verfügung zu stellen. Die Unterschiede zwischen der fossilen DNA und der DNA einer heutigen Magnolienart lassen sich durch DNA-Hybridisierung oder nach einer Analyse im Sequenzierungsautomaten durch den direkten Vergleich der Basensequenzen feststellen.

82 Arten unterscheiden sich durch ihre genetische Information. Ein Individuum trägt nie alle Allele seiner Art. Um Veränderungen der genetischen Information einer Art beschreiben und erklären zu können, reicht es daher nicht aus, nur ein Individuum zu betrachten. Grundlage müssen die Allele aller Individuen sein, die sich an der Fortpflanzung beteiligen können, die also in der Lage sind, ihre Allele in den Genpool der nächsten Generation weiterzugeben.

83 Ein Genpool besteht aus
- [ ] allen Allelen einer Population, die der Selektion unterliegen.
- [X] der Gesamtheit der Allele einer Population.
- [ ] allen Keimzellen einer Population.
- [ ] allen Allelen eines Individuums.
- [ ] den Allelen der aktuellen und aller früheren Generationen einer Art.
- [ ] allen Allelen einer bestimmten Keimzelle.
- [ ] den Allelen aller Arten in einem bestimmten Gebiet.

84
- Genmutation: Änderung der Basensequenz der DNA (RNA bei bestimmten Viren)
- Chromosomenmutation: Änderung der Chromosomenstruktur
- Genommutation: Änderung der Zahl der Chromosomen

85
- Mutationen: a; g; i
- Modifikationen: d; f
- weder für Mutationen noch für Modifikationen: b; c; e; h

86
- [ ] Durch Verwendung geeigneter radioaktiver Substanzen lässt sich ein bestimmtes, von Fachleuten ausgewähltes Gen zur Mutation anregen.
- [X] Genmutationen erfolgen zufällig.
- [X] Auch durch den Einsatz mutagener Agenzien lässt sich nicht voraussagen, wann sich welches Gen in welche Richtung ändert.
- [X] Die meisten Genmutationen haben ungünstige Folgen für die Zelle.
- [ ] Mutationen treten nur in Keimzellen auf.
- [ ] Die Wahrscheinlichkeit, dass es in einer der vielen Spermazellen eines Mannes zu einer Mutation irgendeines Gens kommt, ist sehr gering.
- [X] Die Mutationsrate von 10^{-4} bis 10^{-6} bezieht sich auf ein Gen und eine Generation.

87 Die Mutationsrate lässt sich nur ungenau berechnen, weil
- Rückmutationen schlecht zu erfassen sind.
- Mutationen ohne Auswirkung bleiben können.
- Mutationen von Modifikationen nicht zu unterscheiden sind, wenn die durch die Mutation hervorgerufene Änderung des Merkmals im Bereich der Reaktionsnorm des Gens liegt.

- Mutationen als rezessive Allele in heterozygoten Genotypen verborgen bleiben können.

88 Aus mehreren Gründen ist der angegebene Zeitraum kein Maß für die Mutationsrate. Es ist damit zu rechnen, dass Mutationen im Bereich des Cytochrom c-Gens wesentlich häufiger auftraten, als sich durch die Änderung der Aminosäurekette erschließen lassen. Die Zahl „18–22 Millionen Jahre" bezieht sich nur auf die Mutationen, die sich nicht negativ ausgewirkt haben. Alle ungünstigen Mutationen unterlagen der Selektion und verschwanden wieder aus dem Genpool. Rückmutationen werden nicht erfasst. Mutationen, die wegen der Degeneration des genetischen Codes zu keinem Austausch einer Aminosäure führen, werden nicht berücksichtigt.

89 a Bestätigen lässt sich, dass Mutationen zufällig auftreten, dass die Umwelt also keine gerichteten Mutationen auslösen kann. Die Mutanten, die die Resistenz gegen das verwendete Antibiotikum bewirken, müssen schon in der Anzuchtkultur, also vor der Behandlung mit dem Antibiotikum, vorhanden gewesen sein. Sie wurden zufällig in unterschiedlichen Mengen auf die Kulturschalen verteilt, in denen sich die Bakterien vermehren sollten. Daher entstanden auf den antibiotikumhaltigen Nährböden unterschiedlich viele Kolonien, je nachdem, wie viele Mutanten zufällig aus der Anzuchtkultur in die einzelnen Gefäße der Vermehrungskulturen gerieten. Wenn die resistenten Mutanten durch das Antibiotikum hervorgerufen worden wären, hätten auf allen antibiotikumhaltigen Nährböden gleich viele Kolonien entstehen müssen.

b Der Nachweis, dass Mutationen zufällig und ungerichtet auftreten, bestätigt die Annahme Darwins, die Individuen einer Art seien untereinander nicht gleich, und diese Variabilität sei unabhängig von der jeweiligen Umwelt. Lamarck dagegen vertrat die Ansicht, die Umwelt könne gezielt auf bessere Anpassung hin ausgerichtete Veränderungen der genetischen Information hervorrufen. Das Ergebnis des Fluktuationstestes gilt allgemein als „Todesstoß für Lamarck im mikrobiologischen Bereich".

90 Rekombination von Allelen

☐ geschieht in der Mitose.

☒ ist die Hauptursache für die große Verschiedenheit der Genotypen in einer Population.

☐ beschreibt die Möglichkeit der Rückmutation eines Gens.

☐ beschreibt die Vorgänge bei der ersten Teilung der befruchteten Eizelle.

☒ ist dafür verantwortlich, dass jeder Mensch einen einzigartigen Genotyp besitzt.

91 Zur sexuellen Fortpflanzung sind Keimzellen (Ei- und Spermien- bzw. Pollenzellen) erforderlich. Nur bei der Entstehung von Keimzellen während der Meiose und bei der Befruchtung kann es zu einer Neukombination von Allelen kommen. Dies geschieht durch die zufällige Verteilung der Chromosomen auf die Tochterzellen in der Anaphase der ersten Reifeteilung der Meiose, durch *Crossing-over* (Chromsomenstückaustausch) oder durch Befruchtung (welche Eizelle mit welchem Spermium oder welcher Pollenzelle verschmilzt, hängt vom Zufall ab). Bei ungeschlechtlicher (vegetativer) Vermehrung sind keine Keimzellen beteiligt, daher sind keine Rekombinationen möglich.

92 Die Sexualität ist für die Evolution von sehr großer Bedeutung, weil

☐ sie zwei verschiedene Formen von Individuen, weibliche und männliche, voraussetzt.

☐ ohne sie keine Fortpflanzung möglich wäre.

☒ sie eine hohe genetische Variabilität der Individuen einer Population zur Folge hat.

☐ sie haploide Zellen entstehen lässt, in denen alle rezessiven Allele zur Ausprägung kommen.

☐ ohne sie keine Differenzierung von Zellen möglich wäre.

93 Durch die Sexualität wird die Rekombination von Allelen möglich. Die große Zahl verschiedener Genotypen in einer Population ist v.a. auf die Rekombination zurückzuführen. Die Mutation spielt eine viel geringere Rolle, da sie nur selten auftritt. Je größer die Verschiedenheit der Genotypen ist, desto mehr Auswahlmöglichkeiten bestehen für die Selektion, desto häufiger wird es zu Verschiebungen der Genhäufigkeiten und damit zur Änderung von Merkmalen und zur Bildung neuer Arten kommen. Je mehr solcher Entwicklungsschritte in der Evolution ablaufen, desto komplizertere Organismen können entstehen. Kompliziert gebaute Organismen wie der Mensch haben in der Regel mehr Artspaltungen und Merkmalsänderungen hinter sich als Lebewesen mit einfacherem Bau.

94 Eine Schnecke, die das Sperma verschiedener Paarungspartner speichern kann, legt Eier mit einer größeren Vielfalt von Genotypen als eine Schnecke, deren Eier nur vom Sperma eines einzigen Partners befruchtet wurde. Je höher die Zahl der verschiedenen Genotypen unter den Nachkommen ist, desto wahrscheinlicher finden sich darunter Tiere, die für die jeweilige Umwelt besonders günstige Merkmale haben, die also von der Selektion bevorzugt werden. Eine Schnecke, die das Sperma mehrerer Paarungspartner verwendet, kann also besonders effektiv dafür sorgen, dass ihre Gene in den Genpool der nächsten Generation einfließen.

95 Selektion
- [X] wirkt nur auf die Individuen derselben Art (intraspezifisch).
- [ ] ist ein Prozess, an dem immer mindestens zwei Arten (z. B. Räuber und Beute) beteiligt sind.
- [ ] beschreibt die zufällige Verteilung der homologen Chromosomen in der Anaphase der ersten Reifungsteilung der Meiose.
- [ ] ruft Mutationen hervor.
- [X] setzt immer am Phänotyp an.
- [X] führt zu einer gerichteten Veränderung des Genpools.
- [X] kann dazu führen, dass sich die Merkmale einer Organismenart ändern.
- [X] kann bei einer Änderung der Umwelt eine andere Richtung (andersartige Wirkung) erhalten.

96 Stabilisierende Selektion: geringe Überlebensrate von Sperlingen, die extrem kurze oder lange Flügel haben (Selektion durch starken Sturm).
Transformierende Selektion: Industriemelanismus beim Birkenspanner (Änderung der Körper- und Flügelfärbung je nach Änderung der Untergrundfarbe der Rast- und Ruheplätze der Schmetterlinge) oder Körpergröße beim Maulwurf (Abnahme der Körpergröße durch sehr kalte Winter).

97 Ungünstige Allele können immer wieder durch Mutation neu entstehen, als rezessive Allele in heterozygoten Genotypen nicht von der Selektion erfasst werden oder mit günstigen Eigenschaften gekoppelt sein, wie z. B. bei der Sichelzellenanämie.

98 Faktoren der belebten Umwelt:
- Fressfeinde
- Parasiten
- Krankheitserreger
- Faktoren der geschlechtlichen Zuchtwahl

Faktoren der unbelebten Umwelt:
- Temperatur
- Wind
- Feuchtigkeit
- Lichtstärke
- Salzgehalt (Wasser, Boden)
- Gifte

99 Durch den Selektionsfaktor „Fressfeinde" lassen sich erklären:
- Einrichtungen zur Tarnung durch Mimese: z. B. Birkenspanner, Polartiere, Stabheuschrecken
- Verteidigungsorgane: z. B. Stacheln und Dornen bei Pflanzen, Hörner bei Tieren, Giftstachel bei Insekten, Skorpionen u. ä.
- Einrichtungen zur Warnung: z. B. Marienkäfer, Wespen, Feuersalamander
- Mimikry: z. B. Hornissenschwärmer und einige Schwebfliegenarten

100 Springende Flöhe sind auf Vögeln und Eichhörnchen besonders gefährdet. Sie können im Sprung tief abstürzen und dadurch für lange Zeit keinen neuen geeigneten Wirt finden oder sich verletzen. Mutanten und Rekombinanten, die ihr Sprungvermögen reduziert oder verloren haben, erhalten daher einen Selektionsvorteil. Durch transformierende Selektion kann der Anteil ihrer Allele im Genpool von Generation zu Generation zunehmen, bis die Population nur noch aus kriechenden und laufenden Flöhen besteht.

101 Merkmale, die der geschlechtlichen Zuchtwahl unterliegen, z. B. die Geweihe bei Hirschen oder die prächtigen Schwanzfedern bei einigen Vögeln, dienen in der Regel dazu, ein Männchen für die Weibchen attraktiv zu machen. Je stärker und auffälliger ein Männchen solche Merkmale ausbildet, desto wahrscheinlicher ist, dass es körperlich hoch leistungsfähig ist. Es trägt sehr wahrscheinlich besonders günstige Allele in seinem Genotyp und garantiert daher, dass seine Nachkommen besonders

vital sind. Wenn sich ein Weibchen bei der Wahl ihrer Paarungspartner daran orientiert, wie stark solche Merkmale ausgebildet sind, kann es daher besonders viele ihrer Allele in den Genpool der nächsten Generation einbringen, da ihre Nachkommen besonders häufig überleben. Infolgedessen werden über Generationen hinweg die Allele im Genpool, die eine hohe körperliche Leistungsfähigkeit bewirken, immer häufiger. Außerdem nimmt aber dadurch auch der Anteil der Allele in der Population zu, die bei Männchen zu großen, auffälligen Organen, prächtigen Färbungen o. ä. führen.

102 a Die gelb-schwarze Färbung dient als Warntracht. Da Wespen dadurch weitgehend vor Fressfeinden geschützt sind, stellt sie einen Selektionsvorteil dar.

b Die auffällige Färbung der Fasanenhähne lässt sich durch geschlechtliche Zuchtwahl erklären. Hähne mit auffälligerem Gefieder wurden von den Hennen bei der Paarung bevorzugt.

103 Die Ergebnisse der Untersuchungen des Industriemelanismus am Beispiel des Birkenspanners bestätigen, dass

☐ Selektion bestimmte Mutanten und Rekombinanten hervorrufen kann.

☒ Varianten (Mutanten und Rekombinanten) zufällig und ohne Bezug zur jeweiligen Umwelt auftreten.

☒ die Richtung der Selektion von der jeweiligen Umwelt abhängt.

☒ die Selektion die Merkmale einer Organismenart verändern kann.

☐ die Selektion in kleinen Populationen ohne Wirkung ist.

☒ die Selektion die Häufigkeit der Allele eines Genpools in eine bestimmte Richtung verschieben kann.

☐ die Selektion zur Schrumpfung von Populationen führen kann.

104 a Die elf verwendeten Gerstensorten unterscheiden sich als Unterarten genetisch voneinander. In der ursprünglichen Mischung waren Sorten mit Allelen vorhanden, die für das jeweilige Aussaatgebiet besonders gut geeignet, aber auch solche, die weniger günstig waren. Durch Selektion wurden die geeigneten Allele im Genpool häufiger, der Anteil der weniger günstigen nahm ab.

b Die Umweltbedingungen in den Aussaatgebieten sind verschieden, z. B. unterscheiden sich die Klimate. Daher ist damit zu rechnen, dass die Selektion unterschiedlich wirkt. Je nach Umwelt bevorzugt die Selektion andere Sorten und damit kommt es in den Anbaugebieten zu unterschiedlichen Verschiebungen der Allelhäufigkeiten.

105 Beim Einsatz eines Antibiotikums in der Medizin
- [X] kann ein Bakterienstamm entstehen, der gegen das verwendete Antibiotikum resistent ist.
- [ ] kann eine Mutation ausgelöst werden, die eine Resistenz gegen das verwendete Antibiotikum bewirkt.
- [ ] können die Zellen des menschlichen Immunsystems angeregt werden, vermehrt Antikörper zu bilden.
- [X] können bereits in einer Bakterienpopulation vorhandene Mutanten, die eine Resistenz gegen das verwendete Antibiotikum bewirken, einen Selektionsvorteil erhalten.
- [X] kann es zu Evolutionsprozessen kommen, die den Genpool der Bakterien, gegen die das Antibiotikum eingesetzt wird, verändern.
- [ ] können sexuelle Vorgänge in den Bakterien ausgelöst werden, durch die sich die Gene so neu kombinieren, dass einige wenige Zellen die Fähigkeit zur Resistenz gegen das verwendete Antibiotikum erhalten.

106 Wenn in der Insektenpopulation Varianten (Mutanten und Rekombinanten) vorhanden sind, die gegen das verwendete Gift resistent sind (Präadaptation), werden diese Individuen vom Selektionsfaktor „Gift" nicht erfasst. Sie überleben als einzige und können zum Ursprung von resistenten Populationen werden.

107 Ein Flaschenhalseffekt kann in der Evolution auftreten, wenn
- [X] ein neuer Lebensraum durch Gründerindividuen besiedelt wird.
- [ ] zufällig ungewöhnlich viele heterozygote Individuen in einer Population auftreten.
- [ ] Tiere regelmäßig enge Geländeabschnitte durchwandern.
- [X] bei einer Katastrophe (z. B. einem Waldbrand) nur wenige Individuen einer Population überleben.
- [ ] homozygot rezessive Individuen von der Selektion bevorzugt werden.
- [ ] der Anteil eines Allels im Genpool extrem gering ist.

108 ☐ Gendrift beschreibt den Genaustausch zwischen Populationen.
☐ Als Gendrift bezeichnet man die Weitergabe der Allele in einer Population von Generation zu Generation.
☒ Gendrift hat nur in kleinen Populationen Bedeutung für die Evolution.
☒ Gendrift tritt auf, wenn sich Allelhäufigkeiten eines Genpools durch Zufallsereignisse verschieben.
☒ Naturkatastrophen können Gendrift zur Folge haben.
☐ Gendrift beschreibt das Phänomen, dass rezessive Allele in heterozygoten Genotypen vor Selektion geschützt sind.
☒ Der Zufall, der die Keimzellen auswählt, die zu Befruchtung kommen, kann eine Ursache für die Gendrift sein.

109 In kleinen Populationen
☒ läuft in der Regel die Veränderung von Merkmalen schneller ab als in großen Populationen.
☐ ist die genetische Vielfalt meistens höher als in großen Populationen.
☒ spielt der Zufall bei der Veränderung der Allelhäufigkeiten im Genpool eine stärkere Rolle als in großen Populationen.
☒ können auch ungünstige Allele durch Zufallsereignisse in ihrer Häufigkeit zunehmen.
☐ hat die Selektion keine Wirkung.
☐ spielt der Zufall nur eine Rolle, wenn es um die Häufigkeit ungünstiger Allele geht.

110 Eine geringe genetische Variabilität in großen Populationen
☐ kann die Folge einer besonders starken Rekombination sein.
☒ kann die Folge sein, wenn die Population in nicht zu ferner Vergangenheit einen Flaschenhalseffekt erfahren hat.
☐ erhöht die Fähigkeit der Population, drastische Änderungen ihrer Umwelt zu überstehen.
☐ weist darauf hin, dass die Population aus mehreren früher voneinander getrennten Teilpopulationen verschmolzen ist.
☐ lässt darauf schließen, dass die Mutationsrate über viele Generationen hinweg konstant blieb.
☒ kann auftreten, wenn die Population vor kurzer Zeit aus nur wenigen Gründerindividuen entstanden ist.

111 In großen Populationen sind in der Regel mehr verschiedene Genotypen enthalten als in kleinen. Daher kommen in ihnen mit höherer Wahrscheinlichkeit solche Mutanten und/oder Rekombinanten vor, die auch bei Verschlechterung der Umweltbedingungen überleben können. In kleinen Populationen ist die genetische Variabilität geringer. Daher kann es dazu kommen, dass sie zufällig keine Genotypen enthalten, die in der Lage sind, die verschlechterten Lebensbedingungen zu überstehen.

112 a Die Ähnlichkeit von Proteinen lässt sich ermitteln durch
- einen Präzipitintest (serologische Untersuchung).
- die Analyse der Aminosäuresequenz.

b Die Zahl der unterschiedlichen Proteine ist in der europäischen Population am größten. Die Information für die Bildung der Eiweiße liegt auf der DNA. Die Zahl der unterschiedlichen Proteine in einer Population entspricht daher der Zahl der verschiedenen Allele im Genpool. Die Populationen in den USA und in Australien entstanden jeweils aus einer sehr kleinen Gruppe von Vögeln. Diese Gründerindividuen enthielten nur einen Teil der Allele der großen europäischen Population. Es kam daher zu einem Flaschenhalseffekt. Durch die bloße Vermehrung kann sich die Verschiedenheit der Allele, die genetische Variabilität, nicht erhöhen.
Solange die amerikanische und australische Population klein blieb, konnten Allele durch Gendrift per Zufall ganz aus dem Genpool verschwinden. Möglicherweise hat das zu einer weiteren genetischen Verarmung geführt.
Die Zeit seit der Trennung der Populationen ist so gering, dass sich die Zahl der verschiedenen Allele in den Populationen der USA und Australiens durch neue Mutationen kaum erhöhen konnte, da Mutationen seltene Ereignisse sind (Mutationsrate gering).

113 Die Tiere leben in den Zoos immer in sehr kleinen Gruppen zusammen. In so kleinen Populationen ist die Wirkung der Gendrift sehr stark. Es kommt leicht zu einer fortschreitenden Abnahme der genetischen Variabilität (Abnahme der Zahl der verschiedenen Allele in einem Genpool). Durch Gendrift können innerhalb weniger Generationen Allele per Zufall ganz aus dem Genpool verschwinden. Ein zweiter Grund ist die Gefahr der Inzucht. Die geringe genetische Verschiedenheit in einer kleinen Population erhöht die Wahrscheinlichkeit, dass sich zwei Tiere miteinander paaren, die ungünstige Allele tragen. Häufig sind die negativ wirkenden Allele rezessiv und liegen in heterozygoten Genotypen vor, sodass die Züchter in den Zoos nicht feststellen können, ob in der Population und bei welchen Tieren ungünstige Allele vorhanden sind. Zuchttiere aus anderen Zoos erhöhen die genetische Vielfalt und vermindern die ungünstigen Auswirkungen kleiner Populationen.

114 a Die Wasserpest kann sich in Europa nur vegetativ fortpflanzen, weil keine männlichen Pflanzen vorhanden sind. Da die vegetative Vermehrung allein durch Mitosen geschieht, und da in der Mitose die genetische Information unverändert weitergegeben wird (keine Rekombination möglich), müssen alle Individuen der Wasserpest untereinander genetisch identisch sein. Wenn genetische Unterschiede zwischen den Individuen auftreten, kommen als Ursachen nur Mutationen in Betracht.

b Alle Wasserpestpflanzen Europas bilden einen Klon aus genetisch identischen Individuen. Das ist bei allen in Europa vorkommenden Wasserpestpflanzen der Fall, weil sie allein durch vegetative Fortpflanzung (nur durch Mitosen) aus einer einzigen Ursprungspflanze entstanden sind. Das gilt allerdings nur, wenn keine Mutationen aufgetreten sind.

c Das Fehlen männlicher Pflanzen führt zu einer sehr geringen Geschwindigkeit der Evolution. Die Wasserpest steht, wie jedes andere Lebewesen, unter der Wirkung von Evolutionsfaktoren. Allerdings ist ihre genetische Variabilität (die Zahl der verschiedenen Allele) in Europa nur sehr gering und wird auch nur sehr langsam größer, weil die Rekombination keine Rolle spielt (keine sexuelle Fortpflanzung). Neue Genotypen können allein durch Mutationen entstehen, die sind aber sehr selten. Wegen der geringen „Auswahlmöglichkeiten" kann die Selektion nur schwer ansetzen. Daher ist mit einer nur sehr langsamen Veränderung des Genpools und damit der Merkmale der Wasserpest in Europa zu rechnen. Wenn männliche Pflanzen vorhanden wären, wäre die Fortpflanzung mithilfe von Keimzellen möglich. Es käme zu Rekombinationen und damit zur Bildung vieler verschiedener Varianten, aus denen die Selektion „auswählen" könnte.

115 a Schwermetalle sind Enzymgifte. Wenn Pflanzen mit dem Wasser Schwermetalle aufnehmen, kommt es zu erheblichen Störungen des Stoffwechsels, weil fast alle Reaktionen in der Pflanzenzelle durch Enzyme gesteuert werden. Samen, die auf einer solchen Bergwerkshalde auskeimen, stellen daher in der Regel ihr Wachstum ein, sobald sie Schwermetalle aufnehmen.

b Eine Pflanze kann die Fähigkeit zur Resistenz gegen die Schwermetalle einer Bergwerkshalde nur durch eine Mutation (evtl. auch durch eine besondere Rekombination) erhalten. Zum Beispiel könnte sie die Fähigkeit erhalten, Enzyme zu bilden, die gegen die jeweiligen Schwermetalle unempfindlich sind. Samen solcher Varianten werden auf einer giftigen Halde gegenüber den Samen der übrigen Pflanzen der gleichen Art von der Selektion extrem bevorzugt. Mutationen treten aber zufällig und selten auf. Nur die Arten, in denen per Zufall Varianten auftraten, die die Schwermetalle ertragen, die also präadaptiert waren, konnten Populationen bilden, die die Haldenflächen besiedeln.

116 Eingesetzt werden muss bei
1: „Allele"
2: „Genotypen" (oder „Varianten")
3: „Gendrift"
4: „Trennung"
Eintragungen in die dritte Spalte: Nur durch die Selektion kann es zu einer Erhöhung der Anpassung kommen: „ja". Alle übrigen Evolutionsfaktoren wirken ungerichtet: „nein".

117 Eine Art besteht aus einer oder mehreren Populationen, zwischen denen Genfluss auftritt oder auftreten kann, deren Individuen untereinander also Allele austauschen oder austauschen können.

118 Die beiden Gruppen von Individuen gelten dann als Rassen, wenn sie sich in ihren Merkmalen deutlich unterscheiden, sich aber unter natürlichen Bedingungen fruchtbar miteinander fortpflanzen können, also derselben Art angehören.

119 Myrtenwaldsänger und Audubonwaldsänger
☐ kommen im selben Gebiet vor.
☒ kreuzen sich in der Natur fruchtbar miteinander.
☐ sehen sich ähnlich genug, um in dieselbe Art gestellt zu werden.
☐ sind voneinander reproduktiv (fortpflanzungsmäßig) isoliert.
☐ leben in vollständig voneinander getrennten Gebieten.

120 Zur Separation kann es z. B. kommen
- durch Klimaänderungen, die Gebiete unzugänglich machen: Vereisung, Versteppung, Bildung von Inseln durch Anstieg des Meersspiegels.
- durch Veränderungen der Oberflächenformen (geologische Ereignisse), z. B. Auffaltung von Gebirgen oder Bildung von Tälern.
- durch Kontinentalverschiebung.
- bei der Besiedlung schwer zugänglicher Gebiete durch Gründerindividuen (Inseln, Oasen, Gebiete, die durch schwer überwindbare Barrieren getrennt sind).

121
- [ ] Mäuse
- [ ] windbestäubte Gräser
- [X] Schnecken
- [ ] Fliegen
- [ ] Krähen
- [ ] Kaninchen

Von allen genannten Arten haben die Schnecken die größten Schwierigkeiten, die trennenden Barrieren (breite Straßen) zu überwinden. Daher ist bei ihnen die Unterbrechung des Genflusses zwischen den Populationen strenger als bei den übrigen Arten. Die Unterschiede zwischen den Genpools, die durch jeweils anders wirkende Evolutionsfaktoren entstehen (Mutation, Rekombination, Gendrift, Separation und Selektion), können bei Schnecken kaum durch Tiere, die von einer Population zur anderen wandern, ausgeglichen werden.

122 In voneinander getrennten Populationen verändern sich in der Regel die Genpools und damit die Merkmale der Individuen in verschiedene Richtungen, weil mit hoher Wahrscheinlichkeit durch die Spaltung der Population der ursprüngliche Genpool ungleich auf die getrennten Populationen aufgeteilt wurde, weil in den beiden Teilpopulationen unterschiedliche Rekombinationen und Mutationen auftreten und weil die Selektion in den beiden Teilpopulationen aufgrund verschiedener Umweltbedingungen unterschiedlich wirkt. Für den Fall, dass durch die Trennung eine kleine Population entsteht, hat Gendrift eine bedeutende Wirkung.

123 a Geschwisterarten können entstehen, wenn in zwei getrennten Populationen zwar einerseits einige Merkmale entstehen, die ausreichen, um eine fruchtbare Fortpflanzung zwischen den Individuen der beiden

Populationen zu verhindern, andererseits aber die meisten übrigen Merkmale unverändert bleiben, sodass sich die Individuen der beiden Populationen sehr ähneln.
b Beispiele für Geschwisterarten:
- Fitis und Zilpzalp
- Sommergoldhähnchen und Wintergoldhähnchen
- Waldbaumläufer und Gartenbaumläufer
- Sprosser und Nachtigall
- Grauspecht und Grünspecht

124 a Es liegt nur eine Art vor. Zwischen allen Populationen ist Genfluss möglich. Das gilt auch für die Populationen A und C. Ihre Individuen können zwar keine fruchtbaren Nachkommen miteinander hervorbringen, ein Allel der Population A kann aber über die Population B in die Population C gelangen und umgekehrt.
b Wenn die Population B ausstirbt, liegen zwei Arten vor, da kein Genfluss mehr zwischen A und C möglich ist. Wenn die Population C ausstirbt, ist weiterhin nur eine einzige Art vorhanden, da Genfluss zwischen A und B möglich ist.

125
- zeitliche Isolation, z. B. unterschiedliche Paarungszeiten bei Frosch- oder Krötenarten, unterschiedliche Blühtermine beim Schwarzen und Roten Holunder.
- ethologische Isolation, z. B. unterschiedliches Balzverhalten (Fitis und Zilpzalp, Blinkrhythmus bei Leuchtkäfer-Arten).
- Isolation durch Sterilität oder Polyploidie, z. B. Unfähigkeit, Keimzellen zu bilden (Störung der Meiose bei polyploiden Pflanzen, bei Pferd und Esel u. ä.).
- anatomische und physiologische Isolation, z. B. Kopulationsorgane bei vielen Insekten (Schlüssel-Schloss-Prinzip); Blockieren des Auskeimens fremder Pollenkörner auf der Narbe.

126 [X] Einnischung verhindert Konkurrenz zwischen den Arten eines Lebensraums.
[X] Konvergenz kann die Folge der Einnischung zweier Arten in ähnliche ökologische Nischen in voneinander getrennten Gebieten sein.
[ ] Zwei ähnliche ökologische Nischen können nicht auf verschiedenen Kontinenten vorkommen.

[X] Die Zahl der Arten eines Lebensraums steht in einem ursächlichen Zusammenhang mit der Zahl seiner ökologischen Nischen.
[ ] Für die Entstehung von konvergenten Formen sind ausschließlich Zufallsereignisse verantwortlich.
[ ] Nach der Einnischung verschwindet die entsprechende ökologische Nische aus dem jeweiligen Lebensraum.

127 Innerhalb einer der beiden Arten treten Rekombinationen und/oder Mutationen auf, durch die die entsprechenden Individuen eine freie ökologische Nische nutzen können.
Die Varianten, die die freie ökologische Nische besetzen können, erhalten einen Selektionsvorteil, weil sie nicht mehr in Konkurrenz mit der anderen Art stehen.
Durch transformierende Selektion kommt es über viele Generationen hinweg zu einer immer weitergehenden Anpassung an die freie ökologische Nische. Damit einher geht eine fortschreitende Änderung bestimmter Merkmale der betreffenden Art.

128 [ ] Aktives Umherstreifen von Tieren auf der Suche nach einer freien ökologischen Nische
[ ] Vermehrung von Individuen, die eine ökologische Nische besetzt haben
[ ] Aussterben von Arten
[ ] Trennung der Population einer Art in mehrere Teilpopulationen
[X] Aufspaltung einer Stammart in zahlreiche neue Arten
[ ] Erhöhung der Mutationsrate durch radioaktive Strahlung

129 adaptive Radiation der Säuger am Ende der Kreide nach dem Aussterben vieler Reptilien

130 Die Aussage ist unsinnig. Beide Arten sind bzw. waren an unterschiedliche ökologische Nischen angepasst. Das Urpferd war an eine ökologische Nische innerhalb des Lebensraums „Wald" angepasst, ein heutiges Zebra besetzt eine ökologische Nische innerhalb des Lebensraums „Steppe". Ein Vergleich des Anpassungsgrads ist daher nicht möglich. Eine Aussage dazu, welche von zwei Arten besser angepasst ist, könnte nur dann sinnvoll sein, wenn beide die gleiche ökologische Nische beanspruchten.

131 a Im Darwin'schen Sinne ist der „Kampf ums Dasein" nicht als eine direkte körperliche Auseinandersetzung zwischen Dingo und Beutelwolf zu verstehen. Der „Kampf" im Sinne Darwins ist in diesem Fall die Konkurrenz um Nahrung. Beide Arten sind auf die gleichen Beutetiere angewiesen. Sie beanspruchen die gleiche Nahrungsnische. Den „Kampf" gewinnt die Art, die bei der Jagd erfolgreicher ist.

b Beutelwolf und Dingo beanspruchen die gleiche ökologische Nische. Da der Dingo beim Beuteerwerb erfolgreicher ist, konnte er den Beutelwolf aus der ökologischen Nische verdrängen.

c Die bei b gegebene Erklärung lässt sich durch die Verhältnisse in Tasmanien bestätigen.
Wenn die Konkurrenz um die gleiche ökologische Nische die Ursache für das Aussterben des Beutelwolfs auf dem australischen Kontinent war, dann ist zu erwarten, dass der Beutelwolf in Tasmanien überlebte. Dort gab es ja nie Dingos, die mit ihm um Beutetiere konkurrierten. Vermutlich gäbe es in Tasmanien auch heute noch Beutelwölfe, wenn die europäischen Siedler sie nicht ausgerottet hätten.

132 Die Tabelle verdeutlicht, dass große Tiere bezogen auf ein Kilogramm Körpergewicht zwar nur einen geringen Nährstoffbedarf haben und auch mit einer geringeren Nahrungsqualität zurecht kommen können. Allerdings müssen sie aufgrund ihrer Größe reichlich Futter in großen Mengen zu sich nehmen, um ihren Energiehaushalt decken zu können. Bei kleineren Tieren genügen geringere Futtermengen und eine seltenere Futteraufnahme, obwohl die Tiere bezogen auf ein Kilogramm Körpergewicht einen großen Nährstoffbedarf haben, der eine hohe Nahrungsqualität voraussetzt. Bei ihnen kann die Nahrung besser verwertet und dadurch eine optimale Energieausbeute erzielt werden.

133 [X] Eine Fitness-Optimierung besteht darin, den eigenen Fortpflanzungserfolg zu verbessern.
[ ] K-Strategen besitzen meist eine geringe Konkurrenzfähigkeit.
[ ] Elterliche Brutpflege ist vor allem bei r-Strategen ausgeprägt.
[ ] Menschliches Verhalten lässt sich der K-Strategie zuordnen.
[X] Langlebige Arten verfolgen vor allem die K-Strategie.
[ ] K- und r-Strategien sind darauf ausgerichtet, möglichst viele Nachkommen zu haben.

134 Der menschliche Kuss kann als ritualisierte Fütterhandlung angesehen werden. Bei den Eingeborenen auf der Insel Neu Guinea werden Säuglinge von der Mutter mit Nahrungsbrei von Mund zu Mund gefüttert. Auch Schimpansen füttern so ihre Jungen. Hier ist eine Handlung aus dem Verhaltensbereich des Nahrungserwerbs ritualisiert und als Auslöser in den Bereich der Paar- und Partnerbindung übernommen worden.

135
- [X] Polygynie ist die häufigste Form der seriellen Monogamie.
- [ ] Vielehen stellen polygame Fortpflanzungssysteme dar.
- [X] In polygynandrischen Gruppen kümmern sich vor allem Männchen um die Brutpflege.
- [ ] Dauerehen sind monogame Paarungssysteme.
- [X] Bei den polygamen Fortpflanzungsstrategien ist die Polygynie im Tierreich am wenigsten verbreitet.

136 Eine ausgebildete Rangordnung verhindert, dass die einzelnen Gruppenmitglieder ihre Stellung innerhalb der Gruppe ständig neu definieren müssen. Eine stabile Rangordnung setzt Ressourcen frei, die beispielsweise bei der arbeitsteiligen Nahrungssuche oder der Aufzucht von Jungtieren sinnvoller eingesetzt werden können.

137 Charles DARWIN konnte eine derartige Vermutung deswegen äußern, weil das Erlangen des Nektars nur durch ein spezifisch angepasstes Insekt möglich sein konnte. Nur ein Tier mit einem entsprechend lang ausgebildeten Saugrüssel ist in der Lage, zum einen Nektar zu erlangen und im Gegenzug für die Bestäubung der Orchideenart zu sorgen. Bei diesem Beispiel ist der Sachverhalt der Koevolution erfüllt, bei dem beide Partner aufeinander angewiesen sind.

138 Da die Dronten-Vögel die Nüsse nicht mehr aufbrachen und durch eine Passage der Samen in ihrem Verdauungstrakt für deren Keimfähigkeit sorgten, konnten keine Kalvarienbäume mehr keimen. Das Beispiel verdeutlicht die Gefahren der engen Koevolution zwischen zwei interagierenden Arten, die zum gegenseitigen Überleben aufeinander angewiesen sind. Sobald der eine Partner der Beziehung nicht mehr vorhanden ist, kann auch der andere Partner nicht mehr überleben.

139 Eine derartige Festlegung und Abgrenzung ist notwendig, damit unterschiedliche Protokollanten bei der Erstellung eines Ethogramms für eine Tierart auch zu gleichen Ergebnissen kommen können.

140 Die nächsten Verwandten des Menschen sind Orang-Utan (Asien), Gorilla (Afrika) und Schimpansen (zwei Arten; Afrika).

141 a Auslöser war der Wechsel des Lebensraums. Ehemalige Bodenbewohner gingen zum Leben auf Bäumen über.
   b
   - Vergrößerung der Augen: Orientierung beim Leben in Bäumen ist mit den Augen günstiger als mit dem Geruchsinn.
   - Starke Überschneidung der Sehfelder beider Augen: ermöglicht genaues räumliches Sehen und zuverlässiges Abschätzen von Entfernungen beim Greifen, Klettern und Springen in Bäumen.
   - Größeres und stärker gefurchtes Großhirn: erleichtert bei der Fortbewegung die schnelle Entscheidung über den günstigsten der vielen möglichen Wege im Geäst.
   - Daumen und Große Zehe opponierbar: Hände und Füße werden zu Greiforganen, die das Klettern im Geäst erleichtern.
   - Das Gleichgewichtsorgan und der zugeordnete Hirnbereich werden leistungsfähiger: Verbesserung der Kontrolle des Gleichgewichts bei der instabilen Körperlage während der Fortbewegung im Geäst.
   c Merkmale des heutigen Menschen, die auf die genannten Präadaptationen zurückzuführen sind:
   - Augen sehr leistungsfähig
   - sehr gutes räumliches Sehen; ermöglicht unter anderem die geschickte Manipulation unter Augenkontrolle
   - große Planungsfähigkeit
   - große handwerkliche Geschicklichkeit (sehr weit gehende Opponierbarkeit des Daumens)
   - Kontrolle der Körperhaltung beim zweibeinigen Gang

142 a
   - Oberschenkel bildet mit der Wirbelsäule eine gerade Linie
   - Beine länger als Arme
   - Wirbelsäule doppelt S-förmig gebogen
   - Becken breit und schüsselförmig
   - erste Zehe nicht opponierbar, Fuß mit drei statt zwei Belastungspunkten, Fuß gewölbt
   - Hinterhauptsloch im Zentrum der Schädelunterseite

b
- Geburtskanal weit
- Daumen lang und sehr gut gegen alle Finger opponierbar
- Gehirn (v. a. Großhirn) groß
- Stirn steil und hoch
- Gesichtsschädel nicht vorgewölbt
- Überaugenwülste schwach ausgebildet
- Backenzahnreihen parabelförmig
- Eckzähne kaum die Schneidezähne überragend
- Kinn vorspringend, Unterkiefer ohne Affenplatte

143 Die Wirbelfortsätze der Halswirbel sind beim Menschen viel kleiner als beim Gorilla. An den Wirbelfortsätzen setzen u. a. die Muskeln an, die verhindern, dass der Kopf nach vorne kippt. Beim Menschen liegt das Hinterhauptsloch, der Auflagepunkt des Schädels auf der Wirbelsäule, etwa in der Mitte der Schädelunterseite. Daher kann der Kopf leicht ausbalanciert werden. Die zur Bewegung des Schädels erforderliche Muskulatur, v. a. die des Nackens, braucht nicht stark zu sein. Für den Ansatz der schwachen Nackenmuskulatur reichen kleine Wirbelfortsätze aus. Beim Gorilla liegt das Hinterhauptsloch im hinteren Teil des Schädels, der dadurch ein starkes Übergewicht nach vorne hat und starke Halsmuskeln erfordert, die große Wirbelfortsätze als Ansatzflächen brauchen.

144
- ☐ Zunahme der Gehirngröße – aufrechter Gang
- ☒ Verlagerung des Ober- und Unterkiefers weit unter den Hirnschädel – parabelförmige Backenzahnreihen
- ☐ Reduktion der Chromsomenzahl von 48 auf 46 – ständig aufrechter, zweibeiniger Gang
- ☒ Lage des Hinterhauptsloches im Zentrum der Schädelunterseite – Reduktion der Nackenmuskulatur
- ☒ Zunahme der Gehirngröße – steile und hohe Stirn
- ☐ Reduktion der Überaugenwülste – Geburtskanal weit

145 a A = Homo erectus; B = Gorilla; C = Homo sapiens sapiens
b Je weiter sich das Hinterhauptsloch der Schädelmitte nähert, umso besser lässt sich der Schädel auf dem Auflagepunkt balancieren, umso schwächer kann die Muskulatur sein, die ihn hält. Im Laufe der Stammesgeschichte rückte das Hinterhauptsloch immer weiter in Richtung der Schädelmitte; gleichzeitig wurde die Nackenmuskulatur reduziert.

Daher sind die Ansatzflächen dieser Muskulatur am Schädel umso kleiner, je näher die Verwandtschaft zum heutigen Menschen ist.

146
- Der Vergleich von Proteinen ergab eine ähnliche Aminosäuresequenz.
- Die Art der Antigene der Zellen ist sehr ähnlich, z. B. kommen die gleichen Blutgruppen des AB0-Systems vor.
- Die Analyse der Basensequenz der DNA und die DNA-Hybridisierung ergaben eine starke Ähnlichkeit der genetischen Informationen.
- Die unterschiedliche Chromosomenzahl (Menschenaffen: 2n = 48), Mensch: 2n = 46) lässt sich durch die Verschmelzung zweier kleiner Chromosomen zu einem großen erklären.

147 Gemeinsame Merkmale von *Australopithecinen* und *Homo* sind:
- Eckzähne nicht oder nur wenig höher als die Schneidezähne
- keine Affenlücken (Lücken in der Zahnreihe)
- parabelförmige Backenzahnreihen (bei *Australopithecus* nur schwach ausgebildet)
- ständig aufrechter, zweibeiniger Gang
- große Zehe nicht oder nur sehr wenig abgespreizt und nicht opponierbar

148 Fußspuren von *Australopithecus*-Arten, sehr wahrscheinlich *Australopithecus afarensis,* weisen nach, dass sie sich in ständig aufrechtem, zweibeinigem Gang fortbewegten (Fundort Laetoli in Tansania/Ostafrika).

149 Viele Fachleute verwenden die Bezeichnung *Homo* für die Vorfahren des Menschen, die ständig aufrecht auf zwei Beinen liefen und in der Lage waren, Werkzeuge herzustellen.

150 a A = *Homo sapiens neanderthalensis*
B = *Australopithecus*
C = *Homo sapiens sapiens*
D = *Homo erectus*
b Nur von Fundstellen in Afrika kann der Schädel des *Australopithecus* stammen. Nicht aus Afrika kann der des Neandertalers stammen.
c Die Nutzung des Feuers ist nachgewiesen bei:
- *Homo sapiens sapiens*
- *Homo sapiens neanderthalensis*
- Vertretern des *Homo erectus*

151 A *Homo erectus*
B *Homo sapiens sapiens*
C Schimpanse

152 a Der Schädel A gehört zu einem Vertreter der Gattung *Homo*. Es könnte sich um *Homo habilis* oder *Homo rudolfensis* handeln. Für die Einordnung in die Gattung *Homo* spricht v. a. das größere Volumen des Hirnschädels und der weniger vorgewölbte Gesichtsschädel in Abbildung A. Der Hirnschädel ist im Vergleich zum Gesichtsschädel noch klein, sodass nur frühe Vertreter der Gattung *Homo* infrage kommen.
b Der Schädel B gehört zur Gattung *Australopithecus*. Dafür spricht der im Vergleich zum Gesichtsschädel kleine Hirnschädel und die stärkere Vorwölbung des Gesichtsschädels. Menschenaffen sind ausgeschlossen, da die Eckzähne nur schwach ausgebildet sind

153 a Bedeutung der Kennbuchstaben des Stammbaumschemas:
A = *Australopithecus afarensis*
B = mehrere verschiedene Australopithecus-Arten
C = *Homo erectus*
D = *Homo sapiens sapiens* (Jetztmensch)
E = *Homo sapiens neanderthalensis*
b Die Zahlen der Zeitleiste geben Millionen Jahre an (Faktor 10^6).
c Nachweisbar sind ab
I: ständig aufrechter, zweibeiniger Gang.
II: Herstellung von Steinwerkzeugen.
III: Nutzung von Feuer.
d Als erste besiedelten
- Europa: *Homo erectus* (= C).
- Nordamerika: *Homo sapiens sapiens* (= D).
- Südamerika: *Homo sapiens sapiens* (= D).
- Australien: *Homo sapiens sapiens* (= D).
e In Deutschland fand man Fossilien von
- *Homo erectus*: z. B. *Homo erectus heidelbergensis* in der Nähe von Heidelberg.
- ursprüngliche Homo sapiens-Formen, z. B. *Homo sapiens steinheimensis* in Steinheim an der Murr (Baden-Württemberg).
- *Homo sapiens neanderthalensis* im Neandertal bei Düsseldorf.

154 Die Aussage ist unsinnig. Die heutigen Menschenaffen und der heutige Mensch haben nach Auffassung der Evolutionsbiologie zwar einen gemeinsamen Vorfahren, in dem Zeitraum aber, in dem es zur Entstehung des heutigen Menschen kam, haben sich auch die heutigen Menschenaffen durch evolutive Prozesse aus diesem Vorfahren entwickelt. Menschenaffen und Mensch sind also das Ergebnis eines jeweils eigenen evolutionären Prozesses.

155 Vermutlich besetzten die *Australopithecus*-Arten und die Vertreter der Gattung *Homo* unterschiedliche ökologische Nischen und traten deshalb nicht miteinander in Konkurrenz. Denkbar ist z. B., dass frühe *Homo*-Arten durch die Fähigkeit zur Herstellung von Steinwerkzeugen größere Tiere zerlegen konnten und damit eine andere Nahrungsquelle nutzten als die *Australopithecinen*.

156 Neandertaler haben nachweislich für einige tausend Jahre gleichzeitig mit dem *Homo sapiens sapiens* gelebt. Beide Unterarten waren also Zeitgenossen. Wenn der Neandertaler der Vorfahre des heutigen Menschen sein soll, darf er sich nach der Entstehung von *Homo sapiens sapiens* nicht mehr nachweisen lassen. Sehr wahrscheinlich ist, dass der Neandertaler und *Homo sapiens sapiens* einen nur ihnen gemeinsamen Vorfahren haben.

157 Dauerhaft zweibeinig und aufrecht laufende Primaten
- können die Landschaft ständig weit überblicken und dadurch z. B. Feinde oder Beutetiere früh entdecken.
- sind besser vor Überhitzung geschützt (geringe Fläche, die der Sonne ausgesetzt ist).
- haben die Hände frei und können daher während des Laufens mit Werkzeugen (z. B. Waffen) hantieren oder ihre Kinder oder gesammelte Nahrung tragen.

158 **a** Arten der *Homo rudolfensis*-Gruppe, zu der auch *Homo habilis* gehört, sind die ältesten Vorfahren des Menschen, die Werkzeuge herstellen konnten.
b Es handelt sich um Geröllgeräte („*pebble tools*"). Das sind scharfkantig abgeschlagene Kiesel.
c Mit den *pebble tools* lässt sich z. B. die Haut größerer Säuger zerschneiden, sodass man das darunter liegende Fleisch erreichen kann. Diese Geräte waren wenig geeignet für die Jagd auf größere Säugetiere.

159 [X] Ein größeres Gehirn macht eine stärker differenzierte Sprache und die Weitergabe komplexer Informationen möglich und führt dadurch zu einem Selektionsvorteil.

[ ] Der stärkere Gebrauch der Sinnesorgane, v. a. der Augen, beim Leben in der Savanne führte dazu, dass die Gehirnbereiche, die die Reize verarbeiten, ständig trainiert wurden und dadurch an Größe zunahmen.

[ ] Das große Gehirn diente ursprünglich als Protein-Speicher, um Zeiten extremen Nahrungsmangels überstehen zu können, und hat im Laufe der Evolution einen Funktionswechsel erfahren.

[X] Durch positive Rückkopplung verstärken sich die Fähigkeit zur Herstellung effektiver Werkzeuge (motorische Felder des Großhirns) und die Hirnbereiche, die für den planvollen Einsatz der Werkzeuge erforderlich sind, gegenseitig.

[ ] Als das Hinterhauptsloch im Laufe der Stammesgeschichte in das Zentrum der Schädelunterseite gewandert war, konnte die Versorgung des Schädels mit Blut so weit verbessert werden, dass ein großes Gehirn möglich wurde.

[ ] Ohne das große Gehirn wäre der ständig aufrechte, zweibeinige Gang nicht möglich.

[X] Ein großes Gehirn ermöglicht die vorausschauende Planung komplexer Sachverhalte und bietet daher einen Selektionsvorteil.

160 Am frühesten in der Stammesgeschichte
a machte *Homo erectus* Jagd auf größere Beutetiere.
b konnte *Homo erectus* das Feuer nutzen.
c bestatteten die Neandertaler ihre Toten.
d war *Homo sapiens sapiens* (Cro-Magnon-Mensch) in der Lage, Menschen und Tiere in Malereien (Höhlenmalerei) und als Plastiken darzustellen.

161 Nach Auffassung der meisten Fachwissenschaftler gehören alle heute auf der Erde lebenden Menschen zur gleichen Rasse, zu der des *Homo sapiens sapiens*. Rassen (Unterarten) des Menschen traten nur in der Vergangenheit auf, z. B. *Homo sapiens neanderthalensis* oder *Homo sapiens steinheimensis*.

162 Die beiden Auffassungen über den Ursprung der heute lebenden Menschen *(Homo sapiens sapiens)*, die Hypothese des multiregionalen Ursprungs und die „Out-of-Africa-Hypothese" stimmen darin überein, dass
- [ ] der moderne Mensch *(Homo sapiens sapiens)* nur einmal und zwar in Afrika entstand.
- [ ] der Neandertaler ein später Vorfahre des heutigen Menschen ist.
- [ ] eine Gruppe von *Australopithecinen* aus Afrika nach Asien und Europa einwanderte.
- [x] *Homo erectus* in Afrika entstand.
- [x] *Homo erectus* aus Afrika nach Europa und Asien einwanderte.
- [x] nur der moderne Mensch nach Nord- und Südamerika einwanderte.
- [ ] die ersten modernen Menschen in Europa auftraten.
- [ ] die verschiedenen regionalen Formen des modernen Menschen aus verschiedenen Unterarten (Rassen) des *Homo erectus* entstanden.

163 Diskutiert werden als Ursachen für das Aussterben des Neandertalers:
- Verdrängung aus seiner ökologischen Nische durch den leistungsfähigeren *Homo sapiens sapiens*
- Vermischung mit dem *Homo sapiens sapiens* und Aufgehen in einer gemeinsamen Population

164 Beim Schrumpfen der Population kann es durch Flaschenhalseffekt und Gendrift zur zufälligen und schnellen Veränderung von Allelhäufigkeiten kommen. Auch die Selektion führt in kleinen Populationen schneller zu Merkmalsänderungen als in großen. Die hohe Evolutionsgeschwindigkeit in der geschrumpften, kleinen Population könnte erklären, dass der *Homo sapiens sapiens* innerhalb einer geologisch kurzen Zeit entstanden ist.

Stichwortverzeichnis

Die in Klammern angegebenen Ziffern verweisen auf den Band Abitur-Training Biologie 1, Verlags-Nr. 54701.

Acetylcholin (1) 90 f.
- -esterase (1) 93
- -Freisetzung (1) 93
- -Rezeptor (1) 93

Adenin (1) 12
Affenlücke 151
Affenplatte 152
afferent (1) 102, 115
Aggregation 138
Aktionspotenzial (1) 79 ff.
- Form (1) 83 f.
- Weiterleitung (1) 85 ff., 102

Aktualitätsprinzip 57
Albinismus (1) 47
Algenblüte (1) 156 f.
Alkaptonurie (1) 47
Allel 36 ff., 92, 94, 127, (1) 49
- -häufigkeit 93

Allen'sche Regel (1) 169 f.
Alles-oder-Nichts-Ereignis (1) 83 f.
Altersbestimmung 63
Altweltaffen 145
Aminogruppe (1) 36
Aminosäure 76, (1) 29 f., 36 ff.,
- essentielle (1) 36, 45
- -kette, Verlängerung (1) 32
- -sequenz 153, (1) 38 f.
- -sequenzanalyse 77 ff.

Amplifikation, in vitro 10 ff.
Amplitude (1) 103
Analogie 67 ff.
Anaphase 30, 95
Anatomie, vergleichende 67 ff.
Aneuploidie
- autosomale (1) 50
- heterosomale (1) 50

Anion (1) 37
Anpassung 133 ff.

Anpassungstendenzen, Primaten 146
Antibiotikum 6 ff., 102
Anticodon (1) 30 ff.
Antiparallelität (1) 13
AP s. Aktionspotenzial
Archaeopteryx s. Urvogel
Arche-Noah-Hypothese s. Out-of-Africa-Hypothese
Arginin-Synthese (1) 44 f.
Art 46 f., 96, 119 ff.
- -bastard 45
- -begriff 46, 118
- -enschutz 103
- -entstehung 55 ff., 118 ff.
- -umwandlung 124 f.

AS s. Aminosäure
Asymmetrie, strukturelle (1) 70 f.
Atavismus 73 f.
Atmungsorgane 51 f.
ATP 67
Augen 146
Ausgleichs-Kreisströme s. Kreisströme
Auslöser, sexueller 136
Australopithecus-Gruppe 155 f., 160
Autökologie (1) 125
Autosom (1) 19
Auwälder 159
Axon (1) 66 f., 102, 104
Axon-Durchmesser (1) 87 f.

Backenzahnreihe, Menschenaffen 151
Bakterien (1) 60 ff.
- resistente 102
- -kultivierung 9 f.

Balzverhalten 136
Barriere, geografische 118 ff.

Basen
- -paarung, komplementäre (1) 13
- -sequenz (1) 13 f.
- -triplett (1) 31

Bastard 35, 122
Baumschicht 158
Becken, Menschenaffen 148
Bedingungen, natürliche 140
Befruchtung 95
Behaarung 73
Behaarungsregel (1) 170
Belichtung 104
Beratung, genetische 22, 38 ff.
Bergmann'sche Regel (1) 169 f.
Bewirtschaftung (1) 164 f.
- nachhaltige (1) 184 ff.

Bindegewebe (1) 69
Bindung, irreversible (1) 93
Bio
- -kraftstoff (1) 185
- -masse (1) 137
- -massenpyramide (1) 142 f.
- -membran (1) 70 ff.
- -sphäre (1) 124

Biotop (1) 124 f.
- -pyramide, verkehrte (1) 141 ff.

Biozönose (1) 124 f., 173
Bläschen, synaptisches (1) 89, 91
Blutgefäße (1) 69
Boden
- -beschaffenheit (1) 164
- -relief (1) 164
- -zone (1) 152

Botulinum (1) 93
Brown'sche Molekularbewegung (1) 74
Brückenformen 66 f.
Brückentiere s. Brückenformen

Bruttoprimärproduktion (1) 143 f.
Bundeswaldinventur (1) 158 f.

Carbonsäuregruppe s. Carboxylgruppe
Carboxylgruppe (1) 36
Carrier (1) 71 f.
Chloroplast 75 f.
Cholin (1) 90 f.
Cholinesterase (1) 90 f.
Chromatiden 30 f., (1) 18
Chromosomen 29 ff., 34, 152 f., (1) 17 ff.
- Arbeitsform (1) 17
- homologe 29 f., (1) 19
- -mutation 93, (1) 52 f.
- -teilstücke, Austausch 33
Code, genetischer s. Genetischer Code
Codierung (1) 24 f.
- amplitudenmodulierte (1) 106
- Nervenimpuls (1) 102 ff.
Codon (1) 24, 30 ff.
Coniin (1) 94
Cro-Magnon-Mensch 159
Crossing-over 33, 95
Curare (1) 93
Cytochrom C 78 f.
Cytosin (1) 12

Darwin 56 ff.
Darwin-Finken 126 ff.
Dauerehe 137
Dauererregung (1) 90, 94
DDT (1) 187
Degeneration (1) 25
Deletion (1) 52 f.
Demökologie (1) 125
Dendrit (1) 65 ff., 106
Depolarisation (1) 80 f.
Desoxyribonukleinsäure s. DNA
Desoxyribose (1) 12
Destruenten (1) 140
Dichteanomalie (1) 153
Dictyosom (1) 5 f.
Differenzierung, funktionsspezifische (1) 70
Diffusion (1) 74
- erleichterte (1) 71
diploid (1) 19

dihybrid 37
Dipolmoment (1) 152
Disulfid-Brücken (1) 40
DNA 76, (1) 12 ff.
- geschlossene 76
- polymorphe Bereiche 20
- rekombinante 4 f.
- -Analyse 144
- -Basenabfolge (Sequenz) 80 f., 153, (1) 39
- -Denaturierung 11 f.
- -Doppelhelix (1) 13
- -Doppelstrang 80 f., (1) 2
- -Erkennungssequenz 2 f.
- -Fragmente 20 f.
- -Hybridisierung 80 f.
- -Isolierung 21
- Leserichtung (1) 13
- Neukombination 33
- Polarität (1) 13
- -Reparatur (1) 50
- -Replikation (1) 15 f.
- Restriktionsfragmente 21
- -Sequenzierung 80 f.
- -Strang, codogener (1) 27 ff.
- -Verdoppelung s. Replikation
- -Vervielfältigung 21
dominant 34 ff., 92
Doppelmembran (1) 4 f.
Doppelschichtstruktur (1) 70
Down-Syndrom (1) 50
Drei-Punkt-Stand 149
Drüsenzelle (1) 89
Duplikation (1) 52 f.

E 605 (1) 94
Eckzähne 151
Effektor (1) 60 ff.
efferent (1) 102, 115
Effizienz, ökologische (1) 145
Eichenwälder (1) 159
Eierzahlregel (1) 170
Ein-Gen-ein-Polypeptid-Hypothese (1) 44
Einnischung 125, 127
Eizellenbildung 30 f.
Ektobiose (1) 178
Ektoparasitismus (1) 178
Elektroneutralität (1) 75
Elektrophorese 13 f.
- -Bandenmuster 21 f.
Elongation (1) 31 f.

Embryonalentwicklung (1) 60
Ende
- 3'- (1) 13
- 5'- (1) 13
Endknöpfchen, synaptisches (1) 89
Endobiose (1) 178
Endoparasitismus (1) 178 f.
Endoplasmatisches Retikulum s. ER
Endosymbionten-Hypothese 74 ff.
Endplatte, motorische (1) 89
Endprodukt (1) 61 f.
- -Repression (1) 62 f.
Energie,
- chemische (1) 146 f.
- physikalische (1) 146 f.
Energie
- -ausbeute 134
- -fluss (1) 137 ff.
- -pyramide (1) 142 f.
Envelope (1) 8
Enzym (1) 24
EPSP (1) 92, 110
ER (1) 5
Erbgutveränderung (1) 49
Erbkrankheiten 22, (1) 46
Erdzeitalter 45
Erlen-Weiden-Zone (1) 151 f.
Ernteschädlinge, Bekämpfung (1) 187
Erregung (1) 66, 79
Erregungsleitung (1) 89 ff., 102
- kontinuierliche (1) 87
- saltatorische (1) 86 f.
Erregungsübertragung (1) 90 f.
Essigsäure (1) 90 f.
Ethik 19
Ethogramm 140
Eugenik 23
Eukaryont s. Eukaryot
Eukaryot 48, 102, (1) 3 ff.
Euploidie (1) 50
euryök (1) 129
Eutrophierung (1) 156
Eva-Hypothese s. Out-of-Africa-Hypothese
Evolution
- Belege 63 ff.
- kulturelle 165
Evolutionsfaktoren 93, 118 ff.

Evolutionstendenzen 161
Evolutionstheorie,
  synthetische 92 ff.
Exons (1) 28 f.
Experimente,
  neurophysiologische (1) 88

Faktoren
• abiotische (1) 125 ff.
• biotische (1) 125 ff.
• dichteabhängige (1) 177
• limitierende (1) 130 f.
• ökologische (1) 125 f.
Faltblatt, AS-Sekundärstruktur
  (1) 39
Färbungsregel (1) 171
Felder
• elektrische (1) 85
• motorische (1) 119
• sensorische (1) 119
Feuchtigkeit 104
Feuernutzung 157
Fingerabdruck, genetischer
  20 ff.
Fitness 133 ff.
Flaschenhalseffekt 106 f.
Fliege 74
Fließgewässer (1) 151 ff., 154
Fließgleichgewicht (1) 75
Flossen 69 f.
Flügelskelett 68 ff.
Fortpflanzungs
• -barrieren 119 f.
• -erfolg 103 ff., 134 f.
• -strategie 134 ff.
• -systeme 137
Fossil 63 ff.
• -funde, Menschenaffen
  161 ff.
• -geschichte, Mensch 153 ff.
Fossilien, lebende 71 f.
Fotosynthese 75 f.
Frequenz
• von Aktionspotenzialen (1)
  90, 93, 103, 105
• -modulation (1) 103, 105
Fressfeind 104, (1) 125
Frühmenschen 157 f.
Fuß
• Menschenaffen 149
• Spuren 155

Gameten 29 ff.

Gang, aufrechter 146 f., 161
Gattung 46 f.
Gebiss, Menschenaffen 151
Geburtskanal, Menschenaffen
  148
Gehirn 146, (1) 115, 119 f.
Gehirngröße 163
Gen (1) 44
• -diagnostik 18 ff.
• -drift 93, 106 ff., 127
Generatorpotenzial (1) 79
Genetik, klassische 33 ff.
Genetischer Code (1) 24 ff.
Genfluss 118
Genmutation 77, 93 f., (1)
  54 ff.
Genom 22
Genommutation 94, (1) 51
Genotyp 35 ff., 80, 97
Genpool 92 f., 96 f., 100
Genprodukte 80
Genregulation, Bakterien (1)
  60 ff.
Gensonde 21
Gentechnik 2 ff., 18 ff.
Gentherapie 19
• Keimzellen- 19
• somatische 19
Gentransfer 2 ff.
Genwirkketten (1) 44 f.
Geschlechtschromomen s.
  Heterosomen
Geschwisterart 120
Gesetz
• des Minimums (1) 131
• des periodischen Zyklus (1)
  173 f.
• von der Erhaltung des
  Mittelwerte (1) 173 f.
• von der Störung der
  Mittelwerte (1) 173
Gesichtsschädel,
  Menschenaffen 150
Gewässer
• fließendes (1) 151 ff.
• stehendes (1) 151 ff.
Gewässergüte (1) 155 ff.
• Beeinflussung (1) 156 f.
Gifte 104
Gleichgewichtsorgan 146
gleichwarm (1) 171 ff.
Gliazellen (1) 67
Gloger'sche Regel (1) 171

Glykoproteine (1) 36, 71
Golgi-Apparat (1) 5 f.
Greifhände 161
Greiforgane 146
Größenregel (1) 169 f.
Großhirnrinde (1) 119
Gründerpopulation 126
Gruppe 49 ff.
Gruppen, funktionelle (1) 36
Guanin (1) 12
• -Kappe (1) 28 f., 33

Habitat (1) 132, 134
Hämoglobin (1) 41
Hand, Menschenaffen 149
Haploidie (1) 19, 50
Hemizygotie 41, (1) 19
Herz-Gewichts-Regel (1) 170
Hesse'sche Regel (1) 170
Heterosomen (1) 19
heterozygot 35, (1) 54
Hinterhauptsloch,
  Menschenaffen 150
Hinterhirn (1) 120
Homo erectus-Gruppe 157 f.,
  160
Homo rudolfensis-Gruppe 156,
  160
Homo sapiens-Gruppe 158 ff.
Homoiothermie (1) 172 f.
Homologie 67 ff.
homozygot 35 f., (1) 54
Hornissenschwärmer 104
Humanbiologie 29 ff.
Hybride 35
Hybridisierung 10 f.
Hybridisierungsstelle 21
Hybridplasmid 4 f.
Hyperpolarisation (1) 80, 82 f.,
  92
Hypothalamus (1) 119 f.

Immunologie 153
Imponierverhalten 136
Individualentwicklung (1) 8
Industriemelanismus 99
Informationsverarbeitung,
  Nervenzelle (1) 102 ff.
Initiation (1) 31
Insulin 77 f., (1) 60
intermediär 42
Introns (1) 28 f.
Inversion (1) 52 f.

In-vitro-Fertilisation 23
Ionenbindung (1) 40
Ionenkanäle, spannungs-
  unabhängige (1) 82
IPSP (1) 92, 117
Isolation 93
- anatomische 123
- ethologische 123
- geografische 119 f.
- physiologische 123
- reproduktive 118 ff.
- zeitliche 123

Jarman-Bell-Prinzip 134

Kältestarre (1) 171 f.
Kanäle, Ionen- (1) 73
Kanalprotein (1) 90
Kardinalpunkte,
  Optimumkurve (1) 126
karzinogen (1) 57
Karzinome (1) 57
Katastrophe 106 f.
Kation (1) 37
Keim
- -bahn 19
- -zellen 93, (1) 57
Keratin (1) 40
Kinn 152
Kladogramm 49 f.
Kleinhirn (1) 119 f.
Klima (1) 165
Klimaregeln (1) 169 ff.
Klinefelter-Syndrom (1) 50
Klonen
- reproduktives 23
- therapeutisches 23
Kniesehnenreflex (1) 116 f.
Koevolution 139
Koexistenz (1) 175 f.
Kohlenstoffkreislauf (1) 149
Kohlmeise 122
Kolinearität (1) 25
Kollagen (1) 41
Koloniemuster 7 f.
Kombinationsquadrat 37
Kompartimentierung (1) 3
Komplementarität (1) 28
Kondensationsreaktion,
  intermolekulare (1) 38
Konduktor 35
Königskobra, Gift (1) 94
Konkurrenz 57, 125, 133 f.

Konkurrenz (1) 175 f.
- interspezifische (1) 175 f.
- intraspezifische (1) 175 f.
- -ausschluss (1) 175 f.
- -vermeidung (1) 175 f.
Konsumenten (1) 138 ff.
Kontroll-DNA-Stück 14
Konvergenz 67 f.
Konzentrationsausgleich (1)
  74 f.
Körperhaltung, Menschenaffen
  147 f.
Körperproportionen 147 f.
Körperzellen (1) 57
Korrelationen (1) 176 f.
Kosten-Nutzen-Prinzip 133 f.
Krähen 121 f.
Krankheitserreger 105
Krautschicht (1) 158
Krebs (1) 57
- -erkrankung 94
- -zellen (1) 57
Kreisläufe chemischer
  Elemente (1) 147 ff.
Kreisströme (1) 85
Kretinismus (1) 47
Kreuzung 34 ff.
K-Strategie 135

Lactose (1) 60 f.
Ladung, Ionen- (1) 74
Ladungsausgleich (1) 75
Ladungsungleichgewicht (1)
  72 f.
Lähmung (1) 93 ff.
Lamarck 55 ff.
Latimeria s. Quastenflosser
Laubwälder (1) 160
Leben
- aktives (1) 171
- Kennzeichen (1) 8
Lebensgemeinschaften (1)
  176 ff.
- Verflechtungen (1) 173 ff.
Lebensmittelherstellung 18
Lebensraum
- Menschenaffen 161
- Wechsel 64 f.
- -pyramide (1) 141 ff.
Leitfische (1) 151
Leitorganismen (1) 155 f.
Leserichtung, (1) DNA 13
Lichtgenuss (1) 160

Lipidmolekül (1) 70
Lipoprotein (1) 36
Lizenz, ökologische (1) 132
Lotka-Volterra-Regeln (1)
  173 f.
Löwenmäulchen 74
Lucy 155
Lysosom (1) 5 f.
Lysozym (1) 39 f.

Malaria 98, (1) 54
Mangelmutante (1) 45
Mark, verlängertes (1) 120
Markscheide (1) 67 f.
Maulwurf 97
Maximum (1) 126 f.
Meiose 29 ff., 95
Membran 75 f.
- -proteine (1) 70 f.
Mendel'sche Regeln 34 ff.
Menschen 146 ff.
- -affen 146 ff.
- -zucht 23
Merkmal, homologes 49 f.
messenger-RNA s. mRNA
Metaphase 29, (1) 17 f.
- -Chromosom (1) 17 f.
Metastasen (1) 57
Mikroorganismen 18
Milieu, optimales (1) 130 f.
Mimese 104
Mimikry 104 f.
Minimum (1) 126 f.
Minimumfaktor (1) 131
Mitochondrium 75 f., (1) 4
Mitose (1) 17 ff., 57, 60
Mittelhirn (1) 119 f.
Mittellauf (1) 151
Mittelwert-Erhaltung (1) 173
Mittelwert-Störung (1) 173 f.
Modifikation 55, 95
Molekularbewegung,
  Brown'sche s. Brown'sche
  Molekularbewegung
Molekularbiologie 52
Molekültrennung 13 f.
Monogamie 137
Moosschicht (1) 158
motorisch (1) 102, 115
mRNA (1) 27 ff.
Mureinsacculus (1) 3
Muskel
- -faser (1) 89

- -spindel (1) 116
- -zittern (1) 93
Mutagene (1) 49 f.
Mutation 57, 93 ff., 127, 165, (1) 45 f., 49 ff.
- generative (1) 57
- somatische (1) 57
Mutationsformen 93
Mutationsformen (1) 51 ff.
Mutationsrate 94, (1) 50
Myelinscheide (1) 68

Na$^+$-K$^+$-ATPase s. Natrium-Kalium-Pumpe
Na$^+$-Leckstrom (1) 76
Nachhaltigkeit (1) 186
Nachhirn (1) 119 f.
Nadelwälder (1) 160
Nährboden (1) 45
Nährschicht (1) 155
Nahrungs
- -beziehungen (1) 137 ff.
- -kette (1) 138 ff.
- -netz (1) 123, 139 f.
- -Pyramide (1) 140 ff.
Narkotisierung (1) 93
Nationalsozialismus 58
Natrium-Kalium-Pumpe (1) 76 f.
natural selection 57 f.
Neandertaler 158 f., 160
Nebelkrähe s. Krähen
Nerv (1) 69
Nervenbahn (1) 104 f.
Nervenfaser (1) 67 f.
Nervenfaser
- afferente (1) 102, 115
- efferente (1) 102, 115
- marklose (1) 68
- motorische (1) 102, 115
- myelinisierte (1) 67, 86 ff.
- nicht-myelinisierte (1) 87 f.
- sensorische (1) 102, 115
Nervenzelle (1) 65 ff., 89
- Außenbereich (1) 73
- Innenseite (1) 73
Nettoprimärproduktion (1) 143 f.
Neukombination 36 f.
Nicht-Schwester-Chromatiden 33
Nikotin (1) 94
Nische

- fundamentale (1) 133
- ökologische 125, (1) 132 ff.
- realisierte (1) 133
Nitrate (1) 147 f., 156 f.
Nomenklatur, binäre 46 f.
Nukleotid (1) 12 f.
Nutzung, nachhaltige (1) 184 ff.
Nutzungsansprüche (1) 188 f.

Oberflächenvergrößerung 52
Oberlauf (1) 151
Ökologie (1) 124
ökologische Nische s. Nische, ökologische
Ökosysteme (1) 124
Oligotrophie (1) 156
Oogenese 30 f.
Operator (1) 60 ff.
Optimum (1) 126 f.
- ökologisches (1) 128
- physiologisches (1) 128
- -kurve (1) 126, 171
Organ-Gebrauch 55 f.
Organisationsform (1) 3
Organismen, Hierarchie der 45, 45 f.
Organismus, transgener 18
Organ-Nichtgebrauch 55 f.
Oszilloskop (1) 80
Out-of-Africa-Hypothese 164

Paarungssysteme 137
Paläontologie 63 ff.
Parabiose (1) 178
Parasiten 98, 105
Parasitismus (1) 178 f.
Park ‚naturnaher (1) 158 ff.
Partnerwahl 136
PCR 10 ff.
- -Zyklus 10 ff.
pebble tools 156
Pelagial (1) 151
Peptidbindung (1) 31, 38
Peptidformen (1) 38
Permeabilität, selektive (1) 71, 73, 75
Pferde 73 f.
Pferdereihe 64 f.
Pflanzengesellschaften (1) 158 ff.
Pflanzenschutz
- biologischer (1) 187 f.

- integrierter (1) 188
Phänotyp 35 ff., 96
Phenylalanin (1) 45 f.
- -Stoffwechsel (1) 45 f.
Phenylketonurie (1) 46
Phosphate (1) 156 f.
Phosphorsäurerest (1) 12
pH-Wert (1) 161
Plasmid 4 ff., (1) 2
Plastid (1) 4 f.
Poikilothermie (1) 172 f.
Polarisation (1) 40
Polkörperchen 30 f.
Poly-A-Schwanz (1) 28 f., 33
Polygamie 137
Polygynandrie 137
Polygynie 137
Polymerase-Kettenreaktion s. PCR
Polymerisierung 11 f.
Polynukleotid (1) 12 ff.
Polynukleotidstrang (1) 12 f.
Polyploidie 123, (1) 50
Polyploidisierung 123
Polysom (1) 31 ff.
Population 92 f., 124, (1) 169 ff.
Populationsdynamik (1) 169 ff.
Populationsgenetik 92 f.
Populationsgröße, Regelung (1) 177
Populationsvielfalt 103
Poren, Ionen- (1) 73
Potenzial
- -änderung (1) 79
- -differenz (1) 78
- -umkehr (1) 81 ff.
Präadaptation s. Präadaption
Präadaption 103, 161
Präferenzbereich (1) 126
Präimplantations-Diagnostik 23
prä-mRNA (1) 28 f.
Präzipitation 79 f.
Präzipitintest 79 f.
Präzisionsgriff 149
Produzenten (1) 138 ff.
Produzenten-Konsumenten-Pyramide (1) 140 f.
Progressionsreihe 51 f., 64 f.
Prokaryont s. Prokaryot
Prokaryot 48, (1) 2 f., 33

Promotor (1) 60 ff.
Prophase 29
Proportionsregel (1) 169 f.
Protein 76, (1) 24, 36
- -biosynthese 76, (1) 27 ff.
- globuläres (1) 40
- -synthese (1) 29
Psychopharmaka (1) 93
Pumpen, energiedürftige (1) 71
Punktmutation (1) 54 ff.
Punnet-Schema 37

Q_{10}-Regel (1) 129
Qualität, AP- (1) 102
Quantität, AP- (1) 102
Quartärstruktur, Aminosäuren (1) 41
Quastenflosser 72

Rabenkrähe s. Krähen
Radiation, adaptive 125 ff.
Rangordnung 138
Ranvier'sche Schnürringe (1) 66, 68, 86 f.
Rasse 47, 119 ff.
Rassengesetze, NS- 58
Rassenideologie 57 f., 165
Rastermutation (1) 55 f.
Räuber-Beute-Beziehungen (1) 173 f.
Reduplikation s. Replikation
Reflex (1) 116 ff.
Reflexbogen (1) 117 f.
- polysynaptischer (1) 118
Refraktärzeit (1) 83 ff.
Regressionsreihe 64 f.
Regulator-Gen (1) 60 ff.
Reich 47 f.
Reifeteilung 29 ff., 95
Reiz (1) 79, 104
- adäquater (1) 105
- -qualität, Codierung (1) 104
- -stärke, Codierung (1) 102 ff.
Rekombination 32, 57, 93, 95 f., 127
Rensch'sche Eiregel (1) 170
Rensch'sche Haarregel (1) 170
Reparatur, DNA (1) 50
Replika-Plattierung 7 f.
Replikation 11 f., (1) 15 f.
- semikonservative (1) 16

Repolarisation (1) 80 f., 83
Repressoren (1) 60 ff.
Reproduktionsfähigkeit (1) 8
Reproduktionsverfahren, biologisch-medizinische 23 ff.
Reptilienmerkmale 66
Resistenz 102
Resistenzgen 6 ff.
Ressourcen 133 f.
Restriktionsenzyme 2 f.
rezent 63
Rezeptor (1) 90
Rezeptormolekül (1) 90 f.
rezessiv 34 ff., 92, 94
RGT-Regel (1) 129
Ribonukleinsäure s. RNA
Ribose (1) 12, 14
Ribosom (1) 3, 7, 30 f.
Riesenaxon (1) 78, 87 f.
Ringchromosom-Bildung (1) 52 f.
Ritualisierung 136
RNA 76, (1)12 ff.
- ribosomale s. rRNA
Rohstoffe, nachwachsende (1) 184 f.
Rohstoffgewinnung 18
Rotbuchenwälder (1) 159
rRNA (1) 30
r-Strategie 135
Rückenmark (1) 115 ff.
Rückkopplung (1) 176 f.
- negative (1) 176 f.
- positive (1) 83, 176 f.
Rückmutation 94
Rudimente 72 f.
Ruhepotenzial (1) 72 ff., 81 f.
- -differenz (1) 76 f.
- -Messung (1) 78

Salzgehalt 104
Saprobienindex (1) 155 f.
Saprobionten (Saprobier) (1) 157
Sarin (1) 94
Säugetiere 128
Schädel, Menschenaffen 150
Schädelinnenraum 150
Schädlingsbekämpfung (1) 187 f.
- chemische (1) 187 f.
Schilf-Zone (1) 151 f.
Schimpanse 80

Schluchtwälder (1) 159
Schlüsselreiz 136
Schnabeltier 72
Schnauze, Menschenaffen 150
Schöpfungsbericht 56
Schutzansprüche (1) 188 f.
Schwann'sche
- Scheide (1) 68
- Zellen (1) 66 f.
Schwarze Witwe, Gift (1) 93
Schwerpunkt 147
Schwimmplatt-Zone (1) 151 f.
See (1) 153 ff.
Sekundärstruktur, Aminosäuren (1) 32, 39
Selbstregulation (1) 8
Selbstreinigung, Gewässer- (1) 157
Selektion 56, 93, 96 ff., 127, 165
- stabilisierende 100 f.
- transformierende 100 f.
Selektionsdruck 100
Selektionsfaktoren 103 ff.
- abiotische 104
- biotische 104 f.
Selektionsnachteil 100
Selektionsvorteil 96 ff.
Selektionsvorteil (1) 49
semidominant 42
sensorisch (1) 102, 115
Separation 118 ff., 127
Serodiagnostik 79 f.
Sexualität 96
Sichelzellanämie 98, (1) 54
Signal 136
Sinneszelle (1) 66
Soma (1) 66
Sorte 47
Sozialdarwinismus 58
Sozialsysteme 138 f.
Spalt, synaptischer (1) 89 f.
Spannung, elektrische (1) 72 ff.
Spannungsquelle (1) 79
Speicherorgane 70
Spermatogenese 30 f.
Spermienbildung 30 f.
Spinalnerven (1) 116
Spirale, AS-Sekundärstruktur (1) 39
Spleißen (1) 28 f.
Sprache 165
Sprachfähigkeit 163

Stagnation (1) 153 ff.
Stammart 51
Stammbaum 34
- der Tiere 45
- -analyse 29 ff., 38 ff.
Stammesgeschichte
- Affen 145 f.
- Mensch 144 ff., 154 ff.
Standort (1) 161 f.
- -beurteilung (1) 161 f.
- -faktoren (1) 164 f.
Start-Codon (1) 24, 30
Statistik 97
Steißbein 73
Stempeltechnik 6 ff.
stenök (1) 129
Sterilität 123
Stickstoffkreislauf,
  biogeochemischer (1) 147 f.
sticky ends 2 f.
Stirn, Menschenaffen 150
Stockwerke, Wald (1) 158
Stoff
- -austausch (1) 71
- -fluss (1) 137 ff.
- -kreisläufe (1) 147 ff.
Stoffwechselenergie (1) 88
Stoffwechselprozess,
  abbauender (1) 61
Stopp-Codon (1) 25, 32
Strahlung, energiereiche (1)
  49 f.
Strategie 134 ff.
Strauchschicht (1) 158
Stromlinienform 70 f.
struggle for live 56 f.
Struktur-Gen (1) 60 ff.
Stufen, trophische (1) 140 ff.
Substanz
- graue (1) 115, 119
- weiße (1) 115, 119
Substanzen, mutagene (1) 49 f.
Substrat-Induktion (1) 60 ff.
Summation
- räumliche (1) 107 ff.
- zeitliche (1) 106 f.
survival of the fittest 56 f.
Symbiose (1) 177 f.
Symplesiomorphie 49 ff.
Synapomorphie 49 ff.
Synapse (1) 65 ff., 89 ff., 110
- erregende (1) 92
- hemmende (1) 92, 117

- postsynaptische Zelle (1)
  91 f.
- präsynaptische Zelle (1) 91 f.
- Verrechnung (1) 105 ff.
- Verschaltung (1) 105 ff.
Synapsengifte (1) 93 f.
Synökologie (1) 125
Syntheseketten (1) 44 ff.
System
- natürliches 48, 144
- offenes (1) 124
- phylogenetisches 49 ff.
Systematik 46 ff.
Systeme
- aquatische (1) 151 ff.
- terrestrische (1) 158 ff.

Tabun (1) 94
Tarnung 104
Teilpopulationen 119
Telophase 30
Temperatur 104, (1) 160
Temperaturbeziehungen (1)
  171 ff.
Termination (1) 32
Tertiärstruktur, Aminosäuren
  (1) 32, 40
Thalamus (1) 119 f.
Thymin (1) 12
Tier-Mensch-Übergangsfeld
  162
Titer 9 f.
TMÜ s. Tier-Mensch-
  Übergangsfeld
Toleranzbereich (1) 126
transfer-RNA s. tRNA
Transkription (1) 27 ff.
Translation (1) 27, 29 ff.
Translokation (1) 52 f.
Transmitter (1) 90 f., 105
Transport, aktiver (1) 72, 77
Transportform, Chromosom
  (1) 18
Triplettcode (1) 25
Triplett-Schritte (1) 32
tRNA (1) 30 ff.
- Kleeblattform (1) 30
Trophiestufen (1) 140 ff.
Tryptophan (1) 62
Tumor, gutartig (1) 58
Tunnelprotein (1) 71
Turner-Syndrom (1) 50

Überaugenwülste,
  Menschenaffen 151
Überlappung (1) 24
Überproduktion 56 f.
Überträger 39
Umkippen, Gewässer (1) 157
Umwelt
- -bedingungen 103
- -faktoren, limitierende (1)
  130 f.
- -schutz 18
Uniformitätsregel 35
Universalität (1) 25
Unpaarhufer 64 f.
Unterart 47, 119
Unterkiefer, Menschenaffen
  152
Unterlauf (1) 151
Unterwasserpflanzen-Zone (1)
  152
Uracil (1) 12, 14
Ursprung, multiregionaler 164
Urvogel 66 f.

Vakuole (1) 6
Van-der-Waals-Kräfte (1) 40
Variabilität 56
- genetische 96, 103
Variation 56
Vegetationsaufnahme (1) 162 f.
Vektor 4 f.
Veränderung, gerichtete 55 f.
Verband
- anonymer 138
- geschlossener-anonymer
  138
- individualisierter 138
- offener-anonymer 138
Verdoppelung, DNA s.
  Replikation
Verdünnungsreihe 9 f.
Vererbung 56
- erworbener Eigenschaften
  55 f.
- autosomale 39
- heterosomale 39 f.
- X-chromosomal-gebundene
  s. Vererbung, heterosomale
Vergleich, anatomischer 144
Verhalten 133 ff.
Verhaltensbeobachtungen 140
Verhaltensinventar 140

Verpackungsform, Chromosom (1) 17
Verrechnung, Synapse (1) 105 ff.
Verschaltung, Synapse (1) 105 ff.
Verteidigung 104
Vervollkommnungstrieb 55 f.
Verwandtschaftsanalyse 77 ff.
Verwandtschaftsbeziehungen 141
Verwandtschaftsgrad 49 ff.
Vesikel 89
Vielfalt, genetische 108
Vier-Strang-Stadium 29
Virus 18
Virus 8 f.
Vogelmerkmale 67
Vollzirkulation (1) 153 ff.
Vorderbein, Wirbeltier- 70
Vorderhornzelle, motorische (1) 116
Vormenschen 155 f.

Wachstum, limitierende Faktoren (1) 130 f.
Wal 73
Waldgesellschaft (1) 158 ff.
Wanderung, Ionen- (1) 74
Wärme
- -energie, freie (1) 147
- -starre (1) 171 f.

Wasser
- Dichteanomalie (1) 153
- Eigenschaften (1) 152 f.
- -kreislauf (1) 149 f.

Wasserstoffbrückenbindung (1) 40, 152
wechselwarm (1) 171 ff.
Werkzeugherstellung 163
Widerstand, elektrischer (1) 106
Wiederverstärkung, Aktionspotenzial (1) 85
Willkürbewegung (1) 118
Wind 104
Wirbellose (1) 68
Wirbelsäule, Menschenaffen 148
Wirbeltiere (1) 68, 115
- Vorderextremitäten 67 ff.
- Systematik 45 ff.
Wirtsorganismus (1) 178 f.
Wortsprache s. Sprache
Wurmfortsatz 73

X-Chromosom (1) 19

Y-Chromosom (1) 19

Zahlenpyramide (1) 140 f.
Zehrschicht (1) 155

Zeiger
- -organismen (1) 155 f.
- -pflanzen (1) 161 f.
- -werte (1) 161 f.

Zell-Äquator 30
Zellatmung 75
Zelle (1) 2 ff.
- eukaryotische (1) 3 ff.
- prokaryotische (1) 2 f.
- transgene 2
Zellkern (1) 4, 27
Zellkern (1) 4
Zellkörper (1) 106
Zellmembran (1) 2
Zellorganellen (1) 2 ff.
Zellwand (1) 3
Zentralnervensystem (1) 66, 115 ff.
Zentriolen (1) 7
Zielfelder (1) 104
ZNS s. Zentralnervensystem
Zone, ökologische (1) 132
Zonierung, Gewässer (1) 151 f.
Zuchtwahl, geschlechtliche 105 f.
Zwillingsforschung 34
Zwischenhirn (1) 119 f.
Zwischennervenzelle (1) 117
Zygote 30
Zytogenetik 29 ff.
Zytologie 74 ff., 152 f.
Zytoplasma (1) 2, 29

Bildnachweis

Kapitelbild 1: www.cartoonstock.com
Kapitelbild Lösungen: © Tatiana Nikolaevna Kalashnikova/Dreamstime.com
Abb. 17, S. 65: verändert nach Ziegler, B.: Allgemeine Paläontologie: Einführung in die Paläobiologie; Schweizerbart`sche Verlagsbuchhandlung (Nägele und Obermiller), 1986
Abb. 18, S. 66 links: nach Kuhn-Schnyder, E. in: Vogel, K.: Lebensweise und Umwelt fossiler Tiere; Quelle und Meyer, 1984
Abb. 18, S. 66 rechts: Museum für Naturkunde der Humbold-Universität zu Berlin
Abb. 21, S. 71: Osche, G.: Evolution; Herder Verlag, Freiburg, 10. Auflage 1990
Abb. 22, S. 71: Sitte, P. et al.: Strasburgers Lehrbuch der Botanik, 1998 © Spektrum Akademischer Verlag, Heidelberg. Spektrum Akademischer Verlag ist ein Imprint von Springer SBM.
Abb. 24, S. 72: Patricia Wynne
Abb. 31, S. 86: Strickberger, M.: Evolution; Jones and Bartlett Publishers, Sudburry 1996. © 1996, 1990 by Jones and Bartlett Publishers, Inc.
Abb. 33, S. 91 (Storch und Kondor); Abb. 51, S. 128: Prof. Dr. Dr h.c. Volker Storch, Lehrstuhl für Zoologie, Universität Heidelberg
Abb. 41, S. 105 (Wikerkrabben): Neue Große Tierenzyklopädie: Das Urania-Tierreich in 6 Bänden, Bd. 6; Urania-Verlag, Leipzig, Jena, Berlin 1971
Abb. 41, S. 105 (Paradieswitwe und Riesenhirsch): Mc Farland, D.: Animal Behaviour, Longman 1989. © 1985 by David Mc Farland. Reprinted by permission of Pearson Education, Inc.
Abb. 42, S. 107; Abb. 62, S. 152; Abb. 67, S. 171; Abb. 68, S. 174; Abb. 69, S. 169 : Campbell, B. G.: Human Evolution; Aldine Publishing, Chicago 1966
Abb. 48, S. 124: Liesenfeld, F.-J., Fels, G., Grah, H.: Der Organismus: Einführung in die biologischen Grundprobleme; Klett-Verlag, Stuttgart 1969
Abb. 50, S. 128: Harris, M. P. in: Invitation to Biology; Curtis/Barnes (Hrsg.); Worth Publishers 1982
Abb. 52, S. 140: Hainz, R., Daumer, K.: BSV Verhaltensbiologie; BSV München
Abb. 53, S. 144: © Erlebnis-Zoo Hannover
Abb. 55, S. 147: Kummer, B.: Das mechanische Problem der Aufrichtung auf die Hinterextremitäten im Hinblick auf die Evolution der Bipedie des Menschen; aus: Heberer (Hrsg.): Menschliche Abstammungslehre, Gustav Fischer Verlag, 1965
Abb. 56, S. 148: Schwidetzky, I.: Variations- und Typenkunde des Menschen; aus: Bertalanffy, L. v. (Hrsg.): Handbuch der Biologie, Bd. 9; Akademische Verlagsgesellschaft Athenaion, Konstanz, Stuttgart 1965
Abb. 57, S. 148: Donner, C. in: Streit, B.: Evolution des Menschen, 1995 © Spektrum Akademischer Verlag, Heidelberg. Spektrum Akademischer Verlag ist ein Imprint von Springer SBM.
Abb. 60, S. 150; Abb. 65, S. 155 links; Abb. 66, S. 156 links, Abb. 67, S. 157 links; Abb. 68, S. 158 links; Abb. 73, S. 169; Abb. 75, S. 170: Reprinted by permission of the publisher from Evolution Of African Mammals, edited by Vincent J. Maglio and H. B. S. Cooke, pp. 171, 190, 197, 212, Cambridge, Mass.: Harvard University Press, Copyright © 1978 by the President and Fellows of Harvard College
Abb. 61, S. 151: Cirulis, J. in: Howells, W.: Die Ahnen der Menschheit, © 1963, mit freundlicher Genehmigung der Müller Rüschlikon Verlags AG, CH-6330 Cham
Abb. 64, S. 154: verändert nach: Schrenk, F.: Die Frühzeit des Menschen; C. H. Beck Verlag, 1997
Abb. 65, S. 155 rechts: John Reader /SPL /Agentur Focus
Abb. 66, S. 156 rechts: Faccine, F.: Der Mensch, Ursprung und Entwicklung; Natur-Verlag, Augsburg 1991
Abb. 67, S. 157 rechts: Boltin, L. in: Invitation to Biology; Curtis/Barnes (Hrsg.); Worth Publishers 1982
Abb. 69, S. 159 links: Figure 6.24b from Primate Evolution by Glenn C. Conroy. Copyright © 1990 by W. W. Norton & Company, Inc. Used by permission of W. W. Norton & Company, Inc.

Sicher durch das Abitur!

Effektive Abitur-Vorbereitung für Schülerinnen und Schüler: Klare Fakten, systematische Methoden, prägnante Beispiele sowie Übungsaufgaben auf Abiturniveau mit erklärenden Lösungen zur Selbstkontrolle.

Mathematik

Analysis mit Hinweisen zur CAS-Nutzung .... Best.-Nr. 540021
Analytische Geometrie und lineare Algebra .... Best.-Nr. 54008
Analytische Geometrie –
mit Hinweisen zu GTR-/CAS-Nutzung .... Best.-Nr. 540038
Stochastik .... Best.-Nr. 94009
Analytische Geometrie – Bayern .... Best.-Nr. 940051
Analysis – Bayern .... Best.-Nr. 9400218
Analysis Pflichtteil
Baden-Württemberg .... Best.-Nr. 840018
Analysis Wahlteil
Baden-Württemberg .... Best.-Nr. 840028
Analytische Geometrie Pflicht- und Wahlteil
Baden-Württemberg .... Best.-Nr. 840038
Stochastik Pflicht- und Wahlteil
Baden-Württemberg .... Best.-Nr. 840091
Klausuren Mathematik
Oberstufe .... Best.-Nr. 900461
Stark in Klausuren
Funktionen ableiten Oberstufe .... Best.-Nr. 940012
Kompakt-Wissen Abitur
Analysis .... Best.-Nr. 900151
Kompakt-Wissen Abitur
Analytische Geometrie .... Best.-Nr. 900251
Kompakt-Wissen Abitur
Wahrscheinlichkeitsrechnung und Statistik .... Best.-Nr. 900351
Kompakt-Wissen Abitur
Kompendium Mathematik – Bayern .... Best.-Nr. 900152
Abitur-Skript Mathematik – Bayern .... Best.-Nr. 950051

Chemie

Chemie 1 – Gleichgewichte · Energetik ·
Säuren und Basen · Elektrochemie .... Best.-Nr. 84731
Chemie 2 – Naturstoffe ·
Aromatische Verbindungen · Kunststoffe .... Best.-Nr. 84732
Chemie 1 – Bayern
Aromatische Kohlenwasserstoffe · Farbstoffe ·
Kunststoffe · Biomoleküle · Reaktionskinetik ..... Best.-Nr. 947418
Methodentraining Chemie .... Best.-Nr. 947308
Rechnen in der Chemie .... Best.-Nr. 84735
Abitur-Wissen Protonen und Elektronen .... Best.-Nr. 947301
Abitur-Wissen
Stoffklassen organischer Verbindungen .... Best.-Nr. 947304
Abitur-Wissen Biomoleküle .... Best.-Nr. 947305
Abitur-Wissen
Chemie am Menschen – Chemie im Menschen .... Best.-Nr. 947307
Klausuren Chemie Oberstufe .... Best.-Nr. 107311
Kompakt-Wissen Abitur Chemie
Organische Stoffklassen
Natur-, Kunst- und Farbstoffe .... Best.-Nr. 947309
Kompakt-Wissen Abitur Chemie
Anorganische Chemie,
Energetik · Kinetik · Kernchemie .... Best.-Nr. 947310

Alle so gekennzeichneten Titel sind auch als eBook über **www.stark-verlag.de** erhältlich.

Biologie

Biologie 1 – Strukturelle und energetische Grundlagen
des Lebens · Genetik und Gentechnik · Der Mensch als
Umweltfaktor – Populationsdynamik und
Biodiversität .... Best.-Nr. 947038
Biologie 2 – Evolution · Neuronale Informationsverarbeitung ·
Verhaltensbiologie .... Best.-Nr. 947048
Biologie 1 – Baden-Württemberg
Zell- und Molekularbiologie · Genetik ·
Neuro- und Immunbiologie .... Best.-Nr. 847018
Biologie 2 – Baden-Württemberg
Evolution · Angewandte Genetik
und Reproduktionsbiologie .... Best.-Nr. 847028
Biologie 1 – NRW, Zellbiologie, Genetik,
Informationsverarbeitung, Ökologie .... Best.-Nr. 54701
Biologie 2 – NRW,
Angewandte Genetik · Evolution .... Best.-Nr. 54702
Chemie für den LK Biologie .... Best.-Nr. 54705
Grundlagen, Arbeitstechniken und Methoden ..... Best.-Nr. 94710
Abitur-Wissen Genetik .... Best.-Nr. 94703
Abitur-Wissen Neurobiologie .... Best.-Nr. 94705
Abitur-Wissen Verhaltensbiologie .... Best.-Nr. 94706
Abitur-Wissen Evolution .... Best.-Nr. 94707
Abitur-Wissen Ökologie .... Best.-Nr. 94708
Abitur-Wissen Zell- und Entwicklungsbiologie .... Best.-Nr. 94709
Klausuren Biologie Oberstufe .... Best.-Nr. 907011
Kompakt-Wissen Abitur Biologie
Zellbiologie · Genetik · Neuro- und Immunbiologie
Evolution – Baden-Württemberg .... Best.-Nr. 84712
Kompakt-Wissen Abitur Biologie
Zellen und Stoffwechsel
Nerven · Sinne und Hormone · Ökologie .... Best.-Nr. 94712
Kompakt-Wissen Abitur Biologie
Genetik und Entwicklung
Immunbiologie · Evolution · Verhalten .... Best.-Nr. 94713
Kompakt-Wissen Abitur Biologie
Fachbegriffe der Biologie .... Best.-Nr. 94714

(Bitte blättern Sie um)

Physik

Physik 1 – Elektromagnetisches Feld und Relativitätstheorie	Best.-Nr. 943028
Physik 2 – Aufbau der Materie	Best.-Nr. 943038
Mechanik	Best.-Nr. 94307
Abitur-Wissen Elektrodynamik	Best.-Nr. 94331
Abitur-Wissen Aufbau der Materie	Best.-Nr. 94332
Klausuren Physik Oberstufe	Best.-Nr. 103011
Kompakt-Wissen Abitur Physik 1 – Mechanik, Thermodynamik, Relativitätstheorie	Best.-Nr. 943012
Kompakt-Wissen Abitur Physik 2 – Elektrizitätslehre, Magnetismus, Elektrodynamik, Wellenoptik	Best.-Nr. 943013
Kompakt-Wissen Abitur Physik 3 Atom-, Kern- und Teilchenphysik	Best.-Nr. 943011

Erdkunde/Geographie

Geographie Oberstufe	Best.-Nr. 949098
Geographie 1 – Bayern	Best.-Nr. 94911
Geographie 2 – Bayern	Best.-Nr. 94912
Geographie 2014 – Baden-Württemberg	Best.-Nr. 84906
Geographie – NRW Grundkurs · Leistungskurs	Best.-Nr. 54902
Prüfungswissen Geographie Oberstufe	Best.-Nr. 14901
Abitur-Wissen Entwicklungsländer	Best.-Nr. 94902
Abitur-Wissen Europa	Best.-Nr. 94905
Abitur-Wissen Der asiatisch-pazifische Raum	Best.-Nr. 94906
Kompakt-Wissen Abitur Erdkunde Allgemeine Geografie · Regionale Geografie	Best.-Nr. 949010
Kompakt-Wissen Abitur – Bayern Geographie Q11/Q12	Best.-Nr. 9490108

Alle so gekennzeichneten Titel sind auch als eBook über **www.stark-verlag.de** erhältlich.

Englisch

Übersetzung	Best.-Nr. 82454
Grammatikübungen	Best.-Nr. 82452
Themenwortschatz	Best.-Nr. 82451
Grundlagen, Arbeitstechniken, Methoden mit Audio-CD	Best.-Nr. 944601
Sprachmittlung	Best.-Nr. 94469
Sprechfertigkeit mit Audio-CD	Best.-Nr. 94467
Klausuren Englisch Oberstufe	Best.-Nr. 905113
Abitur-Wissen Landeskunde Großbritannien	Best.-Nr. 94461
Abitur-Wissen Landeskunde USA	Best.-Nr. 94463
Abitur-Wissen Englische Literaturgeschichte	Best.-Nr. 94465
Kompakt-Wissen Abitur Wortschatz Oberstufe	Best.-Nr. 90462
Kompakt-Wissen Abitur Landeskunde/Literatur	Best.-Nr. 90463
Kompakt-Wissen Kurzgrammatik	Best.-Nr. 90461
Kompakt-Wissen Grundwortschatz	Best.-Nr. 90464

Deutsch

Dramen analysieren und interpretieren	Best.-Nr. 944092
Erörtern und Sachtexte analysieren	Best.-Nr. 944094
Gedichte analysieren und interpretieren	Best.-Nr. 944091
Epische Texte analysieren und interpretieren	Best.-Nr. 944093
Abitur-Wissen Erörtern und Sachtexte analysieren	Best.-Nr. 944064
Abitur-Wissen Textinterpretation Lyrik · Drama · Epik	Best.-Nr. 944061
Abitur-Wissen Deutsche Literaturgeschichte	Best.-Nr. 94405
Abitur-Wissen Prüfungswissen Oberstufe	Best.-Nr. 94400
Kompakt-Wissen Rechtschreibung	Best.-Nr. 944065
Kompakt-Wissen Literaturgeschichte	Best.-Nr. 944066
Klausuren Deutsch Oberstufe	Best.-Nr. 104011

Natürlich führen wir noch mehr Titel für alle Fächer und Stufen: Alle Informationen unter www.stark-verlag.de

Bestellungen bitte direkt an:
STARK Verlagsgesellschaft mbH & Co. KG · Postfach 1852 · 85318 Freising
Tel. 0180 3 179000* · Fax 0180 3 179001* · www.stark-verlag.de · info@stark-verlag.de
*9 Cent pro Min. aus dem deutschen Festnetz, Mobilfunk bis 42 Cent pro Min.
Aus dem Mobilfunknetz wählen Sie die Festnetznummer: 08167 9573-0

Lernen · Wissen · Zukunft
STARK